河北省高等学校人文社会科学重点研究基地系列成果
河北省高等教育教学改革研究与实践项目（2018GJJG415）

XINSHIDAI
DEFAJIANXIU ZHUOYUE FAZHI
RENCAI PEIYANG MOSHI YANJIU

新时代
“德法兼修”卓越法治
人才培养模式研究

梁 平 安利强／著

法律出版社
LAW PRESS·CHINA
北京

图书在版编目(CIP)数据

新时代"德法兼修"卓越法治人才培养模式研究 / 梁平, 安利强著. -- 北京 : 法律出版社, 2023
ISBN 978 - 7 - 5197 - 6943 - 7

Ⅰ. ①新… Ⅱ. ①梁… ②安… Ⅲ. ①法律工作者 - 人才培养 - 培养模式 - 研究 - 中国 Ⅳ. ①D926.174

中国版本图书馆 CIP 数据核字(2022)第 134313 号

新时代"德法兼修"卓越法治人才培养模式研究
XINSHIDAI "DEFA JIANXIU" ZHUOYUE FAZHI RENCAI PEIYANG MOSHI YANJIU

梁 平 安利强 著

责任编辑 慕雪丹 章 雯
装帧设计 汪奇峰

出版发行 法律出版社
编辑统筹 法商出版分社
责任校对 赵明霞
责任印制 胡晓雅
经　　销 新华书店

开本 710 毫米×1000 毫米 1/16
印张 16.75　**字数** 269 千
版本 2023 年 10 月第 1 版
印次 2023 年 10 月第 1 次印刷
印刷 北京建宏印刷有限公司

地址:北京市丰台区莲花池西里 7 号(100073)
网址:www.lawpress.com.cn
投稿邮箱:info@lawpress.com.cn
举报盗版邮箱:jbwq@lawpress.com.cn
销售电话:010 - 83938349
客服电话:010 - 83938350
咨询电话:010 - 63939796

书号:ISBN 978 - 7 - 5197 - 6943 - 7
定价:68.00 元

凡购买本社图书,如有印装错误,我社负责退换。电话:010 - 83938349

前　言

2017 年 5 月，习近平总书记考察中国政法大学时指出："全面依法治国是一项长期而重大的历史任务，要坚持中国特色社会主义法治道路，坚持以马克思主义法学思想和中国特色社会主义法治理论为指导，立德树人，德法兼修，培养大批高素质法治人才"，为法治人才培养确立了"德法兼修"目标。此后，国内一些高校探索新时代德法兼修卓越法治人才培养的教育教学改革，着力建设具有中国风格、高校特色的卓越法治人才培养体系和模式。2018 年 9 月 17 日，教育部、中央政法委发布的《关于坚持德法兼修 实施卓越法治人才教育培养计划 2.0 的意见》，明确了德法兼修卓越法治人才培养的总体思路、目标要求、改革任务和重点举措，为高校法学教育教学改革和法治人才培养进一步指明了方向。自"德法兼修"的卓越法治人才培养目标提出以来已有六年，一些高校初步探索形成具有自身特色的培养模式，为新时代法学教育教学改革提供了经验参考。

新时代德法兼修卓越法治人才培养具有鲜明时代背景和强烈现实需要。全面依法治国作为新时代中国特色社会主义的基本方略，是国家治理的一场深刻革命，是坚持和发展中国特色社会主义的内在要求和重要保障，贯穿于立法、执法、司法、普法等各环节全领域全过程，需要大批卓越法治人才在各个岗位上持续推进。习近平法治思想以"十一个坚持"为核心内容，深刻回答新时代为什么实行依法治国、怎样实行依法治国等一系列重大问题，是全面依法治国的指导思想，为全面依法治国提供了根本遵循和行动指南，其中包括"坚持建设德才兼备的高素质法治工作队伍"，表明法治人才培养的重要地位。因此，德法兼修卓越法治人才培养是全面推进依法治国的现实需要，是国家法治建设必须的人才保障。坚持"德法兼修"具有明确的指向性，是法学教育教学和人才培养中落实立德树人根本任务的必然要求和直接体现。德育筑牢法治人才之魂、法学奠定法治人才之基，二者相辅相成，是价值引领、知识传授、能力培养的"三位一体"，是立德与树人、教书与育人的有机统一，彰显了中国特色社会主义法治对人才的需求，体现了法学教育教学的中国立场、中国话语和中国风格，是中国特色社会主义法治“坚持依法治国与以德治国相结合”鲜明特色的内在要求。新技术新产业新业态新模式的不断涌现，为高校人才培养提出了更高要求；推进新文科建设，为法学教育教学改革和法治人才培养提供了新的思路，其显著特征是学科交叉融合，旨在培养适应新时代要求的复合型法治人才。对于高校而言，需要从教育教学理念、课程体系、教学实践等各个环节入手，推动教育教学改革，探索建立德法兼修卓越法治人才培养体系和模式。

探索构建新时代德法兼修卓越法治人才培养模式的难点是如何在教育教学中坚持和落实“德法兼修”的要求，关键在于如何处理“德”与“法”的关系。包括自课程思政提出以来，实践中仍存在一些认识误区，也反映出法治人才培养所面临的理论困惑。为此，本书坚持理论构建与实践探索相结合的研究方法，把“德法兼修”转化为教育教学的“德法相融”理念，在课堂教学和专业实习之外，笔者创办并持续开展专业读书会、法政讲堂、创新前沿论坛、专业读报、人文茶座、法治宣传、法治志愿服务、法治情景剧巡演、法治微视频拍摄等特色品牌活动，探索构建了“德法兼修”卓越法治人才培养的“一体两融三元素N模块”体系和模式。其中，“一体”即德法兼修卓越法治人才这一本体；“两融”即德法相融，明确“德”与“法”是“你中有我、我中有你”的有机融合关系，既着力弥补法学教育存在的德育短板，又注重融德于法、以德为先、以法为基，解决二者相割裂的问题；“三元素”即价值、知识、能力这三个方面，是反映法治人才素养的基本维度，而价值塑造、知识传授、能力培养则构成了法治人才培养的有机整体；“N模块”是落实德法兼修、培养卓越法治人才的载体，以人才培养方案为中心，建立包括课程教学、素质拓展、实习实践等在内的培养体系，包括“德”与“法”两个维度，每个维度的“N模块”又分为若干个子模块，以此将德法兼修、德法相融落到实处。从法治人才的素养提升角度，结合华北电力大学法政系实际，笔者以全方位人才培养为重心，探索建立了“理论·感知·内化”的德法兼修“三进阶”机制，把价值塑造、知识传授、能力培养贯穿于育人全过程。其中，“理论阶”以课堂教学为主阵地，以专业读书会配合课堂教学，拓展理论知识，以高水平学术报告激发学生创新潜力，深化理论认知；“感知阶”开展实质化、全覆盖的专业实习、认知实习、团队素质拓展训练等实习实践，精心设计实习内容，让学生通过亲身参与，以此验证理论，增进感知体验；

“内化阶”立足专业开展法治志愿服务，培养学生家国情怀、仁心大爱，内化“知行合一”的法治素养。“三进阶”是对“N模块”建立阶梯式进路，在每个进阶的每个模块都坚持“德法相融”理念，以此完成对法治人才的全方位塑造，为推进全面依法治国实践和建设法治中国培养德才兼备的卓越法治人才。

基于上述思考和探索，本书在对新时代德法兼修卓越法治人才的内涵意蕴、内在需求以及培养体系架构等进行理论研究的基础上，以人才培养方案为中心，对法学专业的思想政治理论课程、专业核心课程、专业选修课程、专业实践课程等课程体系展开专门研究，对德法兼修卓越法治人才培养的多元导向、关键要素进行分析进而对国内知名政法类院校人才培养模式进行考察，进而以华北电力大学法政系实践探索为例，分析了“一体两融三元素N模块”培养体系以及“理论·感知·内化”的“三进阶”机制，然后梳理分析了域外国家法学教育与法治人才培养的经验，最后以课程思政为例，建立德法兼修卓越法治人才培养的知识、价值、能力、行动“四层级”体系，由此形成本书的结构。

新时代德法兼修卓越法治人才培养是一项系统性工程，目前各个高校立足于全面依法治国基本方略、落实立德树人根本任务和新文科建设，探索具有特色的法治人才培养体系和模式，将会涌现出更多具有借鉴价值的典型经验和做法。本书仅是对如何在法学教育教学实践中坚持德法兼修的一些思考，以及对实践探索的阶段性总结，难免存在疏漏，敬请读者不吝批评指正。

2023年7月

目　录

第一章　新时代德法兼修卓越法治人才培养的理论研究

2017年10月，中国共产党第十九次全国代表大会召开，习近平总书记在大会上庄严宣告，“中国特色社会主义进入了新时代，这是我国发展新的历史方位”，并围绕“新时代坚持和发展什么样的中国特色社会主义、怎样坚持和发展中国特色社会主义”这个重大时代课题，形成了以“八个明确”和“十四个坚持”为核心内容的习近平新时代中国特色社会主义思想。其中，“全面依法治国”作为“十四个坚持”之一，不仅是新时代坚持和发展中国特色社会主义基本方略的主要内容，而且是“四个全面”战略布局的重要内容，明确“全面推进依法治国总目标是建设中国特色社会主义法治体系、建设社会主义法治国家”，足见法治不仅是党领导人民治国理政的基本方略，而且在新时代中国特色社会主义建设中具有重大战略地位。2020年11月，党的历史上首次召开的中央全面依法治国工作会议，提出了以“十一个坚持”为核心内容的习近平法治思想，这是顺应实现中华民族伟大复兴时代要求应运而生的重大理论创新成果，是马克思主义法治理论中国化最新成果，是中国特色社会主义法治理论的重大创新发展，是习近平新时代中国特色社会主义思想的重要组成部分，为全面依法治国提供了根本遵循和行动指南。习近平法治思想包括“建设德才兼备的高素质法治工作队伍”，并提出了法治专门队伍的“四化”“四忠于”（即“革命化、正规化、专业化、职业化”，“忠于党、忠于国家、忠于人民、忠于法律”）以及要求法律服务工作者“坚持正确政治方向，依法依规诚信执业，认真履行社会责任”等。以习近平新时代中国特色社会主义思想和习近平法治思想为指导，坚持和发展中国特色社会主义，从党的前途命运和国家长治久安的战略高度认识法治、定位法治、布局法治、推进法治、厉行法治，坚持依法治国、依法执政、依法行政共同推进，坚持法治国家、法治政府、法治社会一体建设，离不开民众法治意识、法治素养和法治精神的普遍提升，离不开大批德才兼备高素质法治工作队伍的持续推动，这就为新时代法学教育提出了鲜明的时代主题和明确的教育目标。为此，早在2017年5月3日，习近平总书记在中国政法大学考察时就强调“全面推进依法治国是一项长期而重大的历史任务，要坚持中国特色社会主义法治道路，坚持以马克思主义法学思想和中国特色社会主义法治理论为指导，立德树人，德法兼修，培养大批高素质法治人才”，首次提出法学教育要坚持“立德树人、德法兼修”。2018年9月17日，教育部、中央政法委发布了《关于坚持德法兼修　实施卓越法治人才教育培养计划2.0的意见》（教高〔2018〕6号，以下简称《卓法2.0意见》），明确了德法兼修卓越法治人才培养的总体思路、目标要求、改革任务和重点举措。该意见是2011年12月23日发布的《关于实施卓越法律人才教育培养计划的若干意见》（教高〔2011〕10号）的“升级版”。从“卓越法律人才教育培养”到“德法兼修卓越法治人才教育培养”的转变，意味着新时代法学教育的理念、体系、机制、模式等的全面升级，这是高校法学教育践行立德树人根本任务、科学回答“培养什么人、怎样培养人、为谁培养人”的必要要求，是高校法学院系履行育人育才职责、承担全面依法治国历史使命的具体实践。这就需要高校立足于新时代全面依法治国对法治人才的定位和需求，探索构建德法兼修卓越法治人才培养的机制、体系和模式，为实现中华民族伟大复兴中国梦和建设中国特色社会主义现代化强国提供法治人才支持。

第一节　新时代德法兼修卓越法治人才的内涵意蕴

新时代德法兼修卓越法治人才培养为高校法学教育教学确立了基本目标，是法学教育坚持立德树人根本任务的必然要求。何为德法兼修卓越法治人才，此为首要问题，由于分析维度不同，人们的理解存在一定偏差。立足于全面依法治国对人才的紧迫需求，每个人都应当承担起法治建设的使命，都应成长为有利于推进全面依法治国的人才，这就需要打破学科专业的界限，从最广义的角度界定“法治人才”，但这并不意味着法学专业教育与非法学专业的法治教育是同等的，而是要将它们划分为“核心圈”和“基本面”，以此更精准地界定法学教育中法治人才的范围、衡量标准及其时代使命，全面理解新时代德法兼修卓越法治人才的时代内涵和现实意蕴。

一、德法兼修卓越法治人才的分析维度

法学是一门古老的学科，我国在春秋战国时期就形成了比较完备的法律思想，曹魏初年创立了专门的“律学”，唐代的律学主要培养专门法律人才和普通文官，宋依唐制设立律学博士，掌管法律，直至清末。尽管长达数千年的封建社会以儒家思想为主流价值，且行政与司法一体，但法典编纂、决案断狱离不开对律法的精准把握以及智慧运用，同时律法适用不仅在于定分止争，而且发挥着确立规则、民风教化、促进和谐等功能。西方亦是如此，作为现代大学的起源，中世纪欧洲大学一般设立文学、法学、医学、神学等“四大学科”，法学作为其中之一，其兴起与城市运动密切相关，旨在培育市民法治理念，促进城市法律体系建设，这对于西方近代法治发展产生了积极影响。由此可见，法学教育具有悠久的历史，承担着培养从事法律职业专门人才和提升民众法律意识的双重功能。

何为德法兼修卓越法治人才，其核心在于对“法治人才”的理解。这又勾连起法律、法治、法学、法学教育等诸多概念之间的整体性关联，由此构成了对该概念的多重分析维度。

从学科专业的角度而言，法学是法律与法学教育、法治、法治人才的“中介”，因为法学是关于法律的科学，它以法律规范、法律现象以及其内在规律性作为研究内容，法学教育的基本目的就在于让学生掌握并熟练运用法律知识解决现实法律问题，由此培养的以“专司”法律为职责的专业人才即法治人才。因而，这些概念之间存在内在的线性逻辑，无论是学科界限不分的古代还是建立了科学的学科体系之现代，对法治人才的通常理解是专门研习法律并有能力从事法律的人才。特别是现代社会，知识创造势头强劲，社会分工不断精细化，对专业能力的精度要求越来越高，学科专业的设置更为科学、更为精细，高等教育作为培养高素质专业人才的专门教育，与中小学的最大区别就在于按“专业”培养人才。因此，从法学教育的角度来讲，法治人才就是按照法学专业培养方案进行培养、系统学习过法律知识的专门人才，既包括专科高职、本科、硕士、博士等接受不同层次的法学教育，也包括学历教育与非学历教育，其衡量标准很简单，即从法学教育的“供给侧”判定一所高校或科研院所是否开设了法学专业。就毕业生的就业意向而言，由于学生在校期间按照“专业”进行培养，学习的是该专业的专门知识，掌握的是该专

业的专门技能，随着专业学习的不断深入，专业认同感不断增强，专业情结与日俱增，就业也往往倾向于“专业对口”，即在直接运用法律的部门从事法律职业。

尽管此种表述易于理解且符合大多数人的直观认知，但仔细推敲，并不确切。因为“法律职业”的内涵似乎很难准确界定，而且不同时期国家法治建设的任务存在一定差异，由此造成其外延形成明显反差，也导致法学教育所培养的人才的称谓、功能、作用空间等各不相同。以新中国成立 70 多年的法治建设历程为例，新中国成立伊始，百废待兴，面临着惩治反革命、巩固新生的人民民主政权的政治任务，法律特别是刑法的功能凸显，加上我国废除国民党“六法全书”、学习苏联建设社会主义法律体系，首要的是进行社会主义教育，依法确认和维护社会主义制度，此时的法学教育与政治学、马克思主义哲学等存在交叉，甚至出现政法不分家的现象，因而，接受过法学教育的人才统称为“政法人才”，时至今日也沿用“政法系统”这一称谓，但二者也并非完全对应的关系。

改革开放以来，我国恢复和重建法制，逐渐确立了“法律人才”这一概念，大体上回归到上述第一种理解，而且与“法律职业”直接等同，法学专业毕业生的对口单位是法院、检察院、律师事务所和公证处（公证处的吸引力相对逊色一些，且公证处的机构设置相对较少）等，这些单位直接以运用法律知识处理“案件”作为职责。为了进一步提升法官、检察官、律师、公证员的专业化、职业化水平，加强“法律职业共同体”建设，统一法律思维、法律方法和法律适用尺度，律师资格考试于 2002 年取消，律师、法官、检察官、公证员的资格考试统一合并为国家司法考试（以下简称“司考”），“法律人才”的指向更加明确。2018 年，“司考”改为国家统一法律职业资格考试（以下简称“法考”），“法律职业共同体”的范围进一步扩大，在“司考”的基础上增加了法律顾问、法律类仲裁员以及政府部门中从事行政处罚决定审核、行政复议、行政裁决的人员，共达到 9 类职业。

以“法考”为基准确定“法律职业”，显然，从事这 9 类职业的人员都具有广义上的法律适用权，即把法律规范直接应用于案件或纠纷。但这又与法学教育存在不一致之处。比如，“法考”报名条件对专业学历的要求是：（1）全日制普通高校法学类本科学历并获得学士及以上学位，其中法学类包括法学、知识产权、监狱学、信用风险管理与法律防控、国际经贸规则、司法警察学、社区矫正等 7 个专业，而不限于狭义的“法学”专业；（2）非法学类本科及以上学历并获得法律硕士、法学硕士及以上学位，该条件与法学教育完全契合；（3）非法学类本科及以上学历并获得相应学位且从事法律工作满 3 年，根据全国人大法工委的答复意见，“从事法律工作”指的是从事立法工作，审判、检察工作，公安、国家安全、监狱管理、劳动教养管理、戒毒管理工作，律师，法律教学研究工作，以及政法委、政府部门中法制工作中的业务工作等，其范围比必须通过“法考”才能从事的 9 类职业更广。由此可见，法学教育所培养的法治人才并不能通过“法律—法学专业—法学教育—法律职业”这样的线性逻辑来确定，这反过来又对法学教育的内涵产生一定影响。从法学类专业的范围来看，法学教育并不等同于法律教育或法律知识教育，还包括监狱学等。“公、检、法、司”通常并用，就刑事案件而言，这四个部门在侦查、公诉、审判、监狱执行等环节存在相互分工、相互配合的密切关系，但时至今日，公安和司法（监狱）人员的任职资格未要求必须通过“法考”，可见人们对法律适用的理解仍倾向于狭义，是以“案件纠纷”为中心，主要指的是法院和检察院。

通过上述从学科专业和法律职业的角度对法治人才的分析，可以得出两点基本结论：一是从人才培养即法学教育的角度，法治人才指的是系统接受过法学教育的人才，从“法考”的报名条件来看，指的是接受过法学专业学历教育；二是从法治实践的角度，指的是从事法律工作的人员，主要指的是 9 类直接从事法律适用工作的人员，此外，还包括立法机关、行政机关直接从事法律业务的人员。二者之间存在交集但并未完全对应。党的十八大以来，我国法治建设迈上新征程，法治被提升到前所未有的高度，全面依法治国作为“四个全面”战略布局的有机组成部分，习近平总书记多次对法治人才提出明确要求。比如，2018 年 8 月 24 日，习近平总书记主持召开中央全面依法治国委员会第一次会议时强调，“要加强法治工作队伍建设和法治人才培养，更好发挥法学教育基础性、先导性作用，确保立法、执法、司法工作者信念过硬、政治过硬、责任过硬、能力过硬、作风过硬”（以下简称“五个过硬”），①由此可见，“法治人才”涵盖立法、执法、司法等全过程。以此观之，前面两种理解都有所偏狭，对法治人才的理解应当着眼于全面依法治国对人才的需求，一般指的是法治工作队伍（不限于以“法考”作为职业资格准入条件的 9 类职业），亦即在立法、执法、司法工作中推进全面依法治国的实践者。

党的十八大报告提出新时代社会主义法治建设的“新十六字方针”是“科学立

① 《习近平主持召开中央全面依法治国委员会第一次会议强调　加强党对全面依法治国的集中统一领导　更好发挥法治固根本稳预期利长远的保障作用　李克强栗战书王沪宁出席》，载《思想政治工作研究》2018 年第 9 期。

法、严格执法、公正司法、全民守法”，以此把法治贯穿于国家治理的各领域各环节全过程，让法治成为全民的基本素养和行为自觉，让尊法、学法、守法、用法、护法成为生机盎然的社会风气，把一切行为都纳入法治框架，使其在法治轨道上运行。由此言之，每个人都承担着新时代法治建设的使命，都应当是法治的践行者和推动者。对于高校法学教育教学而言，不仅仅是法律职业教育，还包括通过大学教育提升全民法治意识和法治素养。《卓法 2.0 意见》提出的“目标要求”包括“高等法学教育教学质量显著提升，培养造就一大批宪法法律的信仰者、公平正义的捍卫者、法治建设的实践者、法治进程的推动者、法治文明的传承者，为全面依法治国奠定坚实基础”。因此，新时代法治人才，语词上不是“法治 + 人才”的组合，不局限于法治工作队伍，而是把全民都作为全面依法治国的贡献者，都应当成为“法治国家、法治政府、法治社会一体建设”的有用之才。“这就要求高校的法学教育不能局限于法学专业学生，而是需要面向所有学生，深入开展法治理念、法治信仰、法治精神培育和法学知识、法学实践教育，推动校园法治文化建设，使法治成为每一个人的内在修养、思想自觉和行为习惯，即高校要树立把每一名学生培养成为融专业、德育、法治于一体的高素质人才”①的理念，此为法治人才应有的新时代内涵之必然要求。

因此，站在新时代全面依法治国的高度，高校德法兼修卓越法治人才培养包括两个层面：一是以学科专业为基准，针对法学专业学生开展法学专业教育，以及有意愿从事法律职业的非法学专业学生进行相应的法学学科教育，这是法治人才的核心圈。绝大多数毕业生将通过“法考”从事法律职业，成为法治工作队伍的重要组成部分，其法治水准在某种程度上直接影响全面依法治国进程和高度，特别是成长并进入领导岗位，其很大程度上直接决定着其所在的区域、行业、部门是否具有浓厚的法治氛围、能否坚持依法办事。二是按照《卓法 2.0 意见》的目标要求，把法学教育教学的对象向其他专业学生拓展，对所有学生进行中国特色社会主义法治教育，以此构筑“法治人才”的基本面。就法治人才的培养过程而言，应当坚持“德法兼修”，把立德树人根本任务贯穿于法治人才培养的全过程各环节，实现“育德”与“育才”的有机统一。就法治人才的培养质量而言，应当达到“卓

---

① 梁平：《新时代“德法兼修”法治人才培养——基于习近平法治思想的时代意蕴》，载《湖北社会科学》2021 年第 2 期。

越”,即通过高等教育培育出杰出群体,让稀缺的高等教育资源产出与之相匹配的、优质的人才“产品”。

二、德法兼修卓越法治人才的衡量标准

对于“人才”的衡量标准,古今已有非常独到的论述,概括起来则是“德”与“才”的关系,而且形成了共识性的判断。比如,我国北宋政治家司马光认为“才者,德之资也;德者,才之帅也”,“是故才德全尽谓之圣人,才德兼亡谓之愚人,德胜才谓之君子,才胜德谓之小人”,精辟地揭示了“德”与“才”的辩证关系以及之于“人”的不同情形。罗曼·罗兰认为,“没有伟大的品格,就没有伟大的人,甚至也没有伟大的艺术家,伟大的行动者”,强调品格对于“人”的重要性。习近平总书记明确要求选人、用人“要德才兼备”,反对“唯文凭论”“唯分数论”。新时代德法兼修卓越法治人才培养,就是要克服“重教书轻育人”“重智育轻德育”等现象,坚持立德树人、德法兼修,培养德才兼备的法治中国建设者和担当民族复兴大任的时代新人(基本要求至少包括具有坚定的法治信仰、浓厚的法治情怀、鲜明的法治精神、扎实的法治理论、牢固的法治思维、精湛的法治能力、强烈的法治担当等),把“德”融入“法”、以“法”保障“德”,培养“为人民服务、为中国共产党治国理政服务、为巩固和发展中国特色社会主义制度服务、为改革开放和社会主义现代化建设服务”(以下简称“四个服务”)的卓越法治人才。因此,衡量新时代德法兼修卓越法治人才应当坚持政治标准、道德标准、专业标准、行为标准的有机统一。

(一)新时代德法兼修卓越法治人才是旗帜鲜明讲政治的有用之才

“培养什么人、怎样培养人、为谁培养人”是一个有机整体,是高校思想政治工作要解决的根本问题,其中“为谁培养人”是这个根本问题的“根本”。世界文明具有多样性,人类存在诸多共同价值,同时也具有地域性和特色性。法治文明作为人类文明的一种形态,也存在多样性和地域性。中华文明源远流长,形成了璀璨的中华法系。我国是社会主义国家,以马克思主义作为根本指导,新中国成立以来,在中国共产党的领导下,确立了中国特色社会主义法治道路,形成了中国特色社会主义法治体系,这是中国特色社会主义道路和中国特色社会主义体系的重要组成部分。中国特色社会主义进入新时代,以习近平新时代中国特色社会主义思想为指导,全面贯彻落实习近平法治思想,建设中国特色社会法治主义国家,需

要高校培育大批德法兼修卓越法治人才，其首要的一条就是旗帜鲜明讲政治，坚定不移高举中国特色社会主义伟大旗帜，既不走封闭僵化的老路，也不走改旗易帜的邪路，教育学生深刻理解中国共产党的领导是历史的选择、人民的选择、必然的选择，从思想深处认识到“中国共产党为什么‘能’”“马克思主义为什么‘行’”“社会主义为什么‘好’”这三个重大理论问题，切实坚定对中国特色社会主义的道路自信、理论自信、制度自信和文化自信，增强中国特色社会主义法治道路自信，增强争做中国人的志气、骨气和底气。从根本上讲，法治与政治密不可分，每一条法治道路都有明确的政治立场，西方法治是以西方资产阶级意识形态为指导、与西方政治体系相匹配的一种法治，中国特色社会主义法治是以马克思主义意识形态为指导，与中国的历史、国情和现实高度契合的法治，新时代德法兼修卓越法治人才要以民族复兴为己任，就是要在中国共产党的领导下、在法治理论创新和法治实践中做“四个服务”的可用、有用、能用之人。“一个国家的政治文明必然首推法治文明，一个民族的精神必然首推法治精神”，“法治是当前中国最大的政治”，[①]坚持中国法治立场、中国法治话语、中国法治道路、中国法治体系、中国法治实践，全面推进依法治国，在法治轨道上推进国家治理体系和治理能力现代化，坚持和发展中国特色社会主义，这本身就是法治人才讲政治、有立场、敢担当的体现。因此，德法兼修卓越法治人才的“最高的德”“最大的法”就是有益于人民、有益于中国特色社会主义、有益于中国共产党领导下全面建设中国特色社会主义现代化强国和实现中华民族伟大复兴中国梦。

（二）新时代德法兼修卓越法治人才是德性超群高境界的有德之才

“德法兼修”之“德”具有多重含义，古代中国偏重于“人”的完美以及实现社会价值。比如，《礼记·大学》论述为：“古之欲明明德于天下者，先治其国；欲治其国者，先齐其家；欲齐其家者，先修其身；欲修其身者，先正其心；欲正其心者，先诚其意；欲诚其意者，先致其知，致知在格物。格物而后知至，知至而后意诚，意诚而后心正，心正而后身修，身修而后家齐，家齐而后国治，国治而后平天下。”格物、致知、诚意、正心、修身、齐家、治国、平天下，被称为《礼记·大学》的“八目”，从研究事物获取知识开始，到提高个人品德和政治品德，这是一个环环相扣的逻辑进路。

---

① 莫纪宏：《法治是当前中国最大的政治》，载《山东人大工作》2013年第6期。

古希腊思想家柏拉图在其著作《理想国》中以正义为核心，建构了一个由“善”的理念组成的秩序体系，并由具有德性的“哲学王”进行统治，这样的国家具有智慧、勇敢、节制、正义等“四德”，其老师苏格拉底所提出的名言“美德即智慧”，这些都是从外在的视角审视人的“德性”。由此可见，古人对何为“德”开始了深入探索，而且诸如“修齐治平”已成为几千年来中华优秀传统文化的重要部分。我国继承中华文明，发扬中华传统美德，形成了社会主义道德。进入新时代，2019 年 10 月，中共中央、国务院印发了《新时代公民道德建设实施纲要》，作为 2001 年《公民道德建设实施纲要》的“新时代版”，把公民道德分为社会公德、职业道德、家庭美德、个人品德，并以此为着力点，加强理想信念教育和社会主义核心价值观教育，增强公民的道德认知、道德意愿、道德情感和道德实践，特别提出“以法治承载道德理念、鲜明道德导向、弘扬美德义行，把社会主义道德要求体现到立法、执法、司法、守法之中，以法治的力量引导人们向上向善”。新时代德法兼修卓越法治人才，更应当明大德、讲公德、严私德，从认知到行为都时刻按照“四德”标准严格要求自己，争做道德典范、道德楷模。只有从个人品德入手，做到正心修身，才能在家庭、职业生涯以及社会生活中成为有德之人，才能真正做到德法兼修、德才兼备。习近平总书记在中国政法大学考察时指出，“中国特色社会主义法治道路的一个鲜明特点，就是坚持依法治国和以德治国相结合，强调法治和德治两手抓、两手都要硬”，新时代德法兼修卓越法治人才既要厉行法治也要践行德治，只有自身具有道德认同、恪守道德规范，才能自觉地作出正确的道德判断，积极履行道德责任，才能在法治道路上做到“两手都要抓、两手都要硬”，实现法律与道德相辅相成、法治与德治相得益彰、法安天下与德润人心有机统一。

（三）新时代德法兼修卓越法治人才是专业精湛堪大任的有能之才

法学是一门实践性很强的学科，法学教育培养的是具有法治信仰、法治理念、法律知识、法治思维和法治能力的专门人才。新时代德法兼修卓越法治人才培养，既要补强“德”之钙，也要坚守“法”之本，唯有如此，才能在法治实践中更好地发挥专业特长、提供专业服务、促进法治建设。习近平总书记在中国政法大学考察时指出：“建设法治国家、法治政府、法治社会，实现科学立法、严格执法、公正司法、全民守法，都离不开一支高素质的法治工作队伍。法治人才培养上不去，法治领域不能人才辈出，全面依法治国就不可能做好。”面对具体的法律业务，法治人才只有具备正确的专业思维、丰富的专业知识和高超的专业能力,才能准确运用法律解决现实问题,才能在法治轨道上推进国家治理,才能承担起全面推进依法治国的历史重任。从法律专业能力的角度来讲,德法兼修卓越法治人才的“能”体现在以下三个层面:一是具有法治思维。法治思维是一种规则思维、权利义务思维、程序思维、权衡思维、底线思维,它是以“法”的理念、价值、规范和原理来认识、分析、评价社会现象,进而提出科学、合理、合法的解决方案。与普通民众应当具有的“遇事找法、办事依法、解决问题靠法”的法治意识相比,法治思维更进一个层次,是法治人才应具备的分析判断思维。二是具有法律知识。法治人才经历过比较系统的法律知识学习,掌握了基本法律规范及法学原理,面对社会现象,能够敏锐地从法律层面作出判断,并找到对应的法律规范,进而展开充分的法律分析论证。这是对法律规范系统性、精准化的运用,不同于普通民众不了解法律规范或者通过网络可找到法律条文但难以系统理解、精准运用。三是具有法治能力。除了运用法治思维和法律规范对社会现象进行认知、判断、分析、论证和解决的能力外,法治能力还包括学习能力、创新能力、推理能力等。法律规范是特定时期的产物,尽管在一定时期内具有相对稳定性,但不是一成不变的,而且通过法学教育不可能穷尽所有法律规范甚至只是“冰山一角”,法治人才步入社会、走上工作岗位,需要运用更多更精细的法律规范,而且面临着法律的立改废释纂等,只有具备相应的学习能力,才能“以不变应万变”,同时在法治实践中面对新情况新问题提出新思路新方案。特别是对于立法工作者而言,需要对经济社会发展中的法治需求具有敏锐的洞察力和创造力,与时俱进、因地制宜开展立法,确保法律规范适应、保障和引领经济社会发展。此外,法治人才面对的是错综复杂的社会现象,法律问题与政治、经济、文化、社会等各类问题交织在一起,需要运用法律分析方法进行推理论证。因此,法治能力是一种综合能力,是法治思维、法律知识以及社会经验等的结合,是一个人具备的“法治输出”的可能性。当今世界处于百年未有之大变局,国际国内形势错综复杂,人类多种文明形态相互交织碰撞的最大公约数是法治,解决国际国内各类矛盾纠纷的基本方式是法治,中国共产党领导人民创造了中国式现代化新道路,创造了人类文明新形态,无论是在法治领域为推动构建人类命运共同体贡献中国智慧,还是以更高水平法治促进中国特色社会主义发展和捍卫人类文明新形态,都是“时代大任”,都需要法治人才具有“法治大能”。

（四）新时代德法兼修卓越法治人才是知行合一重实干的有为之才

法治人才只有在法治实践中才能实现人生价值和社会价值，才能实现从人的能力向行为的转化。以“人”为中心，从“知识—人—社会”的转化，存在四个层级，即知识层级、价值层级、能力层级和行为层级，它们分别指向的是“人”的知识储备和认知水平、价值理性判断、综合能力素养以及外在行为。其中，行为层级是联结人与社会的纽带，是通过前三个层级所塑造“人”作用于社会的关键环节。如果仅停留于前三个层级，即便是学富五车、满腹经纶，也无法体现和实现“人”的价值。德法兼修、明德笃行、知行合一，是德法兼修卓越法治人才培养的最终目标，要求法治人才在法治中国建设中积极贡献力量，成为法治建设的实践者和法治进程的推动者。习近平总书记强调：“教育就是要培养中国特色社会主义事业的建设者和接班人，而不是旁观者和反对派。”新时代全面推进依法治国，建设中国特色社会主义法治体系和法治国家，需要法治人才的共同努力，需要每一个人都以“实干家”的精神和担当贡献才干智慧，而不是置若罔闻、坐而论道或者袖手旁观。对于高校法学教育而言，培养德法兼修、知行合一、投身实践的法治有为之才，不仅要通过德育教育，培育学生的担当精神和奋斗精神，增强学生的实践意愿和实践自觉，而且要通过专业实践增强学生的法律应用能力，让学生有意愿、有能力、有作为。需要指出的是，法治人才培养环节的“德法兼修”，目的是塑造德才兼备的高素质人才，使其不仅在法治实践中“有能、有为”，而且严以律己、依法办事，真正做到“四个忠于”。这是对法治人才作为“有为之才”的质的规定。特别是在法治实务部门，面对各种诱惑，需要恪守法律职业伦理和法治底线，自觉抵制不良风气，慎重用权，坚决杜绝徇私舞弊、渎职枉法等违背职业伦理和法律的行为。

因此，无论是法学专业学生还是非法学专业学生，无论是法治工作者还是其他岗位人员，都属于广义上的德法兼修卓越法治人才，无论是通过从事法律职业直接参与还是不断提高自身法治素养间接参与法治中国建设、助力提升全面依法治国水平，都需要具备“五个过硬”的素质要求。特别是对于法学专业学生以及未来在立法、执法、司法、法律服务等岗位上从事法律职业的人员，更需要以德法兼修卓越法治人才的上述四个基本标准衡量自己，把“德智体美劳全面发展”转化为自身的法治素质。对于高校法学教育而言，需要把“培养什么人”转化为对德法兼修卓越法治人才的具体要求，以此构建符合新时代全面依法治国需要的德法兼修卓越法治人才培养机制和模式。

三、德法兼修卓越法治人才的历史使命

放眼于新时代全面依法治国的宏大画卷以及对法治人才的旺盛需求,《卓法2.0意见》提出"培养造就一大批宪法法律的信仰者、公平正义的捍卫者、法治建设的实践者、法治进程的推动者、法治文明的传承者",这既从侧面确定了德法兼修卓越法治人才的内涵和范围,而且直接揭示了其肩负的法治使命。如果按照高校培养的所有人才直接参与法治建设的强弱程度,可把法治人才分为核心圈和基本面,他们各自承担着不同的历史使命。

(一)德法兼修卓越法治人才"核心圈"的法治使命

习近平法治思想的"十一个坚持"包括"坚持党对全面依法治国的领导""坚持建设德才兼备的高素质法治工作队伍""坚持抓住领导干部这个'关键少数'"等,此为习近平法治思想的主体性要求,其中法治工作队伍是法治人才"核心圈"的重点。"我国专门的法治队伍主要包括在人大和政府从事立法工作的人员,在行政机关从事执法工作的人员,在监察机关从事监察工作的人员,在司法机关从事司法工作的人员。全面依法治国,首先要把这几支队伍建设好。"[①]此外,还包括从事法律服务、法学教学研究的人员等。这些人员无论是否具有法学教育背景,他们都活跃于法治实践的第一线,是法治建设的直接参与者、承担者和推动者,某种程度上影响着甚至决定着法治的进程、质量乃至成败。因此,以法治工作队伍为主体的法治人才"核心圈"承担的法治使命最强、最直接。按照职业分工,立法工作人员承担着各层级各部门法律规范的立改废释以及法律实施监督等职责,是法律规范的直接供给者和中国特色社会主义法律规范体系的建设者,是"有法可依"的源泉。坚持"科学立法"的基本要求,就是要在党的领导下,立足于经济社会发展和人民群众现实需求,发挥立法主导作用,按照《立法法》规定的立法权限和程序,加强立法调研论证,严把立法的选题、起草、审议等关键环节,把科学立法、民主立法、依法立法、开门立法贯穿于立法的全过程,确保立务实之法、管用之法、

---

① 《加快建设社会主义法治国家》(2014年10月23日),载习近平:《论坚持全面依法治国》,中央文献出版社2020年版,第115页。

善治之法。行政执法人员是法律实施的重要主体，也是分布最为广泛的法治工作队伍，是与民众关系最为密切的主体，是法治国家、法治政府建设成效的“窗口”，各个部门法是否得到完全实施，除了民众自觉守法外，关键在于行政执法人员是否做到严格、公正、文明、廉洁、高效执法，这就要求各级政府各部门各机构的行政执法人员熟悉该领域法律规范，严格依法执法、依法办事，及时查处纠正行政违法行为，督促民众自觉守法，确保法律得到有效实施。司法工作人员主要是以案件纠纷为中心，运用法律规范裁断是非，是法治的最强表征，是否依法、公正、高效地裁决案件纠纷，不仅直接影响民众对法律正义的感知，而且作为社会公平正义的“最后一道防线”，直接决定着法治建设的质量和水平，其法治使命就在于“以事实为依据、以法律为准绳”，公正裁断民事、刑事和行政案件（纠纷），“努力让人民群众在每一个司法案件中都感受到公平正义”，增强人民群众的法治获得感和满意度，为经济社会发展打造稳定和谐有序的社会环境。法律服务工作者包括律师、法律顾问、基层法律工作者等，是法治建设的重要参与者，除了公职律师等特殊群体外，大多数按照市场机制提供法律服务，发挥着维护当事人合法权益、执法司法监督、法治宣传教育等法治功能。法学教学研究人员主要是开展法学教育和从事法学学术研究，承担着培养德法兼修卓越法治人才和法学理论创新、法治建设智库建言等职责。此外，领导干部这个“关键少数”无论是否属于法治工作队伍、是否直接从事法律工作，对于全面依法治国各项任务真正落到实处负有领导责任，能否坚决贯彻落实党中央全面依法治国决策部署，能否运用法治思维和法治方式深化改革、推动发展、化解矛盾、维护稳定、应对风险，能否模范尊法学法守法用法，直接决定着其所在区域、行业、部门是否践行法治以及法治程度和质量。因此，法治人才“核心圈”承担着法治建设的直接责任，主体是“法律职业共同体”，关键在于立足岗位依法认真履行职责，共同推进法治建设的进程，不断提升法治发展建设的质量和水平。

（二）德法兼修卓越法治人才“基本面”的法治使命

法治是人类文明的重要形态，法治精神是现代社会公民的重要素养，高等教育培养的人才都应具有基本的法治素养，成为全面依法治国的重要参与者和推动者。因此，新时代法治人才培养不能局限于法学专业，而是需要向所有学生全覆盖，以此构筑德法兼修卓越法治人才培养的“基本面”，实现“科学立法、严格执法、公正司法、全民守法”的全过程法治。由于高校专业教育与学生职业发展并不具有完全的对应性，以是否直接从事法律工作为标准，作为法治人才的“基本面”，非法学专业学生走向工作岗位存在两种情形：一是在立法、执法、司法、法律服务等领域直接从事法律相关工作，无论是否以通过“法考”作为职业准入条件，都属于法治工作者，对其法治素养的要求，与法学专业学生无异，因为其承担着在工作岗位上推进法治建设的重要使命。一个国家、一个区域、一个单位、一个部门的法治水平如何，直接体现为法治工作者的素养和能力，因而，这类人员在法治人才培养环节属于“基本面”，在法治建设环节属于“核心圈”。二是未直接从事上述法律相关工作，他们所具有的法治意识和法治精神是“守法”的必要前提。自觉守法、把法治作为一种行为习惯，这本身就是所有人应当承担的法治使命，应当对法治建设的贡献。因为从文化的角度，“法治文化不仅是一种规则文化、治理文化和生活文化，更是一种文化自觉，由此形成的法治不再是国家强制力推动下的治理，而是人们自省、自制、自发形成的规则自治或者依法自律，国家强制力仅仅是最后的保障手段”①，非法学专业学生是一个非常庞大的群体，分布在各个岗位，这些人员的法治素养，在某种程度上反映了一个国家的法治水平，他们践行法治使命的主要方式是在岗位上守法并推动提升该岗位、该单位乃至该行业的法治化水平。应当指出，法治是一种规则之治，体现的是规范思维、规范方式和规范行为，是严格按照包括法律规范在内的一切制度规范办事，这不同于“人治”是以人的意志为中心。把非法学专业学生作为新时代德法兼修卓越法治人才的“基本面”，其出发点就在于促进这些学生的专业能力与法治素养兼备，在岗位上遵从于法律、遵从于制度、遵从于规则。早在 1978 年 12 月 13 日，改革开放总设计师邓小平同志在党的十一届三中全会上作《解放思想，实事求是，团结一致向前看》的主题报告中就明确提出，“必须使民主制度化、法律化，使这种制度和法律不因领导人的改变而改变，不因领导人的看法和注意力的改变而改变”，揭示了“法治”与“人治”的根本区别。全面推进依法治国，就是要把法治贯穿于国家治理的各领域各环节全过程，这仅仅依靠法治工作队伍这个“核心圈”是远远不够的，更需要法治人才的“基本面”在具体岗位上发挥“专业 + 法治”的复合型人才优势，积极作为、主动作为，健全区域性、行业性、领域性的制度规范体系，促进形成以法律规范为核心的制度

① 梁平：《语义与实践：中国特色法治文化及其建设进路探究》，载《法学杂志》2013 年第 3 期。

之治,实现全过程的良法善治。

(三)德法兼修卓越法治人才"全员式"的法治使命

高等教育培养的不仅是各个专业领域高素质卓越人才,而且是法治建设的德法兼修卓越人才。这些人才的法治使命,除了"如何积极作为"外,在法治文化塑造和形成过程中发挥着示范和引领作用,这种作用面向全社会,是高校培养的人才所承担的"全员式"的法治使命。据统计,2020 年我国高等教育毛入学率达到 54.4%,与 1978 年的 2.7%、1998 年的 9.8% 相比,发生了天翻地覆的变化,这些人是全面依法治国的重要资源和中坚力量。中国特色社会主义法治坚持法治国家、法治政府、法治社会一体建设,法治社会是建设法治国家的基础,是法治政府建设的重要目标。推进法治社会建设,让法治理念深入人心,让法治意识成为潜在意识,让法治思维成为惯常思维,让法治方式成为生活方式,让法治行为成为日常自觉,让法治文化成为普遍文化,既需要加强普法宣传教育,严格执法公正司法,打通法治与民众的"最后一公里",让法治与民众生活紧密结合,使民众深切体会到法治的不可或缺性,更要加强对民众法治行动的引领,通过"身边的人""身边的事"使民众真切感受到法治的力量,形成"守法光荣、违法可耻"的强烈道德感。对于德法兼修卓越法治人才而言,这种示范和引领应当是首当其冲的。相反,作为高等教育培养的高素质人才,如果不懂法或知法犯法,即便专业能力再强,也必然成为反面典型,对于民众认识法治、理解法治和践行法治必然产生消极影响,不利于法治氛围的营造,更遑论其对法治社会具有积极作用或建设性贡献。法治人才参与、推动和引领法治社会建设的方式主要包括:一是提升自身法治素养,明法笃行、知行合一,切实发挥模范带头作用,做"全民守法"的示范者。二是积极主动宣传法治,在日常生活工作中坚持法治思维和法治方式——无论是否属于本职职责,在法治框架下解决现实问题,让民众时刻意识到"法律是底线",真正理解法治是最好的治理方式。中国特色社会主义法治是以人民为中心,体现人民利益、反映人民愿望、维护人民权益、增进人民福祉的法治,推进全面依法治国的根本目的是依法保障人民权益,引导和教育民众走出"法治 = 惩罚"的思维,彰显法治的保障功能,增强对法治的信仰、信念和信心。三是旗帜鲜明践行法治,坚决制止有违法治的行为,做公平正义的捍卫者、法治秩序的维护者、法治社会的守护者。正如古人所言的"修身齐家治国平天下",德法兼修卓越法治人才的使命不仅在于"修身齐家”,更要“治国平天下”,要敢于同违反法治的一切行为作斗争,弘扬社会公平正义,坚定不移地守护法治、维护法治秩序。因此,新时代法治人才不仅是指法治工作队伍,而是对所有人才进行法治教育,使其具备必备的法治素养,在全面依法治国实践中以其为中心,引领和促进形成良好的法治氛围,带动和督促全社会形成尊法学法守法用法的法治文化,共同建设中国特色社会主义法治国家,为全面建成社会主义现代化强国贡献法治力量。

四、结语

中国特色社会主义进入新时代,坚持和发展中国特色社会主义,在法治轨道上推进国家治理体系和治理能力现代化,实现中华民族伟大复兴中国梦,全面建设中国特色社会主义现代化强国,是每一名大学生光荣而重大的时代使命。习近平总书记指出,“全面依法治国是国家治理的一场深刻革命”,是坚持和发展中国特色社会主义的内在要求和重要保障,需要抓好法治工作队伍这个核心力量,充分发挥法治人才的示范、引领、带动作用,在党的正确坚强领导下持之以恒实现新时代中国特色社会主义建设目标。这既是法治人才的时代使命,也是新时代赋予高校法学教育教学的重大责任。培养新时代德法兼修卓越法治人才,首先要明确“什么是德法兼修卓越法治人才”“培养怎样的德法兼修卓越法治人才”“培养德法兼修卓越法治人才做什么”等基本问题,这是法学教育对“培养什么人、怎样培养人、为谁培养人”的回答。新时代德法兼修卓越法治人才是以法学专业学生和法治工作队伍为“核心圈”、以所有学生为“基本面”共同推进全面依法治国的有用之才、有德之才、有能之才、有为之才,这四个方面分别是对法治人才的政治素养、道德素养、专业素养、法治行为的要求,由此构成了法治建设的“核心圈—基本面—全民”的主体层次。其中,“核心圈”是法治建设的直接参与者和推动者,“基本面”构成了法治建设的中坚力量,而“全民”则是法治建设的坚定基石,是法治社会形成的直接推动者,这就要求高校法学教育教学要主动适应全面依法治国对法治人才的要求,以法学专业学生为主体、向所有专业学生拓展,开展德法兼修卓越法治人才培养,使法治人才成为全面依法治国和法治中国建设的第一资源。

第二节　新时代德法兼修卓越法治人才培养的内在需求

为什么要培养德法兼修卓越法治人才，卓越法治人才“德法兼修”这一培养目标的提出具有怎样的时代背景和现实动因，此为高校法学教育教学改革的深层问题。就法学专业教育而言，是落实立德树人根本任务、培养德才兼备法治人才的必然要求；就国家法治建设而言，是推进全面依法治国伟大实践的现实需要和人才支持；就法治人才培养立场话语而言，是以马克思主义为根本指导，全面贯彻习近平法治思想，坚持中国法治立场、关照中国法治现实、体现中国法治国情、解决中国法治问题的应有之义，是党领导全国人民坚持和发展中国特色社会主义、实现中华民族伟大复兴宏伟目标和全面建成中国特色社会主义现代化强国的重要保障；“新文科”建设为法学学科转型升级提出了新目标新任务新要求，以此为指导建设“新法科”，培养德法兼修卓越法治人才是“新文科”建设的直接目的和具体实践，它们都是旨在为全面依法治国培养高素质的法治人才。

一、落实立德树人根本任务的必然要求

高等教育是以专业为划分的专门教育，培养的是具有专业知识、专业思维和专业能力的高素质专门人才。长期以来，各个专业都按照专业标准不断推进教育教学改革，德育教育主要由“两课”教师承担，由此造成“重专业轻思政”“重知识轻德育”“重教书轻育人”等现象，甚至出现专业与德育相割裂、相对立的情况，严重影响人才培养质量。法学教育亦是如此。特别是受西方意识形态的影响，社会出现以所谓“普世价值”混淆视听、渲染西方民主甚至诋毁中国特色社会主义的现象，对大学生价值观形成以及判断力、鉴别力培养都造成不良影响。基于此，习近平总书记在2016年12月召开的全国高校思想政治工作会议上讲话明确指出，“我们的高校是党领导下的高校，是中国特色社会主义高校”，“高校立身之本在于立德树人”，“高校思想政治工作关系高校培养什么样的人、如何培养人以及为谁培养人这个根本问题。要坚持把立德树人作为中心环节，把思想政治工作贯穿教育教学全过程，实现全程育人、全方位育人，努力开创我国高等教育事业发展新局

面”,“其他各门课都要守好一段渠、种好责任田,使各类课程与思想政治理论课同向同行,形成协同效应”。2018 年 9 月召开的全国教育大会上,习近平总书记再次强调:“培养什么人,是教育的首要问题。我国是中国共产党领导的社会主义国家,这就决定了我们的教育必须把培养社会主义建设者和接班人作为根本任务,培养一代又一代拥护中国共产党领导和我国社会主义制度、立志为中国特色社会主义奋斗终身的有用人才。这是教育工作的根本任务,也是教育现代化的方向目标。”他提出人才培养要在坚定理想信念、厚植爱国主义情怀、加强品德修养、增长知识见识、培养奋斗精神、增强综合素质上下功夫(“六个下功夫”)。高校落实立德树人根本任务,要坚持“立德”与“树人”的有机统一,这就要从根本上改变重视专业知识教育而忽视德育的现象,切实把“立德”放在首位、置于根本地位,把立德树人成效作为高校办学质量的根本衡量标准,促进学生德智体美劳全面发展。

落实立德树人根本任务,关键在于正确处理专业教育与思想政治教育的关系,首先在于树立正确的教育理念。由于专业划分、课程性质等因素,尽管每个专业的人才培养方案都设置了不同的课程模块,包括思想政治理论课(本科教学包括“马克思主义基本原理概论”“毛泽东思想和中国特色社会主义理论体系概论”“中国近现代史纲要”“思想道德修养与法律基础”四门课程,以下简称“两课”)、专业课程以及其他通识课、选修课程等,但由于每门课程都有自身的知识体系、授课内容和教学目标,因此导致专业教育与思想政治教育存在一定割裂,甚至出现“二元化”的倾向,即专业教师承担专业课程教学,主要讲授专业知识,而思想政治教育则由马克思主义学院(或思想政治理论课教学部)教师通过“两课”来完成,这就造成一些专业教师从理念和思想认识上只重视专业知识传授而忽视课程的育人功能。故从专业教育的角度来讲,落实立德树人根本任务,把“立德树人”贯穿于专业教育教学的全过程,重点在于发挥专业课程的育人功能,让每门课“都要守好一段渠、种好责任田”,与思政课“同向而行、形成协同效应”。这体现在教育理念、人才培养方案、课程设置、课堂教学、实习实践以及师资队伍建设等各个方面,是高等教育教学的深层次、系统性改革,不仅要求各个专业积极构建“三全育人”新机制新格局,而且要立足于课堂教学主渠道,大力开展“课程思政”,形成“门门有思政、课课有特色、人人重育人”的合力,把立德树人根本任务贯穿于专业教育教学的全过程。

培养新时代德法兼修卓越法治人才是法学教育教学落实立德树人根本任务

的必然要求,是把"立德树人"贯穿于法学专业教育的直接体现。长期以来,我国法学教育教学也存在"重专业轻思政"的现象,特别是改革开放以来,我国从借鉴苏联法制转向学习借鉴西方法治,促进了法学理论研究、法学教育教学、国家法治建设的进程,在较短时期内实现了"有法可依"并形成了中国特色社会主义法律体系。但与此同时,西方法治的理念、价值、概念术语、运行模式等也被引入,在某段时期内,出现运用西方法治话语塑造中国法治的势头,"言必称西方"充斥于课堂,甚至以西方法治标准衡量中华传统优秀文化中的法治智慧,以和合文化为内核的调解制度一度被认为是"和稀泥",认为是"法治的倒退",这种现象在一定程度上对于马克思主义意识形态造成冲击。经历了十年"文化大革命",改革开放以后我国走上了恢复法制和重建法治的道路,人们对法治的需求异常迫切,但面临着法律匮乏、法治人才极度短缺的巨大挑战,"懂法律"成为法学专业教育的直接任务,尽管思想政治教育仍未放松,但重心在于培养懂法律知识、能够运用法律解决现实问题的"法律人才"。相应地,由于法律职业伦理教育缺失,法律人才存在道德水准低下、职业伦理跟不上等问题,特别是大批法律人才进入法院、检察院等实务部门,行使着国家权力,出现"权力寻租"、徇私枉法等权力恣意现象,严重损害法律公正、司法公信和当事人合法权利。这是法学教育面临的两大困境,分别反映了法律人才在政治和道德层面与专业能力不匹配的情况。此外,受多元价值的冲击,享乐主义、拜金主义、利己主义等不良风气,对青年大学生思想观念和行为方式造成不利影响,法律人才中也存在"精致的利己主义者",专业能力越强,对社会的危害性反而越大,这些人善于运用体制最大限度地满足个人需求而枉顾社会公平正义,对法治建设更是极大的破坏。高校落实立德树人根本任务,把"立德树人"作为法学人才培养的根本要求,某种程度上反映了法学教育自身存在的不足,概括起来仍是"重专业轻思政""重业务轻德育",未能把思想政治教育与专业教育放在同等重要位置,切实把德育作为法治人才素养的重要方面,未能把"立德树人"与法学人才培养有机融合,甚至对德育存在不正确认识,由此造成的结果是,法学教育所培养的人才,尽管大多数"德才兼备",但同时少数人员也不同程度地存在上述问题。因此,"德法兼修"既是新时代法治人才培养的目标,也是对法学教育"重才轻德"的纠偏。

从选人用人的角度来讲,"德才兼备"是人才选用的根本标准。习近平总书记强调,新时代党的组织路线提出"德才兼备、以德为先、任人唯贤"的方针,要求选干部、用人才既要重才干,也要重品德,要坚持以德为先,人才考评要坚持德能勤绩廉综合评价。把"德才兼备"的人才素质要求向教育教学环节前移,就是要求高校切实承担起德智体美劳全面发展的社会主义建设者和接班人的育人使命。对于法学教育而言,"德才兼备"体现在育人环节就是"德法兼修",本质上也是要求把"立德树人"作为根本标准和首要要求。《卓法 2.0 意见》提出的改革任务和重点举措,首要一条是"厚德育,铸就法治人才之魂",这包括理想信念教育、社会主义核心价值观教育、社会公益教育、中华优秀传统法律文化教育、思想品德教育、"一课双责"课程思政建设等,其根本立足点是回答"培养什么人、怎样培养人、为谁培养人"的根本问题,其根本出发点是纠正法学教育在"立德树人"方面存在的偏颇,补齐德育的短板,把"德智体美劳全面发展"的人才素质要求转化为具体的"德法兼修、德才兼备",其基本要求是厚德育、强专业、重实践的有机融合,旨在通过法学教育将价值塑造、知识传授、能力培养融为一体,实现"德"与"法"的有机统一,培养有用、有德、有能、有为的新时代卓越法治人才。

二、全面依法治国伟大实践的迫切需要

自改革开放以来,我国加快建设中国特色社会主义,并且在国际竞争中越来越深刻地认识到,当今世界竞争说到底是人才竞争,人才是提高科技水平、推进国家治理、增强综合国力的基石,只有通过教育培育大批优秀人才,才能为国家和社会发展注入源源不断的动力。习近平总书记更是强调,人才是第一资源,是第一生产力,治国之要,首在用人,只有始终把人才建设放在首位,才能早日实现中华民族的伟大复兴。全面依法治国是国家治理的一场深刻的革命,需要大批卓越法治人才的实践、示范、引领和推进,"法治人才的培养是依法治国的重要组成部分,是基础性、先导性工作。创新法治人才培养机制,培养造就一批熟悉和坚持中国特色社会主义法治体系的卓越法治人才,是全面推进依法治国的重要保障"①。

全面依法治国对法治人才提出更高、更明确、更具体的目标,其基本要求是"德法兼修、德才兼备、明法笃行、知行合一"。这就要求法治人才培养不仅是传授法律知识,而且要注重育德、育人,把法学教育教学与全面依法治国对法治人才的需求紧密结合,坚持国家法治建设需要什么样的人才就培养什么样的人才,什么

① 黄进:《志存高远培养卓越法治人才》,载《光明日报》2017 年 5 月 26 日,第 11 版。

样的人才能够胜任全面依法治国需要就培养什么样的人才。具体而言，包括三个层面：

一是抓好“德育铸魂”这个首要任务。新时代人才培养要明大德、守公德、严私德，即集“社会公德、职业道德、家庭美德、个人品德”四位于一体。全面依法治国对法治人才“德”的要求，不仅仅是个人和家庭层面对“人”的基本要求，更重要的是立足于从事法治事业、推进法治进步的高度，要求法治人才具有大德、成为大才、能堪大用。一方面，法治人才培养具有明确的目的性，是以“四个服务”为根本导向，把推进全面依法治国作为己任，在中国特色社会主义法治国家建设实践中实现人生价值。这首先要深刻理解和始终坚持中国特色社会主义法治道路，从历史和现实、理论和实践相结合的角度充分认识为什么要坚持中国法治道路、怎样推进中国法治建设、如何实现中国法治目标，在中国特色社会主义法治与包括西方法治在内的人类多元法治文明、与中国特色社会主义的有机统一的维度中，更全面、更深入地理解“法治中国”所蕴含的中国立场、中国智慧、中国方案，以及对构建人类命运共同体所贡献的共同法治价值、人民法治立场、中国法治经验，增强对中国法治的自信，旗帜鲜明地坚持、坚定不移地走中国特色社会主义法治道路。这是培养中国特色社会主义建设者和接班人这个根本任务在法学教育和法治人才培养中的具体化。另一方面，法治人才培养具有明确的职业性，是以法律职业道德为引领和支撑的职业。这就要求法治人才的“德”不是泛化的“德”，更不是一般意义上的“德”，而是具有职业伦理的“德”，它是法律职业共同体在长期的法治实践中所形成的以伦理、道德、良心、情感等为基础的行为规范，它明确要求从事法律职业该做什么、不该做什么，如何做是正当的、是符合法治理念和公平正义的，这不仅是维系法律职业共同体声誉的基础，而且是维护国家法治权威和公信的基石。特别是作为“核心圈”的法治工作队伍，在立法、执法、司法等各个部门掌握并行使一定的公权力，是否具有优秀的法律职业道德决定着权力的方向和品格，决定着自身拥有的卓越的法律能力的价值和意义，决定着法治人才对国家法治建设的作用和成效。因此，法律职业道德是法治人才在实践中成为法治贡献者还是阻碍者乃至沦为“阶下囚”这个分水岭的根本因素。

二是抓好“术业立身”这个根本问题。各行各业人才的直接区别在于“术业有专攻”，法治人才与其他人才的区别在于其具有丰富的法律知识、理性的法律思维和精湛的法律能力。无论是否接受过专门的法学专业教育，也无论是否直接从事法律职业,对于广义的法治人才而言,只有具有较高层次的法治素养,才能更好地运用专业知识识别、判断、分析和解决现实问题。对于法治工作队伍而言,更是如此,只有精通法律,才能以专业之长胜任法律职业。由于法治人才具有层次性,"术业立身"主要针对的是法治人才的"核心圈"即接受法学专业教育以及从事法律职业的人才,具体包括四个层面:其一,牢固树立法治理念。"法治理念是对法律本质及其发展规律的一种宏观的、整体的理性认知、把握和建构,是法律实践中对法律精神的理解和对法的价值的解读而形成的一种理性的观念模式"①,它是对法治的基本了解所形成的法治情感、法治意志和法治信念,是对法治的价值判断以及基于法治价值对社会现象的评判,德法兼修卓越法治人才应当具有坚定、牢固的法治理念,此为法治实践的思想基础,是法治社会的灵魂。其二,培养法治思维。法治思维是运用法律规范分析和解决问题的思维,是一种"良法善治"思维。作为一种思维方式,它区别于一般认知的关键点在于它能够自觉地作出法治价值判断,然后运用法律规范、法律原则、法律价值等对社会问题进行专业分析。法治人才的"核心圈"是经过法学专业教育或从事法律职业的专门人才,是否具有法治思维决定着能否依法办事、能否做到"忠于法律"。其三,精通法律知识。法律知识包括法学理论知识和法律规范(制定法)两个方面,法治人才不仅要熟练掌握法律条文,还要具有深厚的法学理论功底,不仅要知道"法律规定是什么",还要明白"法律为何这样规定",只有达到这两个方面的融合,才能更好地理解法律、更精准地适用法律。其四,具备法律应用能力。也就是说,能够运用法治理念、法治思维、法律知识思考和分析问题,运用法治方式解决问题,体现为分析问题和解决问题的能力。因此,全面依法治国对法治人才专业素养的要求,体现为从法治的视角,运用法治的知识和方法处理具体问题的能力。

三是抓好"能力转化"这个关键环节。全面依法治国既是国家治理的一场深刻革命,也是国家治理的一场伟大实践,从中央到地方各层级各领域各行业各环节都应当厉行法治、践行法治,这就要求德法兼修卓越法治人才不仅具有法治能力,而且要把这种能力转化为实践,做到明法笃行、知行合一。此为从法治能力转化为法治实践的关键环节,也是通过法治人才推进全面依法治国取得成效的关键,这要求法治人才要有作为、敢作为、善作为。实现法治人才能力转化,主要取

---

① 汪习根、桂晓伟:《论法治理念》,载《天津行政学院学报》2006 年第 3 期。

决于两方面因素的综合影响：一方面是法治态度。态度决定行动，法治人才对中国特色社会主义的态度，包括认为法治是否有用、法治能否管用等这些基本认知，这决定了法治人才是否有意愿参与法治实践、能否在法治实践中发挥促进作用。另一方面是法治意志。此为对法治发自内心的认可和遵从，是自觉转化为法治行动的精神力量。法治人才意志是否坚定，决定着法治能否持之以恒地推进，特别是面对困难和挫折时，能否保持对法治的信念和信心，并以实际行动捍卫法治、促进法治。全面依法治国伟大实践需要大批法治建设者，即宪法法律的信仰者、公平正义的捍卫者、法治建设的实践者、法治进程的推动者、法治文明的传承者，德法兼修卓越法治人才培养也在于培养具有法治实践能力、积极参与法治建设的卓越人才。因此，在人才培育环节，不仅要把课堂作为主渠道，还要创新形式开展实践教育，在法治实践中增强法律应用能力，锤炼法治意志，让学生真正地把法治作为时代赋予的光荣使命，把法治能力转化为自觉实践。

全面依法治国是党领导人民共同推进的伟大事业，仅仅依靠法治工作队伍是远远不够的，还需要全民共同守法、呵护法治。就法的实施方式而言，“守法”是基本方式，而执法、司法只是面对违法行为或矛盾纠纷等不正常状态时由国家采取的行动。民众法治素养高低，决定了国家法治建设的水平，而学生作为民众中接受高等教育、具有较高文化水平的群体，应当成为法治建设的中坚力量，发挥示范和带动作用，共同营造良好的法治氛围，塑造中国特色社会主义法治文化。因此，新时代德法兼修卓越法治人才培养，不能局限于专业学科划分，只面向法学专业学生，而是要把所有学生都纳入“法治人才”的范围，为全面依法治国培养更坚实、更广泛的人才。

三、坚持中国法治话语立场的应有之义

法治文明具有多元性，法治道路具有多样性。“由于各个国家和地区的文化传统、国情特点、制度形式与历史发展道路存在差异，究竟通过哪种途径来实现法治、法治的具体制度安排如何等，并没有统一的建构模式、实现机制和评价标准”，[①]也没有优劣之分，区别在于是否符合本国历史和国情、是否符合人民根本利

---

① 冯玉军：《沿着中国特色社会主义法治道路阔步前进》，载《人民日报》2018年8月31日，第7版。

益、是否有利于实现良法善治、是否有利于促进保障经济社会发展和人类进步。现代国家是政党领导下的国家，法治与政治具有非常密切的关系。一方面，法治作为治国理政的一种方式方略，是政治制度在治理领域的具体化。一个国家确立了怎样的政治制度，就会产生与之相适应的法治形式，特别是法治与国家根本政治制度具有高度的一致性，不存在脱离根本政治制度的法治，“政治为法治提供存在的基础、载体、环境，规定其性质与方向，这就决定了法治模式包含政治逻辑”。① 另一方面，以《宪法》为根本法的法律规范体系，以法律形式确立了国家各项制度，包括政治制度、国家性质（国体）、国家政权组织形式（政体）以及国家根本制度、基本制度、重要制度等，这些都是以国家法律的形式予以确认和巩固的，党领导人民推进全面依法治国，实际上是全面实施以《宪法》为核心的多部门多层级法律规范体系，全面落实国家各项制度，确保政治、经济、文化、社会、生态等各个领域的治理都符合法律、都坚持正确的政治方向，因而，法治是政治的重要保障，而且是政治延续的可靠保证。任何将法治与政治割裂甚至对立的观点都是错误的，不存在所谓的纯粹法治或者以所谓“普世价值”为理念的统一法治，更不存在脱离政党领导的法治。习近平总书记明确指出，“党和法的关系是一个根本问题，处理得好，则法治兴、党兴、国家兴；处理不好，则法治衰、党衰、国家衰”，“‘党大还是法大’是一个政治陷阱，是一个伪命题。对这个问题，我们不能含糊其词、语焉不详，要明确予以回答。”②我国是中国特色社会主义国家，党的领导是中国特色社会主义最本质的特征，是社会主义法治最根本的保证。因此，法治具有鲜明的政治性，全面推进依法治国具有鲜明的国别性，法治人才培养也必须与一个国家的法治道路、法治模式、法治话语、法治实践相契合，与国家政治制度和国家治理实践相符合，唯此才能保证法治人才与全面依法治国同向同行、与在法治轨道上推进国家治理现代化同频共振，使法治人才真正成为法治建设的第一资源和法治发展的第一生产力。

党的十八大以来，我国法治建设取得前所未有的巨大成就，不仅形成了习近平新时代中国特色社会主义思想，而且形成了习近平法治思想这一重大理论成果。习近平法治思想系统全面地阐释和回答了中国特色社会主义法治的根本问

① 赵忠龙：《法治与政治辩证统一》，载《人民日报》2015 年 10 月 19 日，第 7 版。

② 习近平：《在省部级主要领导干部学习贯彻党的十八届四中全会精神全面推进依法治国专题研讨班上的讲话》（2015 年 2 月 2 日）。

题,具有鲜明的理论引领力、实践指引力、历史穿透力和世界影响力,创造了中国式法治现代化新道路,是人类法治文明的新形态。新时代全面依法治国,是以习近平法治思想为根本指导的伟大实践,新时代法治人才培养也要立足于以习近平法治思想为根本指导、全面依法治国实践,把中国法治理论、法治体系、法治话语作为法治人才培养的基本内容,坚持中国法治立场和标准,增强法治人才对中国法治的自信和自觉,提升法治人才服务法治中国建设的综合素养。具体而言,“第一,正确认识和准确把握世界与国家发展的大势,掌握马克思主义理论,具备宽广的视野,自觉践行社会主义核心价值观,坚定道路自信、理论自信、制度自信、文化自信;第二,勇于担当历史使命和国家大任,牢固树立为共产主义远大理想和中国特色社会主义共同理想而奋斗的信念和信心,正确把握国家的重大需求,把个人发展与国家发展紧密联系起来,把自身价值的实现同党和人民事业的发展紧密结合起来;第三,严谨笃实、脚踏实地、学以致用、知行合一,把远大的理想抱负和所学所思落实到报效国家的实际行动中。”①对于新时代法治人才而言,就是要“德法兼修、明法笃行、知行合一”,时刻牢记中国法治使命,准确理解人类共同价值,深刻透彻地洞察西方法治的意识形态属性、政治制度架构和法治话语陷阱,在传承和发扬中华优秀传统法律文化、借鉴和吸收人类法治文明优秀成果中学会鉴别、去伪存真,把人类法治智慧凝结到中国法治方案中,以中国法治智慧创新人类法治文明,在建设社会主义现代化法治国家和构建人类命运共同体中坚持中国立场、保持中国底色、传播中国话语、形成中国风格。坚持中国法治立场和法治话语,培养新时代德法兼修卓越法治人才,根本目的在于法治人才能够真正做到“四个服务”,真正成为德智体美劳全面发展的社会主义建设者和接班人,其深层背景至少包括两个方面:一是从国际形势来看,当今世界面临百年未有之大变局,世界竞争根本是人才竞争,也是话语权竞争,只有坚持马克思主义意识形态的根本地位,才能保证人才培养的正确政治方向,才能牢固坚持中国特色社会法治道路和中国特色社会主义道路这个唯一正确的道路,高度警惕敌对势力思想腐蚀,自觉抵制西方意识形态渗透,确保法治人才的“中国心”“中国行”。二是从中国法治发展来看,在借鉴吸收西方法治经验、建设中国特色社会主义法治的过程中,西方法治话语随之被引入,当时接受法学教育的学生迷恋西方法治、缺乏对中国法治

① 钟登华:《培养具有家国情怀的一流人才》,载《人民日报》2017 年 4 月 14 日,第 8 版。

的自信，这与法治建设初期的阶段性历史是分不开的，但时至今日，中国特色社会主义法治已经形成完整的理论体系且产生了辉煌的实践成就，形成了符合中国国情、符合人民利益、符合未来发展的法治道路、法治体系和法治模式，仍以西方法治话语衡量中国法治是不科学的、不符合实际的，因此，新时代法治人才培养要转入中国法治话语上来，运用中国法治理论和实践成果育人育才，为法治中国建设源源不断地培养用之不竭的人才资源。

对于法学教育和法治人才培养而言，就是要"深入研究为谁教、教什么、教给谁、怎样教的问题，要有底气和自信，努力以中国智慧和实践为世界法治文明做贡献，要做中国学术的创造者、世界学术的贡献者"①，以此构建具有中国特色的法学学科体系、学术体系、话语体系、教材体系和育人模式。具体而言，需要从以下三个方面入手：一是加强中国法治话语权体系建设和法治话语权教育。"法治话语权是一种兼具权利和权力双重属性的概念……彰显的是民众对法治的信仰和价值选择，更体现了话语背后的现代文明形态。"②党的十八届四中全会审议通过的《中共中央关于全面推进依法治国若干重大问题的决定》，在党的历史上首次对"全面依法治国"进行系统部署，提出的重大论断和重要论述，确定了中国法治话语内涵，确立了中国特色社会主义法治话语体系，以"中国特色""社会主义法治道路""社会主义法治国家"等为主线，解析了长期以来存在的诸如"依宪治国"与"宪政"、"依法公正独立行使司法权"与"司法独立"等法学概念及其内涵的话语差异，为正确理解中国特色社会主义法治提供了认知工具。党的十九大以来，中国法治话语在国家治理的视角下得以进一步丰富和完善，形成了以习近平法治思想为标志的重大成果。党的二十大概括提出"中国式现代化"理论，在法治领域具体体现为中国式法治现代化。新时代德法兼修卓越法治人才培养，就是要以中国法治话语权教育为核心，一方面强化法治的理念、价值和意义，让法治不仅成为多种话语中的显性存在，而且迸发出强大力量，让"遇事找法、办事依法、解决问题靠法"不再停留于法治意识教育层面，而是真正地成为人们的普遍共识和惯常思维，以此自觉地抵制诸如"找关系"等违背法治的不正之风；另一方面强化"中国法治"的意识、立场和担当，在全面、系统、深刻理解中国特色社会主义法治道路、法

① 黄进：《培养德法兼修的高素质法治人才　引领中国法学教育进入新时代》，载《中国高等教育》2018年第9期。

② 张慧：《推进我国法治话语体系建构》，载《光明日报》2017年1月6日，第11版。

治理论、法治体系、法治文化的基础上，学会分析西方法治与中国法治的异同，敏锐辨别西方法治可能存在的话语陷阱，牢固坚持中国法治立场，自觉投身于全面依法治国实践。二是探索建立新时代德法兼修卓越法治人才培养机制和模式。该机制和模式应以德法融合作为切入点，在理论教学、专业实习、法治实践等各个环节，都以中国法治话语为主导，把习近平法治思想贯穿于教育教学全过程，教育和引导学生在学习基本法律知识的同时，通过实习实践等形式，增强对中国法治的感性认知和切身体会，在参与法治实践的过程中激发对中国法治的认同感、自信心和责任感。特别是以课堂教学为主阵地，在课堂教学中立足于中国法治情境，引导学生运用法学原理和法学知识分析中国法治实践中面临的具体问题，在法治思维训练中，既要注重批判性分析，更要注重建设性思考，对于立法、执法、司法、守法等各个环节存在的法律制度不健全、落实不到位等问题，从中国法治的视野分析原因、提出建设性方案，而不是在未深入理解法治话语差别的情况下动辄以西方法治话语审视而误入思想偏见，更不能以此动摇对中国法治的信念和信心。三是构建以法学专业学生为主体、覆盖所有学生的法治教育体系。目前，对于非法学专业学生，主要是把法治教育作为“两课”的内容，通过“思想道德修养与法律基础”课程开展基本法律知识教育，以课堂理论知识和基本法律知识学习为主，而且课程要由“两课”教师承担。作为法治人才培养的“基本面”，可在“两课”教育的基础上，结合各专业各行业的法律规范以及实践需求，由法学专业教师开展有针对性的法治教育，教育形式包括课堂教学、法治实践等，以此构建“全覆盖”的法治人才培养模式。

四、推进新时代新文科建设的具体实践

学科是按知识属性对“知识”进行的分类，目的在于便于人们更好地掌握知识，同时发挥特长，与工业大生产背景下的精细化社会分工相适应。但“知识”本身具有整体性，尽管学科专业划分仍具有科学意义，但由此造成的知识割裂，在一定程度上限制了人们的思维方式，不利于现代技术和知识的创新。因此，学科交叉融合成为学科发展和知识创新的新增长点，也成为高校人才培养的趋势。特别是文科与理工科（高中时分为文科和理科）的划分，造成学生在知识结构、思维方式、综合素养等方面都不同程度地存在短板。为此，一些高校开展“跨学科”人才培养。2018 年，中央正式提出“高等教育要努力发展新工科、新医科、新农科、新文

科”（以下简称“四新”建设），首次明确提出“新文科”建设。2019 年 4 月 29 日，教育部、科技部、财政部等部门在天津联合召开“六卓越一拔尖”计划 2.0 启动大会，这标志着国家“四新”建设工程正式开启。2020 年 11 月 3 日，由教育部高等教育司指导、教育部新文科建设工作组主办的新文科建设工作会议在山东召开，发布了《新文科建设宣言》，对新文科建设作出了全面部署，标志着新文科建设全面启动。教育部高教司司长吴岩作了题为《积势蓄势谋势　识变应变求变——全面推进新文科建设》的主旨报告，他认为：“新文科是文科教育的创新发展。新文科要培养知中国、爱中国、堪当民族复兴大任的新时代文科人才；培育优秀的新时代社会科学家；构建哲学社会科学中国学派；创造光耀时代、光耀世界的中华文化，这正是新文科担负的四大任务、四大使命。”①他提出包括以“培养时代新人”为根本任务、以“提升国家形象”为时代使命、以“坚持守正创新”作为必由之路、以“强化价值引领”作为根本要求等在内，构建以育人育才为中心的哲学社会科学发展新格局。由此可见，“新文科”是以立德树人、培养时代新人为根本任务，以“中国意识”作为根本导向，体现在人才培养、“大家”培育、思想学派、文化创造等各个方面。

何为“新文科”？学者们从不同角度展开了讨论。比如，“新文科是相对于传统文科而言的，应新时代新需求，新文科建设应当着重围绕培养时代新人、构建中国学派和改造学科形态三大目标来展开，即培养堪当民族复兴大任的德智体美劳全面发展的时代新人，构建展现由中国实践、凝练中国经验、体现中国智慧、发出中国声音的文科学派，形成交叉、融合、守正、创新的文科形态”②，“新文科是古今打通、文理打通、人文与社科打通、中与西打通、知与行打通的‘五通’文科”③，新文科之“新”体现在“论域拓展、价值重塑、话语主导、交叉融合、研究范式这五个维度”，“新文科建设需要构建理论体系、学科体系、教学体系、评价体系这四大体系，并在强化价值引领、打造数智人文、彰显文科‘质性’三个维度持续发力”④，等等。这些观点的内容大体是一致的，概括起来，核心要义包括三个方面：一是就学科本身而言，倡导打破学科界限，促进学科交叉融合，特别是大数据、人工智能、区块链

---

① 吴岩：《积势蓄势谋势　识变应变求变——全面推进新文科建设》，载《新文科教育研究》2021 年第 1 期。

② 杨灿明：《新文科建设的“七个维度”》，载《新文科教育研究》2021 年第 1 期。

③ 徐显明：《新文科建设与“新法学”教育的挑战和应对》，载《新文科教育研究》2021 年第 1 期。

④ 徐飞：《新文科建设，“新”从何来，通往何方?》，载人民网，http://theory.people.com.cn/n1/2021/0320/c40531-32056287.html。

等新技术的深入应用，产生了更多的新产业新业态新模式，文科的创新发展要打破固有的“文科”思维，顺应时代变化和技术发展，善于运用其他学科的最新成果促进具体的文科学科专业发展，在交叉融合中弥合知识创新的学科界限，形成学科发展新的增长点，促进文科转型升级。二是就人才培养而言，新文科要坚持立德树人根本任务，强化价值引领，因为“价值引领事关出思想理论、树理想信念、涵人文精神、养家国情怀，事关立德树人根本任务的落实，事关建设者和接班人”①。所谓“价值引领”中的“价值”，狭义上指的是马克思主义价值观，具体是指以社会主义核心价值观为核心，包括中华传统价值、社会主义价值、时代价值等，反映了一个人的认知和态度，决定着一个人的行为选择；广义上则是以马克思主义意识形态为指导，包括世界观、人生观、价值观在内，是人们对世界、对人生、对事物价值的总的看法，是哲学层次上的总体认识，具有认识论和方法论的意义。任何国家、任何社会、任何时代都倡导和塑造与其历史传统、发展阶段、社会条件和具体国情相适应的主流价值，我国是社会主义国家，新文科建设必须把社会主义价值作为内核，在人才培养中强化价值引领、注重价值塑造，以培养社会主义建设者和接班人为根本任务。三是就话语权而言，新文科要以“中国”为中心，建构中国学派。“中国学派的历史使命就是要形成具有中国特色、解决中国问题的知识体系，并为人类发展提供中国智慧、中国方案。”②中国学派的实质是扎根中国大地，从中国历史、中国实践中探索符合中国发展的思想和理论，以此指导中国实践。这既是对五千年中华优秀传统文化的继承和发扬，也是坚持和发展中国特色社会主义的内在要求，还是中国参与国际竞争、推动构建人类命运共同体的必然选择。因此，新文科建设涵盖了“培养什么人、怎样培养人、为谁培养人”这个根本问题，在价值引领和中国话语等方面与立德树人根本任务是一致的，其突出特点是学科交叉融合。

新文科建设背景下，对于法学学科而言，就是要建设“新法科”。“建设‘新法科’的基本内涵就是构建适应法治中国建设需要的新的学科体系，培养德法兼修高素质法治人才的教育体系、法治人才培养共同体一体育人、共同育人的资源体系，以及法科生生源、培养目标、教学内容、课程模式、师资队伍、人才培养模式的

---

① 吴岩：《积势蓄势谋势　识变应变求变——全面推进新文科建设》，载《新文科教育研究》2021 年第 1 期。

② 鄢一龙：《基于复兴实践构建中国学派》，载《人民日报》2017 年 9 月 24 日，第 5 版。

更新等。"[①]从学科交叉融合的角度而言,"新法科就是法学顺应时代需要,和其他社会科学、理工医等交叉下形成的新复合型学科和教育格局。其内容包括传统法科与非法科的理工科、社会科学相交叉而形成的新知识、新课程,例如:法律实证研究、科技与法律等"[②]。从人才培养的角度而言,"新法科建设要坚持以马克思主义为指导,核心是解决好为什么人的问题","新法科方案必须要紧紧围绕如何提高人才培养质量这个核心问题进行谋划","既要保持法学传统,又要寻求创新,切实回答新时代的法治新课题"。[③] 因此,新法科是按照新文科的要求建设法学学科,二者的精神实质是一致的,主体都是高校。对于高校而言,人才培养始终处于根本地位,是首要职责和首要任务,新法科建设的根本目的在于育人,即培养符合新时代全面依法治国需要的德法兼修卓越法治人才,此为新文科建设在法学学科的具体实践。

具体而言,包括以下几个层面:一是以习近平法治思想为指导,建立中国特色社会主义法治理论体系,实现从西方法治话语向中国法治话语转变,为卓越人才培养提供思想理论指导。这就要切实走出"言必称西方"的法治话语,从中国法治的历史土壤中、从中国特色社会主义法治实践中、从党领导人民建设中国特色社会主义的深邃思想中总结中国法治经验,深刻认识习近平法治思想的科学性、系统性和全面性,以此作为新法科建设和德法兼修卓越法治人才培养的思想源泉。二是建立交叉融合的法学学科体系,为德法兼修卓越法治人才培养提供学科知识。一方面,促进法学各个二级学科的交叉融合,特别是理论法学与部门法学、实体法与程序法的交叉融合。法学各个二级学科的研究对象尽管存在差异性,但仍存在一些共同之处。比如,法理学等理论法学是各个部门法学的指导,部门法学的基本原理从根本上源于理论法学,后者为前者提供了哲学思想和方法论;再如,民法与民事诉讼法、刑法与刑事诉讼法、行政法与行政诉讼法等实体法与程序法之间存在千丝万缕联系,二者之间也存在交叉,如果不能够融会贯通,就无法全面深刻地理解和系统运用,常见的情况是懂得实体法规定却不懂"如何打官司"或者熟悉诉讼程序却不了解实体法规定,但法治实践中并不存在学科划分,只有学科交叉融合,才能弥补法治人才存在的专业知识短板。另一方面,促进法学与其他

---

① 杨宗科:《适应新时代新要求 建设"新法科""新法学"》,载《法学教育研究》2020 年第 1 期。

② 左卫民:《努力成为新法科人才》,载《法治日报》2021 年 9 月 22 日,第 10 版。

③ 孙佑海:《全力推进新法学学科建设》,载《中国社会科学报》2019 年 10 月 9 日。

人文社科、理工科学科的交叉融合，为法学学科转型升级注入新知识，以适应复合型法治人才培养需要。比如，智慧法院建设进入4.0，需要精通法律和计算机的复合型人才，这就要求法学专业与计算机、数学等专业交叉融合，培养法治人才的理工科思维，了解、掌握算法等技术知识。三是建立德法兼修卓越法治人才培养体系，包括人才培养方案制订、教育教学、师资队伍建设、保障机制等。概括起来可分为两个层面：其一，以课程建设为中心，以德法融合为目标，打造课堂理论教学和专业实践教学体系，在法学专业教育中融合思政，把课程思政贯穿于课堂教学和专业实践全过程，提升专业教学的德育含量；以专业为基础，立足于专业开展多元化、多样式的德育教育，促进德育与专业的深度融合，增强德育的专业针对性。其二，在课程之外建立德法兼修卓越法治人才培养的拓展体系，包括专业素养提升、学术能力锻炼、法治实践应用等模块，以价值塑造为灵魂、以专业锻炼为目标，促进德法融合，实现德法兼修。因此，德法兼修卓越法治人才培养是新法科建设的直接目的和必然要求，构建新时代德法兼修卓越法治人才培养体系和模式是新法科建设的重要内容。

新文科、新法科的重要体现是交叉融合，从培养对象的角度来讲，也需要打破法学专业只招收高考文科考生的界限，根据实际招收一定比例的理科学生。我国实行高考招生改革以来，已逐渐打破文科理科学生选择专业的界限，为人才培养的交叉融合提供了条件。此外，就大学生培养而言，新文科、新法科建设意味着法学教育教学不应局限于法学专业学生，可通过“书院制”等方式建立新型的教学组织形式，面向非法学专业学生开展法学教育或法治教育，使之成长为全面依法治国的有用之才。

五、结语

党的十八大以来，我国全面依法治国取得了显著成就，特别是十九大以来形成了习近平新时代中国特色社会主义思想和习近平法治思想，为建设更高水平、更高质量法治中国确定了指导思想。站立在新时代的历史起点，全面依法治国意义更加重大、任务更加繁重，对法治人才的需求更加迫切。新时代德法兼修卓越法治人才培养的提出，既是对以往法治人才培养存在不足的纠偏，又是顺应全面依法治国现实需求的创新，充分体现了中国法治建设对法治人才的需求和要求，以及法治人才培养对中国法治建设的契合度和匹配度。从育人的角度来讲，“培养什么人、怎样培养人、为谁培养人”，这是所有高校所有专业都需要回答的根本问题，坚持和落实立德树人根本任务是时代赋予所有高校所有专业的历史使命，对于法治人才培养而言，就是要改变“重专业轻德育”的现象，在法学教育教学中补齐德育短板，坚持立德树人、德法兼修，为国家和社会培养大批的卓越法治人才。从法治实践的角度来讲，新时代对全面依法治国的进度和质量都提出了更高要求，特别是依法治国事关国家治理现代化、中国特色社会主义等具有全局性的重大问题，习近平总书记提出的“四个服务”“四化”“四忠于”等法治人才衡量标准，以及“德才兼备、以德为先”的选人用人标准，都要求法治人才培养不能仅专注于专业素养、忽视德育，而是要“德法兼修”，把“厚德育”作为法治人才之魂，以德立人、立德树人，培养德才兼备、知行合一的卓越法治人才。从法治话语的角度来讲，中国特色社会主义法治话语体系已经确立，以法治促进和保障经济社会高质量发展、推动构建全球治理和国际法治新秩序，需要讲好中国法治故事、传播中国法治声音、贡献中国法治智慧，这既要旗帜鲜明地“讲法治”，又要理直气壮地彰显“中国法治”，这就要求法治人才培养要具有明确的话语权意识，以中国法治话语为主导，把中国特色社会主义法治道路所具有的“坚持依法治国和以德治国相结合”这个显著特点作为对法治人才的基本要求，只有“德法兼修”才能具备参与依法治国实践的基本素养，才能更好地担当时代使命。此外，随着新文科建设的提出和推进，新法科建设全面提上日程，其以价值引领、话语主导、交叉融合等为主要特征，要求法治人才培养必须坚持马克思主义根本指导地位、坚持中国话语、促进人才培养交叉融合，培养符合全面依法治国需要的德法兼修卓越法治人才。因此，新时代德法兼修卓越法治人才培养，既是高校法学教育教学落实立德树人根本任务的内在要求，更是全面依法治国对法治人才的质量要求和迫切需要，是坚持中国法治话语权、以中国法治立场推进全面依法治国和推动构建国际法治新秩序的题中之义，是以新文科建设为指引加快建设新法科、培养新时代法治人才的具体实践。对于高校而言，需要从教育教学理念、课程体系、教学实践等各个环节入手，推动教育教学改革，探索建立德法兼修卓越法治人才培养体系和模式。

第三节　新时代德法兼修卓越法治人才培养的体系架构

新时代德法兼修卓越法治人才培养是法学教育教学改革的基本方向，需要建立适应全面依法治国需要的德法兼修卓越法治人才培养体系。人才培养体系是以人才培养方案为中心，为落实培养方案、达到培养目标所建立的教育教学系统，一般包括课程体系、教学体系、实践体系、师资队伍建设等。德法兼修卓越法治人才培养体系的显著特点是“德法融合”，这不仅要求人才培养的各个环节都要德法兼修，而且要按照德法兼修的目标和理念，创新和拓展人才培养思路，打造人才培养品牌项目，为德法兼修人才培养提供必要的支撑。因此，德法兼修人才培养体系不仅是针对法学人才培养“重专业轻德育”短板的补强，或者说在传统课堂教学中纳入思政教育即课程思政，而且是法学人才培养模式的系统性创新，关键和难点在于如何实现德法融合、德法兼修，突破口在于确立德法兼修的人才培养理念和体系模型，进而分解建立人才培养的课程体系、拓展体系、运行体系和保障体系等。

一、德法兼修卓越法治人才培养体系模型

人才培养体系模型往往体现着人才培养理念目标且以此作为内在支撑。德法兼修卓越法治人才培养体系是以“德法兼修”作为理念，其中“兼修”并非仅仅指的是既要修法又要修德，而是要求德法融合，把“德法”贯穿于法治人才培养的各环节全过程，使思政与专业融为一体，以此实现对法治人才价值塑造、知识传授和能力培养的有机统一。基于此，自 2017 年 5 月习近平总书记在中国政法大学考察并首次提出“德法兼修”高素质法律人才培养以来，华北电力大学在推进法治人才培养教育教学改革实践的基础上，从理论层面探索建立了“一体两融三元素 N 模块”的新时代德法兼修卓越法治人才培养体系。

（一）新时代德法兼修卓越法治人才培养的“一体”即以“卓越法治人才”为本体所构建的一体化整体

高校教育教学改革的出发点和最终目的在于如何更好地培养人，人才培养体

系建构和创新也是服务于这一目的。"新时代"是继新中国成立、改革开放以来的第三次历史性跨越,是党领导人民从站起来、富起来到强起来的伟大飞跃,是中国发展新的历史方位。对于法治人才培养而言,这意味着"德法兼修"是一个时代性命题,具有较长的历史阶段性,与全面推进依法治国基本方略、实现中华民族伟大复兴、建设中国特色社会主义现代化强国等密切相关,且以德法兼修卓越法治人才为第一资源推进全面依法治国、在法治轨道上促进国家治理体系和治理能力现代化。因此,从高素质法律人才到德法兼修卓越法治人才,这个"本体"的转型,对于人才培养体系而言具有两个层面的深刻内涵,也意味着至少两个层面的深刻变革:一是培养对象的一体性,即法治人才培养是以法学专业学生为核心,法学教育教学首先要对法学专业学生(包括高职专科生、本科生、研究生、博士生以及博士后联合培养)按照德法兼修的理念目标进行培养,但又不能仅仅局限于法学专业学生,而是要立足于立法、执法、司法、守法的"法治实施体系"全过程,把提升所有学生的法治素养作为重要目标,这是培养对象的延伸和拓展。二是体系建构的一体性,即"两融三元素 N 模块"是密不可分的整体,处于统领地位的是"德法兼修卓越法治人才培养"。其中:"两融"即"德法相融",是其两个方面或称为"两翼",但二者并非割裂的,而是"你中有我,我中有你",是一种内在的融合关系,而且只有二者融为一体,才能真正实现德法兼修;"三元素"是指价值、知识、能力这三个层面,无论是专业教育还是德育都包含这三个元素;"N 模块"则是对"一体两融三元素"的具体分解,是人才培养实践层面实现"一体两融三元素"的具体依托。因此,"卓越法治人才"是新时代德法兼修卓越法治人才培养体系的本体且处于统领地位的整体,人才培养的各要素各方面各环节都要围绕这个中心,通过构建德法一体化格局实现法治人才培养的德法兼修。

(二)新时代德法兼修卓越法治人才培养的"两融"即"德法相融"

从"人"的素养角度来讲,"德才兼备"应当是"人才"不可或缺的两个方面,是"完美的人"所具有的素养。但对于现实的人而言,"德"与"才"并非处于同一水平。正因如此,古往今来人们对二者关系展开了诸多精辟论述,也朝着"德才兼备"的"完人"目标不懈努力。卓越法治人才是高校培养的高素质人才,实现德才兼备,在教育教学环节就是要"德法兼修、德法相融"。但由于高等教育属于专业教育,具有明确的专业划分,且新中国成立以来我国法治建设在曲折中发展,亟须培养大批“懂法律”的人才，包括从事法学教学研究以及法律实务的人才，这就导致法学专业教育往往偏重于法律，思政教育主要通过“两课”完成。这种分割性布局，对于本身具有意识形态属性的法学教育而言造成了一定的负面影响。特别是改革开放以来，人才培养的国际合作交流日益频繁，我国不断输出人才学习西方法律知识并借鉴西方法治来建构中国特色社会主义法律体系，在推动我国法治发展繁荣的同时，也出现了“言必称西方”的倾向，一些价值理念、制度设计与中国特色社会主义意识形态相悖，造成人们思想混乱，甚至被一些敌对分子作为意识形态渗透的重要领域。此外，由于在法学教育中法律职业伦理教育缺失，一些法律业务能力强的人才经不住诱惑，在职业发展中迷失人生方向，其中不乏法律精英。有鉴于此，新时代德法兼修卓越法治人才培养要坚持德法兼修、德法相融，从“德”与“法”两个方面入手：一方面，也是首要的，就是要弥补法学专业教育中德育不足甚至缺失的短板，把德育显性化，让本身“自带思政”的法学教育凸显鲜明的价值塑造功能，以“厚德育”筑牢卓越法治人才培养之魂，其中的“德育”首要的是中国特色社会主义教育，也包括法律职业伦理教育等，育人的目标就是要在实践中“明大德、守公德、严私德”。另一方面，需要着眼于新时代全面依法治国实践需要，立足于中国法治话语，创新法学教育的内容，其中包括习近平法治思想进教材、进课堂、进头脑，向学生深入讲解习近平法治思想，以及以习近平法治思想为指导，完善各门课程内容，打造具有中国特色的法学课程体系。这两个方面作为“一体”的“两翼”，实现“相融”的路径和方式是：一方面，要在法学专业教育中重视德育，融合方式是“课程思政”，即从法学专业课程中挖掘思政元素，融思政于专业课程，强化对学生的价值引领；另一方面，在德育中凸显法的价值和理念，通过打造思政教育品牌，把公平正义价值、规则意识、程序意识等贯穿于德育之中，增强思政教育对法治人才培养的针对性。

（三）新时代德法兼修卓越法治人才培养的“三元素”即“价值塑造、知识传授与能力培养”三位一体、有机统一

作为具有社会性的人，从认知到行为可分为四个层级阶段，即知识、价值、能力、行为。其中，知识层级是最基本的层级，只有了解和掌握相关知识，才能对事物作出正确判断，通过训练形成能力，并在实践中运用知识分析和解决问题，因而，知识教育是基础。价值层级则是运用知识对于作为主体的人与客体之间的关

系的判断,体现了主体的真善美追求以及客体对主体的满足程度,反映了对知识以及事物的效用的认知。如果教育仅停留于知识层级,则可能异化为技术传授,因缺失价值理性而使知识运用偏离正确方向。知识传授和价值塑造的功能在于使"人"更加完善,"才"与"德"构成了"人"的内在品质,外在体现为能力,而且只有转化为解决具体问题的能力,才完成了对"人"本身的培育,否则可能空有满腹经纶却只能纸上谈兵,因此,能力层级是知识和价值的综合运用,是从"高素质的人"向"高素质人才"跨越的必经阶段,体现了人与外部世界交互作用的资质。育人的最终目的是实现能力向行为的转化,在为社会、为国家做贡献中实现人生价值,如果能力不能外化为行为,育人只是完成了"培养什么人"的目标,此时的"人"仍停留在从无知到知(知识层级)、从无德性到有德性(价值层级)、从无能力到有能力(能力层级)的主体层面,还未能实现从人的本体到人生价值的跨越。尽管行为层级是人实现自身价值的最终层级,但这很大程度上取决于个人的人生态度,从教育的角度来讲,对"人"的塑造涵盖了前面的三个层级,即知识传授、价值塑造和能力培养。因此,这三个方面是德法兼修卓越法治人才培养的三个元素,融于"德"与"法"的全过程,构成了"两翼三元素"融为一体的矩阵。具体而言,知识层级包括法学专业知识(法)和德育知识(德),价值层级包括法的价值(法)和以社会主义核心价值观为核心的中国特色社会主义价值(德),而能力层级包括法律应用能力(法)和道德实践能力(德),这三元素是德法兼修卓越法治人才培养必不可少的三个方面。《卓法 2.0 意见》提出"厚德育,铸就法治人才之魂""强专业,筑牢法学教育之本""重实践,法学教育之要",总体上对应的是价值塑造、知识传授、能力培养"三元素",旨在改变长期以来法学教育停留于课堂理论教学且以法学知识教育为主的局面,弥补法治人才培养的价值塑造和能力培养短板。

(四)新时代德法兼修卓越法治人才培养的"N 模块"——围绕"一体两融三元素"确立人才培养模块并建立契合德法兼修理念目标的人才培养品牌

如何按照"德法兼修"的目标培育新时代卓越法治人才,需要坚持德法兼修、德法相融,坚持价值塑造、知识传授和能力培养"三位一体"的育人路径,构建法治人才培养的模块。每个模块相互支撑、相辅相成,分别承担着"德法兼修"法治人才培养的职责,共同构成完整的体系。总体来说,"N 模块"以"德"与"法"作为相互融合的"两翼",应当涵盖课堂学习、"第二课堂"拓展以及实习实践等人才培养的主要环节,包含理论学习、体验感知、素养内化等三个进阶。其中,"理论学习"模块以课堂教学为主阵地,全面、深入地学习基本理论知识;此外,建立知识升华模块,以此拓展知识面和视野,增强对理论知识的理解深度和认识高度。比如,在"法"的层面,法学专业知识学习除了课堂教学外,可建立阅读专业经典文献、开展学术报告、进行专业研讨交流等模块项目,进一步拓展专业学习;在"德"的层面,可在"两课"以及法律职业伦理等课程学习的基础上,通过举办思政类学术报告、深度交流等,增强学生对中国特色社会主义制度、社会主义核心价值观等的理论认知。"体验感知"模块旨在为学生创造真实场景,让学生通过亲眼所见、亲耳所闻、亲身体验来验证理论、强化感性认识,其与理论学习模块的主要区别是走出"空对空"的理论传授,切身体验法治实践,让学生通过体验直接获取对法治的认知。比如,在"法"的层面,组织学生参观人民法院、旁听庭审等,感受法治运行的环境和氛围,理解现实案件中法律程序的运行以及实体法律规范的适用,包括法官如何驾驭庭审程序、当事人围绕争议焦点如何举证质证、法官如何认证并作出裁判等,这些认知都源于进入法治运行真实场景所获取的直接体验和感悟;在"德"的方面,也是在真实场景中体验法治人才如何坚持中国法治话语、坚守法律职业伦理,特别是面对伦理冲突时如何作出正确抉择,这些都是以鲜活、生动的场景作为获得认知的来源。"素养内化"模块是为实现从知识层级、价值层级迈向能力层级所建立的模块,目的是让学生亲身参与法治实践,作为当事人以参与者的角色(而非旁观者)运用法律知识解决现实问题,强化法律应用能力和道德实践能力,其与体验感知模块的区别在于学生不再是置身事外观察思考,而是直接进入法治实践的复杂决策系统,亲自作出判断和行为选择。这种判断和选择受制于多重因素影响,是对具体情形下可能面临的各种因素综合考量的结果,与毕业后从事法治实践无异,实际上是法治实践向人才培养阶段的延伸。比如,开展模拟法庭审判、法律咨询、法律援助等活动,这些是"德法相融"的综合运用,既要求学生具有扎实的法律专业能力,又需要学生恪守法律职业伦理和社会主义核心价值。如果说"一体两融"主要体现为"德法兼修"的理念,"N 模块"则是对"一体两融"的具体化,高校通过由"N 模块"所构成的人才培养体系来培养德法兼修卓越法治人才。

综上所述,我们提出的新时代德法兼修卓越法治人才培养的"一体两融三元素 N 模块"体系模型具有立体性,其核心理念是把"德法"作为相互融合的"两翼",通过课程思政强化法学专业教育中的德育,弥补"重专业轻德育"的短板,立足于专业开展德育、解决德育与专业“两张皮”问题，从而实现德法兼修、德法相融；其目标在于实现对法治人才的全方位塑造，具体是在“德”“法”教育中都把知识传授、价值塑造和能力培养作为“三元素”，分别对应“德”与“法”的具体内容；其实现方式是按照“理论—感知—内化”的人才培养“三进阶”构建人才培养的“N模块”，每个进阶分为若干个子模块，让学生通过理论学习掌握基本知识、通过真实感知增进体验、通过实践参与内化素养。该体系模型的实践应用需要建立包括课程体系、拓展体系、运行体系和保障体系在内的支撑体系，其中课程体系是核心，是人才培养方案的主要内容；拓展体系是关键，是在课堂教学之外打造的法治人才培养品牌，目的在于配合和深化课堂教学，为学生从课堂走向实践搭建平台，通过拓展体系锤炼品格、提高认知、培养能力。关于“一体两融三元素 N 模块”德法兼修卓越法治人才培养体系见图 1。

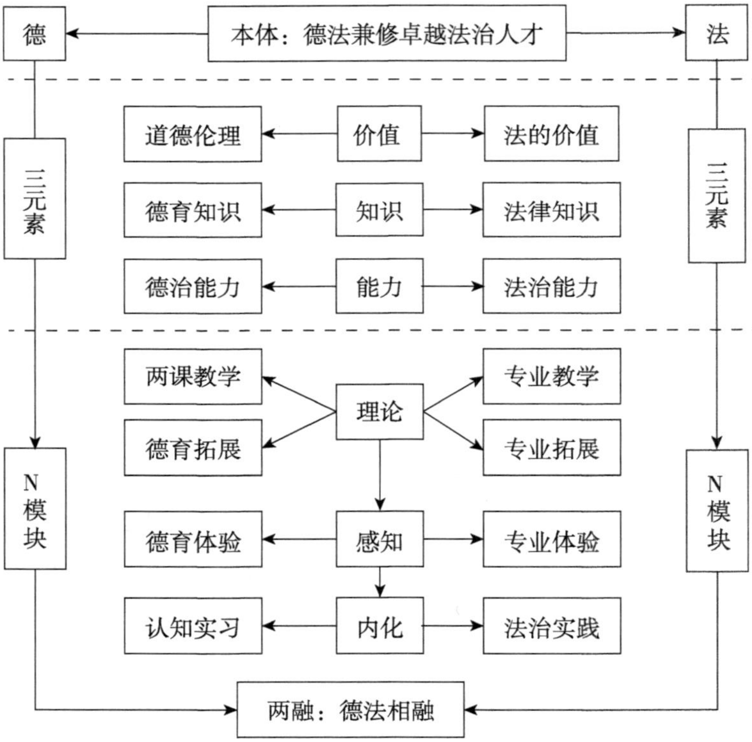

图 1 “一体两融三元素 N 模块”德法兼修卓越法治人才培养体系

二、德法兼修卓越法治人才培养课程体系

课堂教学是人才培养的主阵地,课程体系是人才培养方案的核心内容,新时代德法兼修卓越法治人才培养的"一体两融三元素 N 模块"体系首先体现为课程设置。不同时期,法学专业人才培养方案的课程设置存在一定差异。随着中国特色社会主义法律体系的逐渐建成,我国主要法律部门以及相关的法律规范已经制定,法学课程设置也基本定型,1997 年教育部高等学校法学类专业教学指导委员会确定了 14 门核心课程,2018 年调整为"10 + X"即 10 门核心必修课与高校自主设置的若干门特色专业课程,2021 年增设"习近平法治思想概论",形成了"1 + 10 + X"的法学专业课程布局。此外,根据教育部统一安排,高校还开设一些公共基础课程。自实施学分制以来,为充分照顾学生的兴趣和特长,实现因材施教,高校普遍采取"必修课 + 选修课"的方式增强课程选择的灵活度,对于选修课可跨专业跨院系自由选课。为实现素质教育与专业教育的深度融合,一些高校进一步深化教育教学改革,打破长期以来以专业为基础所形成的"学院制"格局,探索实行"书院制",按照书院的设置体例,同一书院中不同专业的学生集中住宿、共同学习交流,除了专业教师教授专业课程外,学生的思想政治教育、日常管理、学业辅导等都由书院负责,将书院打造成"全人"育人的新平台。目前,西安交通大学、复旦大学、北京航空航天大学、苏州大学、大连理工大学盘锦校区等,已实行"书院制"。就法学专业人才培养而言,一些高校法学院系探索设立"卓越法治人才班"(以下简称"卓法班"),制订与普通班不同的人才培养方案,设置更具特色的课程模块。总之,无论是通识教育还是专业教育,也无论是针对法学专业学生的普通班还是"卓法班",高校法治人才培养的课程设置更加灵活、更具特色,同时诸如"书院制"等深层次改革也对人们的认知带来了冲击,德法兼修卓越法治人才的课程体系如何设置,仍是当前亟待进一步探索的问题。特别是"新文科"的提出,以学科交叉融合为重要特征促进法学学科转型升级,打造适应时代需要的"新法科";培育德法兼修的复合型、高素质法治人才,更需要对课程体系进行深入研究。有鉴于此,本部分仅对课程体系建设的一般问题予以简要论述,本书第二章将专章论述。

基于"一体两融三元素 N 模块"德法兼修卓越法治人才培养体系设计,课程体系建设需要突出"德法相融"。也就是说,从课程模块上需要改变专业课程与思政课程分割的现状,从课程内容上需要改变专业教学与思政教育"两张皮"的问

题，构建思政与专业相互融合的课程体系。以“三元素”作为观测点，无论是法学专业课程还是思想政治教育课程，都承担着知识传授的功能，前者由法学专业教师承担，而后者则作为全校公共课，由马克思主义学院或思想政治理论教学科研部教师承担。目前面临的主要问题是因师资队伍存在专业壁垒，两类课程即便在育人方面同向而行也存在相互割裂甚至冲突的现象。尽管自 2020 年以来特别是 2021 年高校普遍开展“课程思政”，以此弥补专业课程中思政缺位的问题，但由于对课程思政的认识不统一，缺乏开展课程思政的科学方法，一些高校出现把思政嵌入专业课程或者一堂课讲一段专业知识讲一段思政知识，这种“为了思政而思政”的做法，使思政与专业融合流于形式，给专业教学也带来一定冲击。对于如何立足专业开展德育，在理论课程设置方面仍是以“两课”为主，此外，一些高校在实践拓展方面进行了探索。就法治人才培养而言，课程体系建设的“德法相融”需要从以下两个方面入手：一是建立“德法相融”的课程模块。以“两课”（包括“马克思主义基本原理概论”“毛泽东思想和中国特色社会主义理论体系概论”“习近平中国特色社会主义思想概论”“中国近现代史纲要”“思想道德修养与法律基础”“形势与政策”）以及“习近平法治思想概论”“法律职业伦理”等课程作为“德法相融”的主干课程，在讲授中国特色社会主义基本理论和习近平法治思想的基础上，强化法学专业学生对中国特色社会主义法治道路、法治理论、法治体系的深刻认识，以此作为法学专业课程的思政知识基础。鉴于法学专业学生开设了“1 + 10 + X”的专业课程，“思想道德修养与法律基础”课程可减少课时量，对“法律基础”部分不再讲授，或者将该课程设置为“思想道德修养与传统优秀文化”，避免基础课程与专业课程重叠。此外，以“法理学”“宪法学”“中国法律史”等专业课程作为法学专业课程中处于引领地位的德法相融课程，以此作为其他专业课程的思政内容之源。其他专业课程教学都应当与这两大融合模块的基本思想、理念、价值等保持一致。二是设计“德法相融”的课程内容。法学学科具有意识形态属性，法学专业课程自带思政，中国特色社会主义法治是中国特色社会主义的有机组成部门，法的价值构成了社会主义核心价值观的基本内容，设计“德法相融”的课程内容重点是推进课程思政，从专业课程中挖掘思政元素，特别是针对容易引起学生认知偏差的焦点问题，不回避、不遮掩、不推脱、不含糊其词，要勇于、善于、精于剖析实质，从专业的深度帮助学生树立正确的认识。

基于“一体两融三元素 N 模块”德法兼修卓越法治人才培养体系设计，课程体系建设需要体现特色。21 世纪以来，针对我国高校专业建设存在的同质化等现象，教育部明确提出内涵式发展、特色化发展的要求。法学专业课程“1 + 10 + X”的布局，为高校开设具有自身特色的课程模块提供了条件。此次所说的“特色”包括两层含义：一是经过多年发展，高校形成的具有一定优势的二级学科或专业课程。目前，法学一级学科下设法学理论、法律史、宪法学与行政法学、刑法学、民商法学、诉讼法学、经济法学、环境与资源保护法学、国际法学、军事法学等 10 个二级学科，除了军事法学由少数院校开设外，其他二级学科所涵盖的课程属于法学专业“10 + X”的范畴。不同院校法学专业因专业定位、研究方向、师资力量等因素，在发展过程中形成了具有一定知名度和影响力的优势学科或特色课程，应当以此作为重点打造“X”课程模块或课程群。二是与院校优势学科相契合的特色课程或交叉融合课程。除了政法院校以及少数知名院校外，对于大多数院校而言，尽管法学专业可能是本校的优势专业，但因院校具有行业性、地域性或其他方面的特征，高校毕业生服务于某一行业领域或区域，需要法学专业为该行业领域或区域培养高素质法治人才，这为法学专业特色发展提供了契机。一方面，可设置具有行业特色的法学专业课程，如教育法学、能源法学、交通法学等，这些课程既面向法学专业学生开展专业教育，又可作为法学专业面向全校开设的法治素养公共课程，向该行业领域的技术人才普及行业性法律知识；另一方面，新文科建设背景下，法学专业与文理专业交叉融合，促进法学转型升级，需要找准法学专业与本校其他专业的结合点，以此打造交叉融合的特色课程。总之，法学专业“1 + 10 + X”的课程布局，通过“X”为高校自主设置具有特色的法学专业课程开辟了空间，改变了“千篇一律”的课程结构，对于德法兼修卓越法治人才的“一体两融三元素 N 模块”体系的实施来说，有利于把“N 模块”中的专业课程设置进一步细化为“X”课程群，并按照“一体两融三元素”的要求打造特色鲜明、优势突出的德法相融课程体系。

基于“一体两融三元素 N 模块”德法兼修卓越法治人才培养体系设计，课程体系建设需要强化实践课程。从课程类别来讲，一般分为理论课程和实践课程（实践环节），实践课程主要在于锻炼学生的专业应用能力。特别是理工科专业往往采取仿真实验、实操训练、专业实习等方式开展专业实践，让学生在真实的应用场景中运用专业知识，提升专业应用能力，作为高校人才培养与企业生产经营应用的衔接。实践课程分为校内实践与校外实践，前者比如仿真实验、金工实习等，由学校有关部门组织，其与专业实验课程的区别在于按照要求做出一定的产品；后者则主要是组织学生到企业等单位进行专业实习，在现实的生产经营或研究场景中运用专业知识解决具体问题、锻炼实践操作能力。从法治实践的角度来说，法治人才也属于应用型人才，即运用法律知识分析社会现象、解决现实法律问题，但由于法治实践场景不同于理工科实践场景，法学专业学生不可能像法官、检察官、律师那样直接从事法律工作，即便是专业实习也与直接的法治实践存在一定距离，加上法学专业开设课程相对较多、学分量较大，法学专业学生除了考研外，还面临着全国统一法律职业资格考试，以及联系法院、检察院等实务部门组织专业实习也存在一定的现实制约因素，很多高校法学专业开设的实践课程比较少，即便是开设了课程，也因实施过程中存在难度而流于形式。基于德法兼修卓越法治人才培养的“一体两融三元素 N 模块”体系设计，法学专业实践课程不仅仅是锻炼学生的法律应用能力，而且承担着知识传授、价值塑造、能力培养的三重功能，因此，不仅需要加强实践课程的比重，而且要把“三元素”贯穿于实践课程之中，注重通过实践课程实现上述三种功能。首先，能力培养是专业实践课程的原初功能，重在锻炼学生的法律应用能力。比如，针对具体的案件，通过综合运用证据对案件进行准确定性，并适用实体法律规范对如何解决作出实体判断，适用程序法规范特别是诉讼法规范对诉诸司法之后按照怎样的程序进行作出判断，这些都是对法律知识综合应用能力的锻炼。其次，通过实践课程实现对学生的价值塑造。学生在课堂学习中所获取的间接知识，特别是“空对空”的理论学习所获得的知识是抽象的，包括思政知识亦是如此。现实中的法治是怎样的，中国特色社会主义法治的先进性与优越性何在，只有在现实的实践中才能真切感知到、真正体会到。所谓“百闻不如一见”，通过专业实践课程让学生感受、验证理论知识，这对于激发学生情感认同具有显著的效果。同时，由于不同学生看待事物的角度不同，也需要有针对性地对学生进行引导，教育学生运用正确的价值观分析和评判法治实践。最后，法学实践课程也是知识传授的重要途径。因为法治实践并非仅仅是法律知识的运用，而是在具体的社会场景中，需要综合运用风俗习惯等地方性知识，综合分析社情民意，特别是对于具有一定社会影响或法律规定不明的“难办案件”，仅仅依靠课堂学习的法律知识是远远不够的，这就需要以更广阔的视野去审视，而这些“知识”或称为“经验”则源于法治实践。因此，法学实践课程不仅是法学专业知识的运用，同时也是获取地方性知识、经验性知识的重要途径。

坚持“德法相融”的理念构建新时代德法兼修卓越法治人才培养的课程体系，是人才培养的重心，关键在于深刻领悟“德法兼修”法治人才培养目标对于课程建设的要求，重点在于把“三元素”渗透于课程体系，以此构建“德法相融”的课程模块。这就要从根本上改变把专业与思政相割裂、把理论与实践相分离的褊狭认识，改变把课程只是作为传授知识的载体的现象，而是要从课程的目的出发，抓住课程的育人功能，就每门课程对于学生的价值塑造、知识传授、能力培养进行总体考量，以此构建“1+10+X”专业课程与思政教育融合课程相结合的法治人才培养课程体系。需要指出的是，基于“一体两融三元素N模块”体系所构建的课程体系，其重点在于专业课程与思政教育的深度融合，即以“两融三元素”作为课程建设的观测点，确定每门课程是否以“德法相融”作为理念，是否以及如何体现法治人才培养的“三元素”，进而把理念转化到具体的课程设置。目前，一些高校已探索构建德法兼修卓越法治人才培养机制或模式，对课程体系进行相应的调整或创新，还有很多高校仍停留于理念层面，课程建设存在的诸多短板还需进一步补强。如如何推进课程思政、发挥专业课程的价值塑造功能，如何创新机制、促进实践课程的实质化等，这些都需要对法治人才培养进行顶层设计和整体建构，否则可能异化成“新壶装老酒”的形式化，难以走出“课堂教学+专业实习”的简单模式，这将不利于卓越法治人才培养，也难以达到德法兼修的法治人才培养目标。

三、德法兼修卓越法治人才培养拓展体系

从学习的时间安排角度，进入大学以后，学生学习的自由度和灵活度比中小学阶段更大，除了课表安排的课程外，学生拥有相当多的自由支配时间。特别是对于文科专业而言，除了授课老师安排的课外学习任务外——比如，撰写小论文、准备讨论内容等，但此种情况也相对比较少——几乎不存在像理工科课程那样的课后作业等学习任务，这就面临着如何让学生充分利用课余时间提升自身素养的问题。法学专业亦是如此。如果将课余时间完全交给学生，对于自控能力强、善于时间管理的同学来说，有利于更好地利用时间学习感兴趣的知识，但对于自控能力弱的同学来说则无异于“放养”，因缺乏必要的组织管理而虚度光阴。因此，从学生课余时间的充分利用角度来讲，有必要搭建有利于学生素养提升的平台，进行一定程度上的组织化学习，引领和带动学生充分利用时间和机会不断提升自我，这为构建德法兼修卓越法治人才培养拓展体系提供了必要条件。从法治人才

的“德法兼修”、全方位塑造来讲，仅仅限于人才培养方案所确定的课程体系是远远不够的，或者说仅仅以教材为载体、以课堂为阵地，按照教科书的体例让学生了解该课程的基本知识，只是法学教育的最低标准。卓越法治人才是具有扎实理论功底、广博知识储备、勇于探索精神、善于探索研究的德法兼修专业人才，应当在人才培养阶段为学生创造更多的机会，让学生在课堂和教材之外，更充分地利用时间，拓展视野、深化认知、提升素养，这为构建德法兼修卓越法治人才培养拓展体系提供了充分的必要性。因此，所谓“拓展体系”，指的是在人才培养方案所确定的课程以及该课程所采用的教材之外，利用学生拥有的比较充分的课余时间，以德法兼修为目标，搭建卓越法治人才培养载体和平台，组织和带动学生开展有意义的活动，由此形成的与“课程体系”并存的人才培养体系。该体系是“一体两融三元素 N 模块所”中“N 模块”的重要组成部分。就育人的组织化而言，“N 模块”主要是由“课程体系”和“拓展体系”组成，而拓展体系又分为若干个模块，由此建立“N 模块”集群。

目前，大多数高校以“第二课堂”为统领，开展形式多样的课外活动，把人才培养从课堂教学向课外拓展。概括起来，“第二课堂”的活动载体主要包括：一是各类学生社团组织，大体上分为三类：一类是承担一定管理职能、协助高校开展管理服务的社团组织，如学生会、团委等，这些社团往往是在学校有关部门或院系的领导下开展相关工作，为学生提供服务，具有较强的行政职能；另一类是兴趣类社团组织，大多是以“协会”命名，如棋牌协会、舞蹈协会、演讲协会、乒乓球协会等，接纳具有共同兴趣的学生加入，共同切磋、共同提高，实现提高学生才能、陶冶学生情操、提升学生品位、丰富校园文化生活等功能；还有一类是志愿服务类社团，以青年志愿者协会为主体，面向校内外开展主题志愿者服务，培育学生仁心大爱和志愿精神。这些学生社团组织，无论是面向学生还是面向社会，都是旨在拓展学生培养的空间，让学生在课堂之外、书本之外培育兴趣爱好、锻炼综合能力。二是学生社会实践活动，包括暑期社会实践、寒假社会实践以及学期内社会实践等，这些社会实践活动没有主题限制，目的是让学生深入社会现实，调查社会现象，了解社情民意，分析社会问题，撰写调研报告，增强挖掘、分析和解决问题的能力。大部分高校把社会实践作为大学生素质拓展的重要组成部分，并赋予学分，要求学生毕业时必须完成一定的素质拓展学分，或者把社会实践作为评优评先的先决条件，只有圆满完成了社会实践活动才能获得资格，高校也开展不同层级的社会实践评优评先活动。三是各类学科竞赛，包括“挑战杯”、“创青春”、“互联网+”以及大学生创新创业项目等，这些竞赛分为哲学社科类和理工类，哲学社科类则主要以现实社会问题作为选题方向，旨在通过开展调研活动提出解决社会问题的对策建议。从选题与法学专业的关系来看，分为两类：一类是立足于法学专业领域的具体社会现象或社会问题确定选题，开展实证调研分析，发表法学论文或撰写调研报告；另一类则与法学专业无直接相关性，属于各个专业学生都可以做的选题。这些学科竞赛对于激发学生创新思维、培养学生研究能力具有重要意义。除此之外，一些高校还创立了其他形式多样的“第二课堂”载体，使之成为提升学生综合素养的重要平台。对于这些“第二课堂”活动，各个高校的归口管理部门各有不同，但是大多数归团委负责，而各类学科竞赛活动则由团委、教务处、创新创业中心等不同部门负责。就卓越法治人才培养而言，无论是否与法学专业直接相关，都可作为人才培养拓展体系的组成部分。

基于德法兼修卓越法治人才培养的“一体两融三元素N模块”体系框架，此处所言的“拓展体系”主要指的是法治人才培养的承担部门即法学院系在课堂教学和教学资料之外所建立的“德法相融”的育人载体或品牌。大体上可分为两个层面：

一是“法”的层面，建立法学专业素养提升体系，作为专业课堂教学的拓展和补充。从与课堂教学或教学资料（主要是教科书、讲义等）的关系来看，可分为三类：第一类是阅读类，主要是阅读专业经典文献，拓展学生的知识面。这些经典文献包括经典著作、重要论文、重要文件等，由于各门课程基本上都对应着一个二级学科，组织学生阅读经典文献的目的在于配合专业课程学习，让学生在学习课程基本知识的基础上，进一步深入了解与该课程或该法律部门有关的经典论述，从而更全面、更深入、更系统地理解学科知识和课程内容。第二类是学术类，主要是举办学术报告、学术研讨等学术交流活动，了解法学专业学术前沿问题，在专业课程学习的基础上增强学习的深度，特别是邀请权威、知名专家开展学术交流，获取该课程领域的创新性知识，拓展学术视野，这也是学术研究反哺教学、实现教研相长的内在要求。只有把最前沿知识作为内容，才能避免知识陈旧、与时代脱节等，但课堂教学的课时有限，且需要按照教材用书以及课程设计讲授基本知识，尽管一些老师在课程内容设计中主动吸纳最新学术问题进行“扩容”，但对于本科生而言，因缺乏最基础的知识而难以完全消化吸收，而且也不可能常态化地开展学术讨论，因而学术类拓展是课堂教学的必要补充。第三类是实践类，主要是通过组织各类法治实践活动，提升学生的法律应用能力。法学专业实践包括实践课程和课外实践，实践课程被纳入人才培养方案，确定了具体的课程名称、开课学期、学分等，只有完成了实践课程并考核合格，才能获得相应的学分，但实践课程的开课门数以及课时量是非常有限的，还需要在此之外建立更为丰富的实践类拓展模块。这三类育人载体尽管属于“法”的层面，而且按照“三元素”的划分，各自分别在价值塑造、知识传授和能力培养的某一方面具有相对比较突出的功能，但仍是“德法相融”，在法学专业素养提升的过程中注重价值引领和价值塑造。比如，阅读类让学生沉浸于经典，领悟经典作家对法治文明的贡献，激发学生的探索精神；学术类则是通过“面对面”交流，让学生在学术前沿中领略大家风范、感受名家风采、体会学者担当；实践类则是让学生在真实的实践场景中增进对公平正义的理解、锤炼法治品格。因此，“法”之层面拓展体系的“N 模块”也是以“一体两融三元素”作为内核，是在德法相融中对学生的价值、知识和能力的全方位培育。

二是“德”的层面，打造具有特色的德育拓展体系，作为德育课程模块的拓展和补充。由于德育的范畴非常广泛，从育人的层面来说，包括品德教育、思想政治教育、心理健康教育等，“两课”以及“习近平法治思想概论”、“法律职业伦理”等课程主要偏重于知识传授，与此实现对学生的价值引领和价值塑造，而且这些课程内容往往具有理论抽象性，还需要在课程之外建立德育拓展体系，以此筑牢法治人才之魂。该拓展体系可分为三类：第一类是思政学术类，与专业学术类相似，主要是通过举办专门的思政类学术交流活动，让学生了解中国特色社会主义以及中国特色社会主义法治的前沿知识，以此弥补课堂教学的不足。这既是思想政治教育创新发展的最新理论成果进校园、进头脑的重要举措，也是拓展课程教育范围的必然要求，如心理健康教育等尽管在“两课”中有所涉及，但相对比较宽泛，而且涉及心理学等专业知识，举办广义上的思政类学术活动，可增强德育知识的时效性、专业性和针对性。第二类是文化陶冶类，主要在于提升法治人才的人文素养。此类活动围绕特定的主题展开，吸纳学生自愿参加，让学生在活动中感受中华优秀传统文化的深厚底蕴，达到培育人文情怀、砥砺道德品格、提升人生境界的目的，其特点是让学生沉浸于悠远、浓郁、雅致的文化氛围中，发挥文化熏陶功能，让学生通过自我领会、自我感悟、自我激发，自觉地感受真善美的人性。第三类是实践内化类，通过组织形式多样的德育实践活动，让学生在实践体验中内化素养。

比如,组织学生参观历史遗迹、学习典型人物光辉事迹等,让学生感悟这些人物的博大胸怀和伟大精神,通过榜样的力量感染学生、激励学生。针对卓越法治人才培养所打造的“德”的层面的拓展体系,也要坚持“德法相融”的理念,把“一体两融三元素”贯穿于各类载体之中,增强德育的实效性。比如,思政学术类需要尽可能地关照学术主题与法学专业的契合度,在学术内容中除了讲授思政类前沿知识外,可针对法学专业学生目前面临的认识误区或学术争点,以及应该如何正确理解和运用这些知识进行了讲授;文化陶冶类既要注重文化主题的“面”,也要尽可能地立足于法治人才培养的需求,如以“和合文化”为主题,让学生理解热爱和平、注重协调是中华民族的优秀品格,“非对抗性”更契合于中华民族,也更有利于缓和矛盾、化解纠纷,而这种文化也具有鲜明的道德伦理性,以此让学生更深刻地理解中国特色社会主义法治道路“坚持依法治国与以德治国相结合”的历史文化传统;实践内化类亦是如此,如参观学习马锡五审判方式、浙江“枫桥经验”等,更深刻地理解中国共产党领导下的法治始终以人民为中心,坚持人民群众路线,注重社会矛盾纠纷多元化解等。基于此,可以看出,无论是课程体系还是拓展体系,无论是“德”的层面还是“法”的层面,“德”与“法”并非截然割裂的,也不存在纯粹的某一个方面,而是相互融合、相辅相成,只是各自体现的程度有所不同。

此外,按照新文科的建设理念,交叉融合是学科转型升级的增长点。德法兼修卓越法治人才培养,既要在课程体系中建立交叉融合的课程,培养具有多学科知识的复合型法治人才,也要建立交叉融合的拓展载体或体系,让学生在课堂之外、法学专业之外,以更广阔的视野、更广博的知识、更系统的思维观察和分析社会问题。

综上所述,德法兼修卓越法治人才培养的拓展体系是对课程体系、课堂教学和教学资料的拓展,具有以下三个方面的主要特征:一是以提升学生的综合素养为目的,具有非功利性。特别是对于学生而言,要坚决杜绝急功近利的思想,因为这些模块不属于课程体系,不会计入学分,但又属于课堂教学的必要补充,如果要讲“利”,学生自身的知识面拓展、思维方式训练、综合素养提升等,就是最大的利、最长远的利,这种边际效应对于学生而言是深远的,这需要引导和教育学生以正确的心态认识和参与各项活动。二是以落实立德树人根本任务为使命,具有义务性付出。拓展体系不计入课程体系,属于教师的“分外之事”,但需要付出较大的精力和时间,属于无偿劳动。对于教师而言,最大的欣慰必然是学生通过参加活动得到成长，这是依靠教师的情怀担当所支撑的，因而既需要倡导敬业乐业精神，也需要学生的积极参与。三是以德法兼修卓越法治人才培养为目标，具有组织性。拓展体系是“N 模块”的有机组成部分，是法学院系根据学生的课余时间情况所打造的育人载体和品牌，旨在帮助学生有效利用时间提升自身素养。尽管学生参与一些活动具有自愿性，但这些活动属于有组织的活动，这也是拓展体系得以持续的保证。由此可见，该拓展体系作为德法兼修卓越法治人才培养的重要部分，是以学生为中心所建立的“德法相融”的育人体系，需要师生的相互支持，尽管实践中可能存在一些现实困难，但构建具有特色的成熟的拓展体系，对于卓越法治人才培养而言无疑是一种必要的创新。

四、德法兼修卓越法治人才培养保障体系

新时代全面依法治国对法治人才培养提出更高的要求，高校提升德法兼修卓越法治人才培养质量，需要建立健全人才培养保障体系。其中，首要且最核心的是师资队伍建设，即打造一支德法兼修的法学专业师资队伍，同时需要打通高校与实务部门壁垒，构建法治人才培养共同体，形成以校内教师为主体、校内校外协同联动、理论实践紧密结合的高水平师资队伍。此外，按照“一体两融三元素 N 模块”的法治人才培养体系，“N 模块”是德法兼修卓越法治人才培养的实践依托和实施环节，需要着力打造人才培养品牌并持续推进，为人才培养提供充足的条件。这些活动的开展，需要充分调动各类资源，给予相应的经费支持，同时这些也是德法兼修卓越法治人才培养最重要的条件保障。

锻造人才培养师资，培育德法兼修高水平法学专业师资队伍。新时代德法兼修卓越法治人才培养，需要以一支德法兼修的高水平法学专业师资队伍为支撑。习近平总书记在各个场合多次强调师资队伍建设，其于 2014 年在北京师范大学考察时就提出“四有”好老师的标准，即“有理想信念、有道德情操、有扎实学识、有仁爱之心”，2016 年其在全国高校思想政治工作会议上进一步提出，“教师不能只做传授书本知识的教书匠，而要成为塑造学生品格、品行、品位的‘大先生’”，并强调师德师风作为评价教师素质的第一标准。新时代德法兼修卓越法治人才培养的突出特点是“德法相融”，由此建立“一体两融三元素 N 模块”的人才培养体系，对于法学专业师资队伍建设而言，除了把师德师风建设作为第一标准、放在首要位置之外，顺应人才培养的要求，就知识储备、能力素养来讲，需要切实解决以下

两个层面的问题：一是法学专业教师的广义上的“思政”知识短板。知识、价值、能力“三元素”的基础是知识，但长期以来，专业教师以“专业”为专长，特别是近年来高校招聘教师以取得博士学位作为基本条件，教师在自己的专业领域（以法学二级学科为界限，以具体研究方向为具体领域）具有较高建树，但对法学其他二级学科的知识关注较少，更遑论关于马克思主义原理以及中国特色社会主义的知识。德法兼修卓越法治人才培养要求专业教师不仅要精通法学专业知识，而且要系统学习、全面掌握中国特色社会主义的相关知识，特别是要深入学习习近平法治思想，精准把握法律职业伦理的具体要求，唯此才能在各个专业课程教学中准确挖掘思政元素，有效开展课程思政，做到价值塑造与知识传授的融会贯通。二是法学专业教师的实务认知局限。尽管法学专业人才培养方案中一直把实习实践环节作为提升学生法律应用能力的重要途径，但受制于条件限制、重视程度等诸多因素，早期法学人才培养的实践环节落实不到位或流于形式，甚至一些高校目前仍存在此类问题。一些高校的实践活动主要是组织庭审旁听等活动，在这种环境中培养的人才包括法学专业教师也普遍存在对法律实务缺乏认知甚至无直接体验的现象，如一些教师至今未去过法院、检察院，更没有立法机关、行政执法机关的实践经历，加上党的十八大以来，我国全面推进司法改革，法院信息化建设已进入4.0阶段，实务部门的创新举措某种程度上走在法学院校的前面，法治实务日新月异，这更凸显出法学专业教师的实务短板。正如美国大法官霍姆斯所言“法律的生命不在于逻辑而在于经验”，只有对法治实务具有深刻体会，才能更透彻地理解法学专业知识，更准确地适用法律规范。作为专业教师，不仅要紧跟理论前沿，而且要密切关注实务前沿动态，对包括立法、执法、司法等在内的法治实务具有全面了解，才能在教学中做到理论与实践相结合。因此，德法兼修高水平专业师资队伍建设应当以师德师风建设为首要，以习近平法治思想以及中国特色社会主义理论弥补专业教师思政知识短板，以亲身参与法治实践弥补法治实务不足，以此打造德法兼修、德法相融的法学专业师资队伍。

破除人才培养壁垒，构建德法兼修卓越法治人才培养共同体。德法兼修卓越法治人才是具有坚定理想信念、扎实专业知识、高超应用能力的高素质人才，无论是价值塑造、知识传授还是能力培养，仅靠高校法学院所是难以完全实现的，需要让学生走出“象牙塔”、走出理论，走向社会、走向实践，在真实的实践感知和亲身体验中增强对理论知识的理解、增进对中国特色社会主义法治的体验、提升对法律规范的应用能力。由于高校是培养高素质专门人才的机构,人才培养居于高校“四大职能”之首,因而长期以来存在“人才培养是高校的事”的认识误区,这也是法治实践活动难以落实的重要原因之一。《卓法 2.0 意见》明确提出“重实践,强化法学教育之要”,要把法治实践最新经验和生动案例及时转化为教学资源,也提出“把接收、指导学生实习作为法治实务部门的职责”,着力推动建立实务部门接收学生实习制度,前者主要是对法学专业教师的要求,后者则是法治人才培养主体的重大创新。为此,进一步提出健全法学院校和法治实务部门双向交流机制,切实破除人才培养壁垒,把高校、政府部门、法院、检察院、律师事务所、企业等都纳入法治人才培养主体之中,构建法治人才培养共同体,打通理论学习与法治实践之间的隔阂,把价值塑造、知识传授和能力培养贯穿于理论学习和法治实践的全过程,以此培养适应法治实践需要的卓越法治人才。从法学教育长期存在的实践短板来看,破除高校与法治实务部门之间的壁垒,深化协同育人机制,对于提升卓越法治人才培养质量具有重要意义,但实践中仍存在亟待克服的障碍。一是认识层面,法治实务部门需要从人才培养的全局高度、整体维度认识构建法治人才培养共同体的价值和意义,关键在于正确理解法治人才培养的逻辑起点和实践终点。法治人才培养是高校法学院所的本职,所培养的人才走出校园将会走向法治实践部门,高校与法治实践部门之间存在紧密的对接关系,如果学生的实践能力弱、无法完全满足实务部门需求,最终还是要在岗位上“补课”。只有从全面依法治国的战略高度,牢固树立法治人才的“供需”意识,深刻理解高校与法治实务部门的“共同体”内涵,才能真正纠正认识褊狭,正确认识接收、指导学生实习实践对于法治实务部门来说是利好的大事而非负担,把职责转化为需求,改变高校为落实实习实践而“有求于”法治实务部门的被动局面。二是实施层面,深化高校与法治实务部门协同育人机制,需要进一步制度化、规范化。无论是高校与法治实务部门之间的双向交流还是落实法治实习实践以及高校设立法务教师岗位等,都需要逐渐建立科学合理的制度作为保障。一方面,通过具体的制度,促进各个单位协同培养法治人才的各项工作常态化,使法治实习实践活动作为人才培养方案中的课程,真正如同理论课教学一样予以重视并落实到位,由高校与法治实务部门共同研究制订实习实践方案,严格按照方案开展实践教学。另一方面,通过具体的制度,确保协同育人取得实效。比如,高校设立实务教师岗位,严格按照教师的要求,参与法治人才培养的各个环节,在培养方案制订、课程体系设计、教材编写、专业教学等各个环节,从法治实务的角度提供建议,促进法治人才培养的全过程都能做到理论与实践同步、理论与实践相结合。

搭建人才培养平台,打造德法兼修卓越法治人才培养阵地。按照“一体两融三元素N模块”的德法兼修卓越法治人才培养模式设计,“N模块”的实施需要依托相应的人才培养平台或载体,形成特色育人品牌,打造多元化的人才培养阵地。这些平台或载体大体上可分为两个层面:一是校内人才培养品牌。如前文所述,无论是“德”的方面还是“法”的层面,课堂理论教学尽管在价值塑造、知识传授、能力培养方面发挥着“主阵地”“主渠道”的重要作用,但主要侧重于认知,包括获取知识、训练思维、提高认识等,而且都是源于间接知识,此外源于课堂理论教学的认知是基础性的,加上授课学时的限制,在课堂有限的时间内,研习该课程的全部知识是不可能的。这就需要在课堂之外,充分利用学生的空闲时间,有针对性地组织学生开展常态化的经典著作精读、学术视野拓展、人文素养提升等活动,这些活动的常态化、持续性开展,需要充分考虑其理念、目的、目标以及具体实施,通过细致谋划、周密安排,使其成为德法兼修卓越法治人才培养的重要阵地。比如,一些高校建立的专业读书会等特色品牌,学生自愿参加,成为配合课堂教学、阅读专业经典、拓展专业纵深的重要平台。校内人才培养品牌与课堂教学的主要区别在于:其一,参与的自愿性。根据学生的兴趣自由选择,这不同于课程学习的“强制性”,即选修了某门课程,就应当参加课程学习、课程考核等,只有考核通过才能取得学分,才能达到毕业条件。其二,内容的拓展性。校内人才培养品牌是在课程学习、课堂教学的基础上,在“德”或“法”的层面的拓展,让学生获取更纵深、更前沿的知识,得到更全面、更综合的历练。其三,载体的补充性。课堂教学是“主渠道”,校内人才培养品牌是对课堂教学的有益补充,且这种补充是必要的,甚至对法治人才培养来说是不可或缺的。二是校外人才培养阵地。这主要包括两类:一类是以法治实务部门为主的专业实习实践基地。高校以往主要是与法院、检察院、律师事务所合作,主要原因在于这些单位不仅是法学专业毕业生的“对口”就业单位,而且学生可以参与案件,有利于训练法律应用能力。从全面依法治国的角度来看,立法、执法也是法治实施的重要环节,有必要在校内打造以立法、执法为特色的拓展品牌,在校外与立法部门、政府执法部门合作建立实习实践基地,实现校内校外的对接。另一类是着眼于提升学生德育素养的各类载体。比如,与红色教育、法治文化等有关的单位合作,组织学生开展中国特色社会主义、社会主义核心价值观和传统优秀文化教育，培育学生理想信念、家国情怀和奋斗精神。

拓展人才培养资源，创造德法兼修卓越法治人才培养条件。按照德法兼修卓越法治人才培养目标，实施“一体两融三元素N模块”人才培养体系，需要充分调动和利用一切有利于人才培养的资源，不断改善人才培养条件，使之服务于并保障人才培养的实施。这些资源主要包括三类：一是制度建设。德法兼修卓越法治人才体系的实施，需要高校建立完备的规章制度，对人才培养的各个环节进行全面规定，以此作为推进各项工作的依据。特别是对于《卓法2.0意见》提出的创新性举措，高校可以与法治实务部门充分沟通协商，出台相应的制度文件，确保各个举措落到实处。二是硬件环境。目前，很多高校按照最高人民法院法庭标准，建立了模拟法庭实验室，有条件的高校实行模拟法庭与法院庭审系统互联互通，可在模拟法庭实时观看庭审，实现法治实务教学资源共享。此外，一些高校建立了更为精细化的实训实验室，如鉴定实训室、谈判实训室等，便于在校内开展实习实践活动。高校在大力改善校内人才培养硬件环境的同时，需要与法治实务部门以及其他部门密切合作，利用校外社会资源，拓展人才培养渠道。三是资金支持。“N模块”各个品牌项目的开展，需要学校提供必要的经费保障，这些经费主要用于改善硬件环境以及品牌项目实施。比如，用于组织学生前往法治实务部门开展实习实践所产生的必要支出等。

广义上讲，师资队伍、实习实践基地等都是德法兼修卓越法治人才培养不可或缺的资源，也是必要的条件保障。对高校而言，一方面，需要加大资源投入力度，对标德法兼修卓越法治人才培养的具体要求，弥补硬件软件环境等方面存在的短板，提供能够满足人才培养需要的基本条件；另一方面，需要善于调动和利用各类社会资源，把德法兼修卓越法治人才培养作为一项社会性事业，深化与法治实务部门合作，建立校内与校外一体化的资源保障体系。

五、结语

基于立德树人、德法兼修的卓越法治人才培养要求，本书探索提出了“一体两融三元素N模块”的人才培养体系模型，其核心理念是“德法相融”，贯穿于德法兼修的“三元素”是价值塑造、知识传授和能力培养，实践层面建立“德”“法”两个方面的“N模块”，以此实现德法兼修卓越法治人才培养的“本体”目标。为实施该体系，需要从课程、拓展、保障等三个维度建立完善的体系。其中，课程体系处于核心地位，以人才培养方案为中心，确定了法治人才培养的课程设置，包括理论课程与实践课程等；拓展体系则是为弥补课程体系的不足，从“法”的层面和“德”的层面分别建立相应的育人品牌作为必要补充；保障体系主要包括法学专业师资队伍建设、构建法治人才培养共同体、打造法治人才培养阵地、拓展法治人才培养资源等，以此提供必要的条件保障。需要指出的是，“一体两融三元素 N 模块”是一个有机整体，是包括本体（一体）、理念（两融）、维度（三元素）、实施（N 模块）所构成的完整体系，“两融三元素”处于支撑地位，为此建立的课程体系、拓展体系、保障体系，是该模型的组成部分。鉴于课程体系的核心地位，第二章专门予以论述。

第二章　新时代德法兼修卓越法治人才培养的课程体系

2014 年，中国共产党第十八届中央委员会第四次全体会议审议通过了《中共中央关于全面推进依法治国若干重大问题的决定》，决定提出“创新法治人才培养机制”，“形成完善的中国特色社会主义法学理论体系、学科体系、课程体系”。课程体系建设是创新法治人才培养的基石，是高等院校法学教育的具体实施，是法学专业知识传播的重要场域，涵盖了纳入人才培养方案的所有课程。学生正是通过一门门具体课程的学习，掌握各个部门法知识，领悟法学理论，成为法学专业人才。法学课程体系的建设决定着法治人才培养的方向、目标、内容和效果，新时代德法兼修卓越法治人才的培养需要与之相契合的课程体系。

第一节　法学专业课程体系的演变及影响因素

随着我国社会发展的不断进步，法学人才的社会需求也不断变化，法学专业课程体系作为德法兼修卓越法治人才培养的基石，也随时代变化而不断调整。新中国成立以来，在党的领导下，我国不断完善法学专业课程体系，目前形成了“1 + 10 + X”的核心课程设置格局。从发展历程来看，法学专业课程体系的调整和完善，受主客观因素的影响，随着经济社会发展以及全面依法治国的深入推进，法学专业课程体系未来也会不断调整，如何调整应当坚持明确的评价标准。

一、新中国法学专业课程体系发展历程

自新中国成立以来，法学教育、法学专业课程体系随着我国社会发展而不断

变化，大致可分为初建、恢复、成熟和升华等四个时期。

（一）法学专业课程体系的初建阶段

新中国成立伊始，我国高等教育专业类别中就设立了法学专业，其课程设置由中央决定，统一下达教学计划。1949 年 10 月颁发的《各大学专科学校文法学院各系课程暂行规定》是新中国第一个由教育行政部门颁发的统一的法学专业教学计划，规定法学专业基本课程 12 门，具体包括马列主义法律理论、名著选读、新民主主义的各项政策法令、宪法原理、新民法原理、新刑法原理、犯罪学、刑事政策、国内公法、商事法原理、国际公法以及苏联法律研究。[①] 此后的几年，法学教学计划时有变化，但法学专业基本课程变动不太，基本都围绕着思想理论课程、民事法、刑事法、行政法、国际公法等基本框架。

这一时期的课程体系反映了我国当时法学理论和法学学科的发展状况及国家对法学的认识及需求。首先，新中国成立伊始，社会主义国家刚刚成立，马列主义是我国各项工作的指导思想，我国的法律也以马列主义为指导，需要以马列主义法律理论武装法律人才。在课程体系中，设置马列主义法律理论和名著选读是当时社会历史发展的必然。其次，我国当时社会主义的法学理论、法律制度发展非常落后，对外学习的对象主要是苏联，因而非常重视对苏联法律的翻译、引进和研究，并借鉴苏联建立我国法学专业课程体系，包括把苏联法律研究作为法学专业基本课程。再次，我国当时的法学学科虽已初具形态，宪法、民法、刑法、行政法（国内公法）、国家公法的基本架构已经形成，但程序法还未建立起来，自然无法将其纳入基本课程之中。最后，法学在当时被认为是政府维护革命胜利果实的手段之一，这在法学课程中体现为两个方面：其一，新民主主义的各项政策法令这门课程，需要学习理解各项政策并将其贯彻到法律人才的培养之中；其二，刑法类课程就有 3 门之多，除了新刑法原理还有犯罪学、刑事政策，这是由于新中国成立伊始各类犯罪活动特别是各类反革命活动还十分猖獗，我国社会的主要任务是镇压反革命活动、巩固新生国家政权，因而，国家需要更多的刑事法律人才，加大对犯罪行为的打击。基于上述主要原因，新中国成立初期的法学专业课程体系相对比较

---

① 参见《各大学专科学校文法学院各系课程暂行规定》，载《中华教育界》1949 年第 10 期。转引自刘坤轮：《我国法学专业核心课程的流变及最新调整》，载《中国法学教育研究》2019 年第 2 期。

单一，且具有鲜明的历史烙印，这也反映了课程体系建设与人才培养需求、国家主要任务等的密切相关性，即国家需要什么样的法治人才，高校则制定相应的法学人才培养方案以及课程体系。

（二）法学专业课程体系的恢复阶段

法学教育在“文革”时期遭遇毁灭性打击，改革开放之后，法学教育迅速恢复并根据改革开放的需要进行适度调整。教育部1978年颁布的《法学专业学时制教学方案》、司法部1982年颁布的《政法学院法学专业学时制教学方案》，均对法学课程体系的设置提出了指导性要求，但仅是方向性、原则性的指导，不再设置具体统一的课程，而是鼓励各法学院校结合办学实际自主设置课程。具体体现为三个方面：一是不再将法学专业划分为若干专业，而是在基础课程之外，开设专门课程，供学生选修，完成法学特定专门方向知识的学习。二是突出法律专业课程的学习，减少政治理论课的课程安排，专业课程占总学时的56.3%，政治理论课的学时占总学时的18.3%。[①] 三是仅规定课程设置所应达到的学分，不再规定统一的课程设置，鼓励各高校自行开设选修课程。总体来看，法学课程体系建设在这一时期迅速发展并得到明显改进，呈现出专门性与灵活性兼顾的特色。

这一时期我国社会各方面发生巨大转变，法律制度同样发生转向，法学课程体系的发展反映了这一时代特色及法学发展特色。首先，我国与苏联的友好关系断裂，苏联也在20世纪90年代解体，苏联法学的地位跌落神坛。与此同时，随着我国与西方国家交往的恢复、经济往来的增加、留学人员的西化，西方法学开始成为我国法学理论、法律制度的学习对象，我国的法学理论和法律制度呈现出“苏退西进”的特点，反映到法学课程体系上，则是取消苏联法律研究课程，出现西方法律思想史等课程。其次，国家建设的重点从意识形态领域转向经济领域，大力发展生产力，不断提升人民物质生活水平，意识形态课程在法学专业课程中所占的比重下降，法学专业课程的数量增加，法学教育日趋专业化。最后，这一时期国家大力推进法制建设，为实现有法可依的目标，各项法律的制定工作效果显著，我国法律在原有刑法、民法等实体法基础上，制定了三大程序法，实体法的内容也不断

---

① 参见《中国教育年鉴》编辑部编：《中国教育年鉴》（1949～1981），中国大百科全书出版社1984年版，第269页。

细化,子部门法纷纷出台。法制的健全意味着法学内容的增加,法学本科的四年教育无法学完所有的课程,选择哪些课程、如何构建法律专业课程体系成为亟须解决的问题,也引起了法学专家学者的深入思考和热烈讨论。因而,在这一问题讨论、探索的阶段,法学专业课程的具体设置就不宜统一规定,教育部转而采用总学分的要求,不具体规定课程种类,允许各高校自己设置。

(三)法学专业课程体系的成熟阶段

这一阶段法学专业课程体系的特点是统一核心课程,开放选修课程,以统一核心课程为重点。统一核心课程体现在两个方面:一是课程门类统一;二是教材编写统一。课程门类的统一始于 1997 年,教育部高等学校法学类专业教学指导委员会(以下简称教指委)经过对当时法学专业课程设置情况的讨论,达成了初步共识。统一设置 14 门课程作为法学专业核心课程,具体是法理学、中国法制史、中国宪法、行政法与行政诉讼法、民法、商法、知识产权法、经济法、刑法、民事诉讼法、刑事诉讼法、国际法、国际私法、国际经济法。各高校法学专业以这 14 门核心课程为必修课,在此之外由各高校根据自身情况开设专业选修课。2007 年,教指委再次召开会议,讨论通过增设劳动与社会保障法、环境与资源保护法为法学专业核心课程。教材编写的统一,主要通过主编遴选来实现。1998 年,教育部高等教育司召开法学专业 14 门核心课程教学指导纲要审定及教材主编遴选会,遴选出 14 门核心课程教材的主编,并召开相应会议,讨论确定法学核心课程教材的大纲及主要内容。核心教材的编写,实现了法学专业核心课程在教学内容上的统一。

这一时期法学专业课程体系趋于成熟,反映了我国法律制度和法学教育的阶段特色,也反映了时代对法律人才的需求。这一时期我国的法学理论基本形成,我国法律制度的构建也基本完成,各部门法、子部门法的立法工作基本完成,我国的法律体系趋于稳定。法学学科的稳定为法学核心课程的确定提供了知识基础,法学 14 门核心课程涵盖了法理学、中国法制史、宪法和主要的部门法。从课程类型来看,包括私法与公法、实体法与程序法、国内法与国际法等。法学专业核心课程统一设置的主要原因是灵活设置课程的法学教育效果差异较大,与国家和社会对法治人才的需求不相匹配。法学专业本科生经过四年的学习应当具备良好的专业素养,但各高校自行设置法学专业课程体系,难以保证培养出的学生具备基本的法律知识结构，难以满足社会对法律人才职业能力的基本要求。因此，法学核心课程的统一，核心课程的同质化，更符合当时法律学科的实际内容和对人才的需求。同时，为满足社会对特定法律人才的需求，核心课程之外各高校可以开设专业选修课程，深入学习特定的子部门法。通过“统一核心课程＋自主设置选修课程”的方式，法学课程设置的统一性与灵活性得到兼顾，确保了法治人才培养的基本素质。

（四）法学专业课程体系的升华阶段

这一阶段的法学专业课程体系仍然贯彻成熟阶段的基本思路，即统一核心课程，开放选修课程，其升华在于优化核心课程，强化思政课程。2017 年 5 月，习近平总书记提出中国法学教育和法治人才培养要坚持“立德树人、德法兼修”。教指委落实习近平总书记重要讲话精神，召开全体会议，并最终于 2018 年 6 月 18 日完成了法学专业核心课程的调整工作。经过调整，法学专业核心课程采取“10＋X”分类设置模式。其中，“10”是指法学专业学生必须完成的 10 门专业必修课，包括法理学、宪法学、中国法律史、刑法、民法、刑事诉讼法、民事诉讼法、行政法与行政诉讼法、国际法和法律职业伦理。“X”是指各院校根据办学特色开设的其他专业必修课，包括经济法、知识产权法、商法、国际私法、国际经济法、环境资源法、劳动与社会保障法、证据法和财税法等，“X”选择设置门数原则上不低于 5 门。2021 年，教指委对法学核心课程体系再次调整，增设“习近平法治思想概论”课程，形成了“1＋10＋X”的法学核心课程体系。

这一阶段课程体系的调整重点仍是在核心课程，体现为四个方面。一是新增的习近平法治思想概论课程，成为法学核心课程体系中的“1”。习近平法治思想是中国特色社会主义法治思想的集大成者，是中国特色社会主义法学理论的纲领。增设习近平法治思想概论课程有利于学生深入学习中国特色社会主义的法学理论，树立中国特色社会主义法治观，塑造法治共同价值，辨识西方法治思想，摒弃不符合中国特色社会主义的法治思想。20 世纪 90 年代西方法律思想的传入以及某段时期出现的“言必称西方”的法治“神话”，导致我国法学教育及法治建设出现一定偏离，甚至一些专家学者鼓吹西方法治，利用西方法治原理批判我国的治国方略，无视我国自身国情及发展需要，不惜削足适履，唯求符合西方法治原理。习近平法治思想概论的形成与发展，建立了符合我国国情与发展需求的法治原理,有助于培养更多坚定的中国特色社会主义法治国家的建设者。二是法学核心课程从统一的14门向“10+X”模式调整,仅有10门课程是全国法学专业统一必修课程,另外X门课程由各高校根据自身特色设置,在原14门核心课程中的其他课程及证据法、财税法中选定,课程门数不少于5门,形成统一必修与特色必修的组合,实现基础课程与特色课程兼顾的专业必修课程体系。这一调整的原因在于原有的14门核心课程门数过多,学时过长,挤压了专业选修课的开设门数和学习时长,导致法学专业课程设置的同质化现象严重,特色发展不足,不能满足经济社会发展对多样化、复合型法治人才的需求。三是新增“法律职业伦理”为法学专业核心必修课程。调整之前我国仅有部分高校法学专业以专业选修课的形式开设法律职业伦理课程。法学专业学生的思想道德教育与其他专业的学生一样,都是通过“两课”教学环节完成,法律职业特有伦理和规范的教育环节缺失,法学教育重视专业教育忽视职业伦理教育,导致学生专业素质与职业伦理不匹配,走向法治实践岗位不乏徇私枉法的实例。增设法律职业伦理课程,改革该课程知识传授教学模式,让学生在专业学习的同时深刻认识法律职业伦理的内涵,将法律职业伦理内化为自身未来法律职业的根本操守,有利于培养出更多坚守职业伦理的法治工作者,成长为建设法治国家、法治政府、法治社会的中坚力量。四是将原有的“中国法制史”课程改为“中国法律史”课程。这不仅是课程名称上的修改,更是内容上的重大调整。法制史的重点是法律制度的历史,而法律史的内容更为丰富,既包括法律制度也包括法律思想。自1840年以来,列强入侵中国,中国逐渐沦为半殖民地半封建社会,从清末学习日本法律、国民党统治时期建立“六法全书”到新中国成立以后照搬苏联、借鉴西方,特别是受西方法治观的冲击,中国传统法律制度和法律思想几乎被全面摒弃,仅作为个别学者的研究对象而存在。中华民族的历史源远流长,亦曾是举世的强国、世界的中心,当时的法律制度已不能适应现代中国的生产力发展状态,但其法律思想源于中国传统文化,属于中国传统国家治理的精髓。新时代中国特色社会主义国家的法治理念不是凭空而来的,需要吸收、传承和发扬我国传统法律思想的精华,由此形成的法律思想才更适合中国自身的国家土壤,更符合中国传统与现代文化,更能体现中国的国家治理智慧。

二、法学专业课程体系演变的影响因素

法学专业课程体系的发展受主观和客观两方面因素的影响。主观方面主要

是指政策的制定者对法学的主观认知，客观方面主要是指社会发展情况及现实法律制度体系。

（一）主观认知对法学专业课程体系的影响

政策的制定者对法学的主观认知在根本上影响着法学专业课程体系的设置。在法学专业课程体系的初建阶段，国家政策的制定者认为法学是阶级斗争的工具，是打击犯罪分子、维护国家秩序的工具，法学人才的培养目标是能够以马列主义的科学观点分析政治法律问题、为新民主主义国家和社会主义国家培养立法司法干部。这一时期法学专业课程中思想政治理论课程的比重非常高。法学专业课程体系的恢复阶段和成熟阶段，正处于我国改革开放初期及经济大发展时期，国家发展重心在于大力发展经济和生产力，“不管白猫黑猫，会捉老鼠就是好猫”，法学教育的重点就转向法律专业知识的传授，思想道德教育课程在法学课程中的比重下降。法学专业课程体系的升华阶段，政策的制定者反思几十年来国家发展与法学教育发展的得失，主张强化思想道德教育和法学专业教育，法学人才的培养应为中国特色社会主义建设服务，立足中国大地，推动中国发展，服务中国人民。因此，这一阶段增设习近平法治思想概论课程和法律职业伦理课程，以此培养德法兼修的新时代卓越法治人才。

（二）社会发展情况对法学专业课程体系的影响

社会发展情况是法学教育发展的现实基础，一方面通过影响国家政策制定者对法学的认知，另一方面形成对法律人才的时代需求，进而影响法学专业课程体系的设置。在法学专业课程体系的初建阶段，社会发展对法学人才的需求首要是政治素质过硬，能够运用法律打击犯罪，政治理论课程和刑事法律课程成为法学专业课程的重点。法学专业课程体系的恢复阶段，社会发展对法学人才需求转向其能运用法律知识分析社会现象、解决各类法律问题，此时则更依赖法律人才掌握的专业技能，法律专业课程的地位和数量都大幅提升。法学专业课程体系的成熟阶段，社会发展对法律人才职业能力的要求进一步提升，要求法律人才既要具备坚实的法律基本知识，也要具备某一特定行业的专门法律知识，体现到课程设置就是统一法学核心课程，确保法学教育的基础理论教学；发展特色课程，各高校特别是行业性高校发挥自身行业优势，培养既具有行业专业知识又具备特定行业专门法律知识的法律人才，满足特定行业对法律人才的需求。例如，财经类院校开设的法学专业在开设统一的核心课程之外，重点开设与经济类相关的专业课程以及经济法类的特色法学课程。法学专业课程体系的升华阶段，法律职业人员面临的各种诱惑不断增加，国内外形势也日趋复杂，坚定不移地走中国特色社会主义法治道路，必须从法学教育抓起，强化法律人才对中国特色社会主义法治理念的深度认同并且要求其具有非常高的职业道德水平，因此习近平法治思想概论和法律职业伦理课程成为法学专业的核心必修课程。在法学专业技能的要求上，由于学时的限制，在所有法律的普及化学习与特色法律的针对性学习之间只能有所选择而无法兼顾，法学核心课程也就不再完全统一，而是允许在特定基础科目中选择设置，从必修课的设置上就强化特色，针对特定行业需求，培养更专业的复合型法治人才。

（三）现实法律制度体系对法学专业课程体系的影响

法学教育传授的是法律知识，并以实在法为主要内容。现实法律制度是法学专业课程的源泉，政策制定者和社会发展需求对法学专业课程的影响，也是以现实法律制度为基础的，不能超越现实法律制度这一基石。在法学专业课程体系的初建阶段，我国现实法律制度处于建设阶段，包括诉讼法在内的很多基本法律制度还没有制定，法学专业课程体系受制于此，主要开设的课程就是我国当时已颁布的实体法，而没有开设程序法，对我国的法律思想及法律制度的历史也没有深入的研究，只是因全盘借鉴苏联社会主义法学而开设苏联法律思想课程。法学专业课程体系的恢复阶段，正处于我国现实法律制度大发展的时期，新的法律法规不断颁布，法律体系处于形成中，法学教育的内容尚未稳定，法学专业课程体系就只能由各高校根据自身情况自由决定，需要经过一段时间的尝试才能形成稳定的课程体系。在法学专业课程体系的成熟阶段，无论是现实法律制度还是以此为依托的法学教育都已经相对成熟，主要的部门法、子部门法都已经制定，特别是2011年我国已经形成中国特色社会主义法律体系，现实法律从“制定法律”为主进入“完善立法”为主的时期，法学教育的目的、教育方式等经过上一阶段的探索也形成了稳定的认识，为统一法学专业课程体系提供了现实基础，这一阶段的课程体系发展就转变为“统一核心课程、灵活设置选修课程”的模式。到了法学专业课程体系的升华阶段，现实法律制度建设一方面是完善传统法律部门，另一方面又因新技术新模式新业态新产业的崛起催生了大批新兴单行法律，这些单行法具有很强的专业性，法学专业核心课程体系的统一阶段确定的选修课程已经不能完全满足这些特定领域法律制度的学习，因此核心课程的设置必须压缩以保障更多特色法律的课时，“1+10+X”的法学专业核心课程体系，在德法兼修的前提下兼顾了传统法律与新兴法律知识教育。

三、法学专业课程体系建设的评价标准

我国法学专业课程体系因主客观两方面因素的变化亦不断变化，未来这些主客观因素仍会发生变化，法学专业课程体系也会随之调整。法学专业课程体系的调整，应当建立比较明确的评价标准，只有达到这些评价标准，法学专业课程体系的设置才具有合理性。

（一）满足社会对法治人才专业素质的需求

法学专业课程体系的设置应以全面推进依法治国对法治人才专业素质要求为出发点和目标。进入大学伊始的学子多数是专业教育的“白纸”，正是通过专业课程的学习才逐步形成自身的专业技能，而这依赖于高校设置了哪些课程、教师教授了哪些课程。法学专业课程体系的设置要确保培养出的法治人才能够满足国家法治实践需求。法学教育培养的法治人才应能服务于社会，满足社会对法律服务的需求，而非象牙塔中的自我满足。

法律的实践性要求法律人才应具备职业实践能力。法律学子走向法律职业岗位，从事立法、执法、司法以及法律服务等，均是对法学理论知识以及法律规范的具体实践。诸如，司法文书的送达、与服务对象的沟通、争议事实的调查、纠纷调解、法律风险的预判与防范，抑或合同、诉讼文书、裁判文书的撰写，这些都是实践性很强的法律工作，需要的不仅是学习过相关法律规定，更需要将理论应用于实践。社会对法律人才实践能力的需求，要求法学专业课程体系中不仅要有理论课程还要有实践课程，通过实践课程，搭建理论能力向实践能力转化的桥梁，使法学学子在毕业之后能够尽快实现从知识学习向知识运用转变。

社会的精细化分工要求法律人才应具备精细化职业能力。法律职业的种类很多，涵盖立法机关、行政机关中具有执法功能的机构、法院、检察院、法律服务机构（律师事务所、法律服务所）、仲裁机构、公证机构、公司法务等。随着法律服务

专门化、精细化的趋势,上述职业要求法治人才能提供更加专门化、精细化的服务。这种精细化服务,不要求法律职业人员具有特别全面的法律职业能力,但需要其在特定领域具有非常深厚的法律知识,能够解决该领域复杂的法律问题,如果只是对该领域法律知识仅有一般性了解,那么不能满足该领域的法律需求。社会对法律人才精细化职业能力的需求,要求法学专业课程不能仅局限于法学基础课程,还应设置更多的专业性课程,需要在有限的课时中实现基础课程与专业课程的平衡。

法律适用的广泛性要求法律职业人员应具备复合型职业能力。法律是对各类主体之间权利义务关系的调整,涉及各行各业的人与人之间的关系,每个行业都有自身的行业特征和行业规范,利用法律调整这些行业就必须识别、理解、遵循行业规律。特定行业需要的法律服务就要求法律职业人员不仅懂法律专业知识,还要掌握行业专业知识,必须具备复合型知识。新技术的不断发展更进一步提高对法律复合型人才的需求。社会对法律人才复合型职业能力的需求,要求法学专业课程在设置时需要考虑多元化问题,不能仅开设法律类课程,还应当开设一些自然科学类课程,需要在有限的课时中实现法学专业课程与非法学通识课程的协调。

生产力的不断进步要求法律人才应具备创新性职业能力。技术的不断创新和生产力的不断进步是历史不可逆转的趋势,随之亦会对法律保护产生新的需求。这些法律需求的满足需要进行创新性适用法律、解释法律、制定法律,就需要法律人才具备更多的创新性职业能力,不能仅局限于利用固有的法律知识,还需要创造性地利用法律。社会对法律人才创新性职业能力的需求,要求法学专业课程在设置时不能仅开始现有制定法课程,还要开设法律思维、法学理论类课程,培养学生运用法律思维、法学理论来思考、分析、解决新问题的能力。

(二)满足国家对法治人才职业伦理的需求

法律的使命要求法治人才坚守公平正义。公正是法律永恒的魅力,是法治的生命线,法治工作者在适用法律的过程中应贯彻公平正义理念,依法纠正和制裁违反法律行为,坚决维护社会公平正义。一个国家只有秉承公平正义,才能使人民安居乐业、经济迅速发展、国家不断强盛。法学专业课程体系应当设置提升学生职业伦理的课程,帮助学生树立正确的公正观,帮助学生识别不同立场的合理性与虚伪性,防止学生受到蒙蔽,迷失在利益的诱惑里。

法律职业的特殊性要求法律职业者遵守职业伦理。某种意义上,法律职业是存在一定“诱惑”的职业,如律师受当事人委托,如果不能坚守职业伦理,难免陷入“受人之托、忠人之事”的“江湖”作派,甚至被冠以“讼棍”之恶名,而法官则手握国家司法权力,如果不能坚守职业伦理,则可能枉法裁判,甚至出现“吃了原告吃被告”之陋行。由此可见,法治工作者运用法律过程中坚守职业伦理的重要性。法律是一种利益分配机制,而现实纷争实际上是利益纷争,包括人身利益和财产利益,为了获取更大的利益,一些人员往往会采取非正常手段,特别是向掌握一定国家权力的人员寻租,能否坚守职业伦理、经得住各种诱惑、坚持法治正义,取决于法治工作者的职业伦理意识和行为自觉。法学专业课程体系中应当强化职业伦理的养成,不仅以知识的方式传授,更使其内化为精神认同。

法律的国家性要求法治人才贯彻国家意志。法律具有国家意志,基于一国的国情制定,法治人才应该认识这一国情,并学会利用法律知识保障国家意志的实现。习近平总书记在十九大报告中强调,“我国仍处于并将长期处于社会主义初级阶段的基本国情没有变,我国是世界最大发展中国家的国际地位没有变”,作为党领导下的中国特色社会主义国家,坚持中国特色社会主义制度、坚持党的领导这个中国特色社会主义最本质特征,这是最根本的国家意志。现实中,一些法律职业者盲目尊崇他国法律,以他国法学理论批评我国法律及法律适用情况,这种思想和行为不利于推动我国法律与社会发展,不利于推进全面依法治国,不利于坚持和发展中国特色社会主义。法学专业课程体系中应当加强涉及中国特色社会主义的课程,让学生认识、理解法治的中国性,认识我国法律发展的基础是中国特色社会主义国家。只有深刻认识国家与法治、法治与法治人才培养的关系,才能更清楚地认识我国法治实践的立法、执法、司法、守法等各个环节都是以新时代中国特色社会主义为根本,由此设置法学课程体系、培养德法兼修卓越法治人才才能做到“四个服务”。

四、结语

法学专业课程体系不是一成不变的,也不存在唯一固定的模式。完善和发展法学课程体系,不能仅仅依赖理论的自洽,使之成为理论的自娱自乐,而是要立足于国家、社会对法治人才的多样化需求。这就需要按照“一体两融三元素 N 模块"的德法兼修卓越法治人才培养体系，把不同类型的课程合理地组合在一起，发挥各自的功能，培养出符合国家、社会需求的卓越法治人才。当然，仅仅设置各种类型课程还不能实现这一目标，还需要合理的教学方式，发挥课程的教学功能，才能实现课程的设置目标。

第二节 法学专业思想政治理论课程体系建设

法学专业课程体系包含理论教学课程和实践教学课程，其中理论教学课程又包括思想政治理论课、通识课和专业课，每类课程承载着各自不同的使命，以期实现德法兼修卓越法治人才培养的目标。思想政治理论课程是新中国成立以来我国高校始终坚持开设的课程，在马克思主义与中国特色社会主义教育方面取得了显著成效，同时也面临着比较突出的问题。习近平总书记在 2017 年视察中国政法大学时，首次提出"立德树人、德法兼修，培养大批高素质法治人才"；2018 年《卓法 2.0 意见》出台，提出法治人才培养的目标是培养造就一大批宪法法律的信仰者、公平正义的捍卫者、法治建设的实践者、法治进程的推动者、法治文明的传承者。为实现新时代德法兼修卓越法治人才的培养目标，需要反思我国法学专业思想政治理论课程的开设情况，克服思想政治理论课程教学中的问题，发挥思想政治理论课提升学生政治与思想道德素养的功能。

一、法学专业思想政治理论课程建设现状

我国高校各专业各学历层次均开设思想政治理论课程，向学生传授马克思主义基本理论，引导和教育学生理解并信仰马克思主义，提升学生政治素养和道德水平，促进学生形成正确的世界观、价值观和人生观。法学专业因为其自身专业知识的特殊性和法治人才对政治素养和道德伦理的特殊要求，其思想政治理论课又具有其自身特色。广义上，目前已经在课程体系中形成了三层架构，即高校传统思想政治理论课、特色思想理论政治课以及融合专业课程教学的课程思政。

（一）固守传统课程

法学专业思想政治理论的传统课程主要是指马克思主义类思想政治课程，贯

穿于本、硕、博三个学历层次。

法学专业本科课程体系中涵盖与一般专业相同的思想政治理论课程。以某院校为例，这些课程包括：马克思主义基本原理、毛泽东思想和中国特色社会主义理论体系概论、习近平新时代中国特色社会主义思想概论、中国近现代史纲要、思想道德修养与法律基础、形势与政策、军事理论等七门课程，共计 19 学分，约占必修理论课程总学分的 18%。

根据《法律硕士专业学位研究生指导性培养方案》，法律硕士（包括法本和非法本）中的传统思想政治理论课程为“中国特色社会主义理论”，属于必修课，2 学分，约占必修课总学分的 6%。法学硕士的思想理论课程则包括中国特色社会主义理论、马克思主义与社会科学方法共 2 门课程，均为必修课，共 3 学分，约占必修理论课程总学分的 17%。

我国法学博士课程具有很强的灵活性，各高校在课程设置和教学方式等方面均存在巨大差异，但都继续开设中国特色社会主义的有关理论课程。

（二）新增特色课程

除了传统的思想政治理论课程外，法学专业思想政治教育课程应当兼顾专业特殊性，体现法治人才培养的特殊需求。为此，新修订的人才培养方案设立了“法律职业伦理”“习近平法治思想概论”作为法学专业开设的思想理论特色课程。

2018 年后的法学专业本科和硕士的培养方案中，均增加了“法律职业伦理”课程，均为必修课，2 学分。增设该课程是对前期仅开设传统思想政治课程不足的反思。法律职业具有极强的特殊性，是正义的维护者、法治的践行者，传统的思想政治课程着力培养学生的一般性思想道德，并未考虑到法律职业特殊的道德伦理需求。增设“法律职业伦理”课程，有助于法学专业学生在未来的法律职业中坚守职业伦理。

2021 年，教指委在法学本科专业必修课程中增设“习近平法治思想概论”，成为法学专业思想理论课程的又一新增特色课程，该课程是中国特色社会主义法治思想的最新发展和集大成者，是对党领导法治建设丰富实践和宝贵经验的科学总结。开设该课程旨在促进习近平法治思想进课堂、进头脑，教育学生更好地理解新时代中国特色社会主义法治思想，实现《卓法 2.0 意见》提出的新时代德法兼修卓越法治人才培养目标。

（三）融合专业课程

习近平总书记在各个场合反复强调“立德树人”，明确提出“人无德不立，育人的根本在于立德”“坚持把立德树人作为中心环节”，并为立德树人提供了良方——“要把立德树人融入思想道德教育、文化知识教育、社会实践教育各环节”。为深入贯彻习近平总书记关于教育的重要论述，2017 年教育部印发《高校思想政治工作质量提升工程实施纲要》，提出大力推动以“课程思政”为目标的教学改革。

当前各高校积极开展“课程思政”的教学改革，在专业课上探索融入思想政治教育，将独立的、集中的、抽象的传统思想政治教育课程内容融合到各个具体的专业课的教学活动中，形成融合的、分散的、具体化的新思想政治教育方式。所谓“融合”，是指在专业教学中挖掘思政元素、融入思政内容，把专业知识中的隐性思政内容显性化，实现专业与思政的融合。比如，“高等数学”的课程教学，即便是数学公式本身不存在或无法体现思想政治内容，但数学公式的背后却蕴含着大量的思政元素甚至丰富的哲学思想。正如我国伟大的科学家钱三强在突破重围毅然回国时所说的，“虽然科学没有国界，但科学家是有祖国的”。我国大批科学家投身于新中国建设、投身于改革开放、投身于新时代中国特色社会主义，支撑他们的是对国家的热爱、对人民的挚爱、对党的领导的高度认同。在专业课程教学中，善于挖掘思政点，讲述这些伟大人物、重大历史事件所反映的爱国事迹、家国情怀，不仅不会妨碍专业课程的教学活动，反而更能激励学生的学习热情、增强学习动力，取得更好的学习效果。当然，这种融合，不是僵硬的，两张皮式的，而是相互渗透的，合二为一的，是一种润物无声的潜移默化。所谓“分散”，是指“课程思政”不是要在专业课中专门讲述思想政治课，而是找准思政内容与专业知识的结合点，在专业知识教学的过程中自然而然地开展思政教育；不是把专业课程分为专业知识和思政知识两部分，分别集中进行，也不是“讲一段专业知识、讲一段思政内容”的生硬嵌入，而是因讲课内容确定。所谓“具体”，是指融入专业课教学的“课程思政”不再是抽象的政治宣教，不是“空对空”地教育学生应当具有高尚的道德，让学生要热爱祖国、热爱中国共产党、热爱人民、舍己为人、艰苦奋斗、自强不息等，而是把这些内容融入具体知识、具体事件、具体人物事迹等之中，通过这些素材反映思想政治内容，把抽象的思想政治理论具体化、生动化，让学生受到心灵启迪、情感共振、思想共鸣，这样才能达到“课程思政”的效果。目前，各高校法学专业各层次各环节的教学活动都大力推进“课程思政”，建设课程思政示范课程，以此构建新时代德法兼修卓越法治人才培养的课程载体。

二、法学专业思想政治理论课程存在的问题

新时代德法兼修卓越法治人才培养的首要要求是“厚德育，筑牢法治人才之魂”，主要通过思想政治理论课程教育来实现。现实生活中，一些法律工作者出现贪腐、渎职、枉法裁判、行贿受贿等行为，甚至成为社会热点事件，严重影响了我国的法治进程，尽管出现这种现象的根本原因是个人理想信念缺失、枉顾法律法规，但也反映出法学专业需要进一步加强思想政治教育。当然，这一问题在其他专业的高校毕业生中同样存在。反思我国高校思想政治理论教学的不足，习近平总书记反复强调高校要落实立德树人根本任务，教育部等积极推进思想政治理论课程教学改革，强化传统思想政治理论课程的教学考核，在专业课程教学环节中推行“课程思政”，在法学专业课程体系中增设“习近平法治思想概论”“法律职业伦理”课程，以此实现法治人才培养的“德法融合、德法兼修”。当前，法学专业思想政治理论课程坚持正确改革方向，取得了显著成效，同时也面临着亟待解决的问题。

（一）传统思想政治课程的内卷化与表面化

传统思想政治课程的内卷化，体现为学生对此类课程的主要学习状态是期末突击背诵知识点，考试时识记得越多越好，期末成绩也会更高，但学生道德政治素质没有提升。当前高校专门的思想政治课程在课程数量和学时数量上都不再是少数，它们占学生必修课的比重也不算少，但教学效果很弱，学生在课堂上开小差、睡觉的现象比较严重，课后更不存在阅读相关课外资料、思考相关问题的学习行为。学生更愿意将学习的精力放在可预期的提升专业技能的学习上，一切为了未来的升学、就业。这样，学生面临一些不良现象几乎没有分辨能力和抵抗力，很轻易就会被带跑，动摇对马克思主义理论的信仰、动摇对祖国的热爱，形成扭曲的人生观、价值观、世界观。尽管如此，学生们在思想政治理论课程考试的时候都很顺利，标准的答案都能掌握，思想政治理论课程的知识熟记在头脑里，输出在笔头上，呈现在纸面上，唯独没有转化为精神的信仰、行动的指引。

传统思想政治课程的表面化，在于传统思想政治课程教材的教条化。这类课

程的教材更多的是阐述结论,缺少对思想产生的理性分析与论证。这些结论是学生们在初高中就已经学过的思想、知识的再次重述。这些知识无法回应现实中的不良现象,不能辩证地分析这些不良现象存在的历史性和暂时性,反而因为这些社会不良现象的存在以及教材、教学的回避,遮蔽了理论知识对现实问题的正面应对和有效回应。这种僵硬的教条化的教材贯穿于本科、硕士、博士三个学历阶段,并没有因为学习层次的提升,加深思想政治课程的思辨性,未能在培养学生创新性专业能力的同时,深化学生思想政治理论课程的学习深度,从知识性学习转向思维方式的学习、方法论的学习。学生经过硕士、博士的思想政治理论课程的学习,仍只能教条地记住结论,而不能熟练地运用马克思主义、中国特色社会主义的思维方法和方法论开展专业的创新性研究。

(二)法律职业伦理课程的轻视化与理论化

法律职业伦理课程的轻视化,是指法律职业伦理课程在法学课程体系和教学过程中未受到充分重视。“法律职业伦理”课程进入我国法学专业课程体系是近几年的教育改革成果之一。我国司法部2002年将法律职业道德纳入国家司法考试,教育部2017年将“法律职业伦理”课程纳入法律硕士培养方案,2018年规定“法律职业伦理”课程为法学专业本科生的十大必修课之一。在此之前,有学者调研“卓越法律人才教育培养计划”的基地院校,考察“法律职业伦理”课程的开设情况,发现41所院校中仅有9所开设了该课程,且只有4所院校是将其作为必修课程开设的。[①] 属于“卓越法律人才教育培养计划”的院校尚且如此,法律职业伦理课程受到轻视的状况可见一斑。有鉴于此,教育部及时采取措施,要求法学专业在本科生和研究生阶段均需开设“法律职业伦理”课程并将其作为必修课程。但该课程在具体教学过程中仍然未受到足够重视。具体体现为:一是授课教师的兼职化。这一兼职并不是说教师是兼职的,而是说授课教师的主要研究方向都是法学其他领域的,教授法律职业伦理知识只是其主要研究方向之外的兼职。当然,这也与该课程的设立时间相对较短,理论发展还不成熟有关,从事与该课程有关的专门研究人员更是少之又少,授课教师也缺乏专门进行法律职业伦理研究的积极性,而仅是从完成教学任务的角度完成授课工作,很少会对课程内容进行深

---

① 参见刘坤轮:《中国法律职业伦理教育考察》,中国政法大学出版社2014年版,第109~124页。

入的思考。二是教材建设的初级化。法律职业伦理教材的种类少，教材的基本内容一致但重点内容不统一，不同的编写者形成了不同的知识体系。对比新近出版的3本《法律职业伦理》教材，分别为王新清教授主编（法律出版社2021年版）、王进喜教授主编（中国人民大学出版社2020年版）和许身健教授主编（北京大学出版社2014年版），可以发现这3本教材均包括律师职业伦理、法官职业伦理、检察官职业伦理，有的教材还包括仲裁人员职业伦理、公证人员职业伦理、行政执法人员职业伦理、法律学者职业伦理。但各教材的重点不同，有的教材同等对待各个法律职业，有的教材则重点讲述律师职业伦理，而对法官、检察官职业伦理的讲解比较简略。就重点论述律师职业伦理的教材而言，其知识架构的逻辑也不相同，一种是以律师和各方主体的关系规则入手，讲述律师与委托人的关系规则、与裁判机关的关系规则、与检察机关的关系规则、与同行之间的关系规则、与律师事务所之间的关系规则等；另一种则是律师的执业规则，从权利义务的角度出发，阐述律师的特免权、调查取证权、诉讼业务规则、非诉业务规则等。三是学生学习态度的轻视化。学生在学习过程中并不重视该课程的学习，虽然是一门必修课，但重视程度甚至不如一些选修课。轻视学习这一课程的原因很简单——功利化的价值导向和教师轻视态度的传递。学习的目的是什么？源于当前就业竞争压力，“找工作、挣钱”成为一些大学生功利化学习的动机，由此造成的结果是，就业前景好的专业备受青睐，法学专业里民商法、经济法研究生的招生情况远远好于诉讼法、宪法、法理学、法制史等研究方向。法学作为一种职业教育，功利化的选择本无可厚非，但过于功利化，把一切学习的动机都以是否有用，甚至能否产生直接的经济收益为标准，这显然属于过度功利化，与德法兼修卓越法治人才的培养目标背道而驰。正所谓丧失了方向引导的船只，只会迷失在茫茫大海之中，学生存在的迷茫、焦虑，进一步加剧了学习的功利化。就授课教师而言，也存在对该课程应付对待的情况，这种态度自然而然地传递给了学生，学生则以不以为然的态度学习该课程，且这门课程的要求本就很高，要求不仅入眼还要入心，上述情况的综合结果是，法律职业伦理课程的实践效果不甚理想。

法律职业伦理课程的理论化，主要是指其教学内容和教学方式都沿用理论课程的方式进行。“理论化”作为中性词语，在很多情况下，更是一个褒义词，但法律职业伦理课程需要的不是或不仅仅是理论，内容上的理论性和方式上的理论性都不能实现该课程的设置目的，无法承担起增强法学专业学生职业伦理的重任。法律职业伦理课程的这一问题与传统思想理论课程存在的问题是同样的。学校课堂教学更擅长于传授知识、技能，而思想道德伦理的提升则需要有更多的实践活动，只有在法治实践中不断验证理论、激发认知、深化认同、形成认识，才能最终转化为稳定的思想意识和行为习惯。在法律职业伦理课程中教授不同法律职业的职业规则，学生学习的是法条，背诵的是规范，考察的是规范背诵得是否牢固，这种情况导致课程教育与法治实践存在脱节，学生走向社会之初，因存在理想信念和敬畏之心，尚且能够依法办事，也能够运用法律分析和解决问题，而随着阅历增长、社会化程度提高，可能就会"融入"社会，被社会的不良风气带偏，逐渐放弃法治良知和戒备之心，甚至一步步走向深渊。如何利用课程教学活动促使学生提升内心的职业伦理素养，并与之伴随一生，成为坚守公正的信念，是法律职业伦理课程亟待解决的突出问题。

（三）课程思政的隐忧

课程思政的教学改革刚刚起步，各种鼓励的文件不断出台，但实施效果尚未有足够的时间显露，仍可以适用一个成语——任重道远。"任重"，是我国高等教育已经到了必须深刻反思其在传授技能时的德育效果了，反思高等院校培养的学生是为了谁。高等院校必须把立德树人放在教育的首位，但"十年树木，百年树人"，知识技能的传授看得见、摸得着，思想道德政治素养的培育是无形的、内化的，看不见、摸不着。马克思主义、思想品德的纯理论传授是达不到育人效果的。将德育的内容融合在具体的专业事例中，让学生感知高尚道德在实践中的真实践行，并真正地受到触动，从而确立自己的内心信念。在专业课知识传授的同时需要专业课教师先去思考德育内容与专业知识的结合点，收集、确定、结合素材，并思考以合理的方式展示德育素材，无疑是一个艰巨的任务。不仅要讲好专业课，更要讲好思政课，专业课教师承担的任务艰巨。"道远"，是指育人效果的实现不是一两个事例、一朝一夕间就可以实现的，需要不断地一点一滴地强化道德感，并在不断的多样化的实践中感悟，最终才能将正确的道德思想内化为内心的信念。因此，课程思政需要坚持，不能是领导重视了，抓一抓，领导不提了，就退回到原来的状态。在思想教育方面，必须常抓不懈。

课程思政的效果还需拭目以待，未来的发展存在几点隐忧：第一，课程思政没有也难以确定固定的内容。专门的思想政治理论课程都有固定的教材，明确的教学内容,教师按照教材内容进行授课。课程思政,是在专业课中融入思政内容,思政的内容不限于目前高校内开设的所有思想道德政治理论,一切优良的、崇高的道德品质、马克思主义、中国特色社会主义的政治思想都属于思政的内容,但具体有什么,缺少明确的课程体系,很难明确,似乎也无须明确。第二,课程思政没有成熟的教学方法。如何在专业课中融入思政内容,拒绝生搬硬套,拒绝两张皮,是目前课程思政的难点。不同的专业知识融入不同的思政内容需要不同的教学方法,没有统一、固定的教学方法,因此也很难学习和掌握。第三,课程思政的授课教师需要培育。课程思政的实践者是一个个单一的专业课教师,该教师的思政素养决定了其开展课程思政的广度、深度甚至正确度。课程思政的良性开展,首先需要提升专业教师的思政水平,唯有如此,才能将高尚的品德传承下去。第四,课程思政的效果难以考核与评价。课程思政的开展不能始终停留在倡导的阶段,扎实的推进需要合理的考核标准和评价体系,通过考核、评价引导课程思政的良性长远发展而非政策性的昙花一现。

三、法学专业思想政治理论课程优化思路

思想政治理论课程、习近平法治思想概论、法律职业伦理以及课程思政共同构成了法学专业思想政治教育的多元体系,应该不断完善、相互协调、密切配合,更好发挥合力育人作用,培养出更多的思想品德高尚、遵守法律职业伦理的坚定的社会主义事业的建设者。

(一)传统思想政治课程的完善

克服传统思想政治课程的内卷化和表面化,应做到以下三点:

第一,从教材臆想的楼阁中走出来,用思想政治课程认识自我,分析社会具体问题,培养学生用思想政治知识积极看待社会问题的能力。当今多数学生拥有前所未有的丰富物质,承受着前所未有的精神压力,高校学生抑郁的人数逐渐增加,甚至产生伤害自己、伤害他人的过激行为。思想道德课程应更加有效地传授学生调整自我心理的能力,帮助学生提高自身道德修养,学会和他人、和社会友好沟通,相互理解,和睦相处。在我国急速发展的过程中,必然出现这样或那样的问题,纠结于这些不足,忽视我国取得的伟大进步,质疑社会主义的优越性,会对马克思主义、中国特色社会主义事业产生怀疑。高校的思想政治理论课程不应该回

避这些问题,而应积极回应,利用理论分析现有的实践问题,帮助学生利用所学理论正确分析社会现实,真正领悟国家政治制度的优越性,成为社会主义事业坚定的捍卫者、建设者。

第二,从知识的重复中走出来,渐进式地传授解决问题的方法、思维的方法。思想政治理论课程贯穿于本科、硕士、博士三个阶段,但一直处于知识传授中的循环往返,这易于导致学习者的倦怠,进而缺少学习的主动性。思想政治理论课程是否仅应停留在知识层面呢?显然不是,思想政治理论课程,特别是政治类课程具有深刻的内涵、深奥的方法论,完全可以形成内涵上的递进,尤其是在硕士、博士阶段引导学生从思想政治课的知识性学习中转向方法论学习,学会用马克思主义方法论研究专业问题,以马克思主义方法论认识世界,这样才能焕发马克思主义的青春。

第三,从舒适的知识传授教学中走出来,探索更有效果的教学方法。当前思想政治课程的教学方法较为单一,更多限于知识的讲授、知识的识记,导致学生学习兴趣不浓,学习动力不足,学习效果不佳。新时代呼吁新的教学方法,用以增加学生学习兴趣、学习动力,获得更好的学习效果。实践中已有教师在不断探索新的教学方法,如小组汇报、小组讨论等,但如何能够将良好的教学方法在所有教师中普及并积极地运用到更多的课堂中,仍然是需要探索的。

(二)法律职业伦理课程的完善

法律职业伦理课程进入法学专业核心课程仅是强化法律职业伦理教育的起点,而非终点。要实现教育部增加该课程为法学专业核心课程的目的,必须加强法律职业伦理教材建设、教师队伍建设、教学方法建设。

加强法律职业伦理课程教材建设应做好以下三点:

第一,统一法律职业伦理教材的内容体系。法律职业伦理教材的内容应包括不同法律职业的共同性伦理及不同法律职业的特异性伦理。法律职业虽有不同,但仍有共同的职业伦理,这是构建法律职业共同体的基础,需要深刻挖掘法律职业所共同遵守的伦理,并将其写入教材,传授给学生。不同的法律职业还有自身特有的伦理,需要依据不同法律职业的特殊性,进行专门的研究、表达与传授。法官职业、检察官职业在司法中的地位、司法权力运行中的自由裁量权以及对当事人权利义务的重大影响均决定了这两类法律职业的伦理内涵应受到更多的关注。

律师职业在法律服务中的应用广泛，对法律适用的特殊意义、对当事人权益保护的特有价值等也决定了其职业伦理的特殊性及重要性，也应成为法律职业伦理教材的重点内容。

第二，针对学生层次不同确定法律职业伦理教材的差异性内容。法律职业伦理课程是法学专业本科和硕士阶段的共有课程，两个阶段的教材内容不能是简单的重复，否则学生到了研究生阶段发现正在学习的法律职业伦理和本科阶段学习的内容是一样的，将丧失学习的兴趣和动力，也是时间的浪费。本科阶段的法律职业伦理教材应倾向于知识的介绍和知识的运用。研究生阶段的法律职业伦理教材应区分有法本基础的硕士和无法本基础的法律硕士，对有法本基础的硕士教材应倾向于对法律职业伦理内容的内涵思考、原理思考，更倾向于理论研究层面；对无法本基础的法律硕士教材则可以在本科法律职业伦理教材的基础上，略微加深，更注重法律职业伦理的实践性，使学生学习和感受实践中法律职业伦理规范的具体适用。

第三，强化法律职业伦理课程的教师队伍建设。目前法律职业伦理教师以兼职为主，教师的主要研究方向仍是其他专业方向。法律职业伦理内容的深挖不够不仅不吸引学生学习，同样也不吸引教师研究。提升法律职业伦理课程的教学效果必须加强师资队伍建设。首先，构建法律职业伦理课程教师的梯队培养体系。专业教师往往是经历了本科、硕士、博士等一系列漫长的学历教育以及访问学者、博士后等多样化的科研历练，最终才具备了特定的专业素养。法律职业伦理课程的教师显然不具备这样的成长经历，目前法学专业二级学科不包括法律职业伦理，没有该研究方向的专门化人才的培养。如果将经历专业化学历教育培养的专业教师称为先天形成的，无疑目前的法律职业伦理课程教师都是后天形成的，是在学历教育之外通过自学形成的，这仍然是专业教师成长的路径之一，但需要一个必要的条件——研究领域的形成，使其在该研究领域内与其他同行们相互交流相互促进，但目前法律职业伦理在这方面的发展有所欠缺。未来应当增加法律职业伦理为法学专业的二级学科，增加该方向的硕士、博士研究生，逐步形成法律职业伦理的研究领域，实现法律职业伦理课程教师的先天形成与后天形成的共生。其次，外聘不同法律职业的专业人员。该课程师资队伍的成员，除了高校自有教师之外，还可聘请校外人士，特别是特定法律职业中的精英。聘请法官、检察官、仲裁员、律师等为该课程的兼职教师，讲述各自在不同的法律职业中所应遵循的职业伦理,遇到的涉及职业伦理的纠结以及是如何应对这些纠结的。法律职业中真实的执业者们对法律执业理论具有更切实的体验,真实地思考过如何遵守执业伦理,其践行法律职业伦理的方法也是经过多年的积累和检验的。最后,提升教师教学方法。法律职业伦理的教学目标不仅是使学生掌握法律职业规范,更要使学生将职业伦理内化为自身行为的精神指引。教师的教学方法不能局限于法律规范的法教义学,在法教义学的基础上,教师应采取更多的教学方法,如小组讨论、案例分析、情景模拟的方式,真实地展露法律职业伦理的运用环境,使学生能够切实地感悟到法律职业伦理的内涵与适用,这样这门课程才有可能实现既定的目标。

(三)课程思政的积极探索

在教育部的领导下,课程思政正在高等院校里逐步推进,新的思政方式需要在尝试中不断总结。做好课程思政应解决以下三点:第一,教师培养,即提升专业教师的思政理论和思政传授能力。在专业知识讲授过程中融入思政内容,前提是专业教师掌握思政理论,只有讲授者具有充分的思政知识储备,才能在课堂上讲出讲深讲透内容,否则,自己都不了解、不熟悉,就遑论开展课程思政。当然培养专业教师的思政理论素养,不是像培养思政专职教师一样,要求其研究思政课程的专业知识,但也应使其具备基本的思政知识或者思政意识,否则课程思政将欠缺具体的实践者。专业教师还需要具备思政教学能力,专业课的教学方法和思政课的教学方法并不相同,专业课教学是专业知识的传授,这些知识具有具体性、可见性、易于考核性,在专业课程教学中进行思政教学,并不是思政理论的传授,而是意识的传递与影响,其开展的方式就不能向专业知识一样。这是难点,需要教师在实践中不断创新,灵活运用。第二,激励机制。专业教师从事课程思政无疑会增加工作量,没有激励机制又无法进行有效考核,课程思政将难以从文件中落实到教学实践中,即使有个别的教学实践也无法形成广泛的教学实践。激励机制可以是先进思政教学的表彰和课酬奖励,可以是优秀教师评比的支撑材料,可以是优秀教学评比的要求,也可以是学科评估的指标等。第三,考核机制。考核是对过去工作的评价,但也是未来工作开展的指引。课程思政是否应纳入教师教学考核以及如何考核,都需要谨慎地对待。

四、结语

法学专业思想政治理论课程的主体框架已经形成，并且呈现出多元化、全方位、全阶段的特点。今后的工作重心是将课程的目标落到具体的教学活动中，将思想政治理论输入学生的头脑中、心中、行动中，实现我们培养德法兼修卓越法治人才的目标。

第三节　法学专业核心课程体系建设

法学专业核心课程是法学专业的必修课程，是每一个高等院校法学专业都必须开设的课程，是教育部精心研究确定的必修课程，是教育部确保法学专业人才培养质量的基本手段。法学专业核心课程在数量上和名称上已经基本稳定，但在具体实施环节仍有一定的问题，需要优化。

一、法学专业核心课程设置现状

教育部对法学专业本科和硕士教学的核心课程设置有所规定，为更好说明和分析，下文分别进行介绍。

（一）法学本科核心课程设置的现状

根据教育部发布的《法学类教学质量国家标准（2021 年版）》（以下简称《国标2021》），法学专业核心课程采取分类设置模式，即“1 + 10 + X”模式：“1”为“习近平法治思想概论”课程；“10”为法理学、宪法学、中国法律史、刑法、民法、刑事诉讼法、民事诉讼法、行政法与行政诉讼法、国际法和法律职业伦理，共 10 门课程，属于必须完成的必修课程；“X”由各高校根据办学特色自行在经济法、知识产权法、商法、国际私法、国际经济法、环境资源法、劳动与社会保障法、证据法和财税法中选取不低于 5 门的必修课程。法学专业核心课程分类设置的模式涵盖了法学学科的主要构成，在“10”课程中既有理论法也有实在法，既有实体法也有程序法，既有公法也有私法，既有国内法也有国际法，覆盖面及基础性非常强，为培养职业法学人才提供了坚实的学科基础。法学专业核心课程的分类设置模式给各高校自身留下了不同的空间,“X”中的课程都具有一定的方向性,属于各子部门法中的基础课程。

实践中,各高校都完成了甚至超额完成了教育部对核心课程上的要求,之所以说超额完成,体现在“X”课程的选择上,绝大多数高校都开设了超过5门的课,很多都是全部开设,而不是选择只开设5门。不同的是各高校对这些课程的性质在名称上有所区别,如专业基础课、专业选修课等,但实际上学生都是必须学习。

(二)法学硕士核心课程设置的现状

法学硕士由于研究方向的不同,教育部没有统一核心课程的设置,各高校拥有很强的灵活性,根据各学位点二级方向的不同,开设不同的专业课。例如,法学硕士可以分为宪法、民商法、刑法、知识产权法、诉讼法、国际法等方向,不同方向的法学硕士有不同的课程设置。法学硕士核心课程的设置不再是大而全的都设置,而是开设研究二级方向内的关联课程,更加细化及深入。法学硕士的课程设置倾向于让研究生深入学习本科所学的知识,并在此基础上进行更深入的思考,以培养研究生发现问题、解决问题的能力以及创新能力。

(三)法律硕士核心课程设置的现状

法律硕士根据招生对象本科是法学专业还是非法学专业可以分为法律(法学)和法律(非法学)。法律硕士的培养目标是培养专门型、应用型人才,故教育部对其课程设置的要求有别于对法学硕士课程的设置。

根据国务院学位办公室颁布的《法律硕士专业学位研究生指导性培养方案》(学位办〔2017〕19号)(适用于法学专业毕业生)的规定,法学类法律硕士研究生阶段总学分不低于54学分,必修课不低于18学分,包括中国特色社会主义理论及实践研究、外语、法律职业伦理、民法及民事诉讼原理与实务、刑法及刑事诉讼原理与实务、行政法及行诉讼原理与实务,共6门必修课,也就是核心课。

根据上述培养方案的规定,非法学类法律硕士研究生阶段总学分不低于73学分,必修课不低于32学分,包括中国特色社会主义理论及实践研究、外语、法律职业伦理、法理学、中国法制史学、宪法学、民法学、刑法学、民事诉讼法学、刑事诉讼法学、行政法学与行政诉讼法学、经济法学与国际法学,共13门。

不同专业背景的法律硕士的核心课程有所不同。首先总学分要求存在巨大差别，其次开设课程的门数与课程类别不同。法学类法律硕士从课程名称上看更倾向于综合性实务，实体法与程序法融合；非法学法律硕士更侧重于基础理论的学习。二者在课程设置上的差距源于二者本科专业的不同。

二、法学专业核心课程设置存在的问题

（一）法学本科核心课程设置存在的问题

目前法学本科核心课程实践中，最突出的问题是学分不足，课时不够。根据《国标2021》的规定，法学专业培养方案总学分一般不超过160学分，学分压缩巨大，按照这个总学分限制，原来4学分的课程全部压缩到3学分或2学分完成。学分的压缩，就是学时的压缩，以前64学时的课程压缩后就只有48学时或者32学时，一门课减少了四分之一或者二分一的学习时长，剩余的时长已经不够教师细致地讲授专业知识，教师只能选择精讲部分或者粗讲全部，无论哪一种做法，损失的都是学生。

压缩学分的目的就是压缩学时，为什么压缩学时呢？两个理由：一是减负，将学生从课堂教学中解放出来；二是转型，将学生从识记类学习转型到自主创新型学习。减负是转型的基础，创新性学习需要的时间来自减负出来的时间。但是，这两个理由脱离了中国的国情而过于理想化。第一，中国的大学生需要减负吗？经受高考洗礼的学子，在高考前高中老师对他们说的是进了大学你们可以想玩就玩了。到了大学，学生就发现确实很多时段没课，即使是在大学二年级课程一般安排最多的时段，也少有一天6节课（每节课40～50分钟不等），很多都是4节课，甚至只有2节课的。到了大学三年级下学期、四年级，整个学年课程就相当少了，可能是一周6节课、4节课，甚至可以没课。总的来说，高校本科学生课时负担并没有多大，是不需要减少的。第二，减少的课时被用来进行创新性学习了吗？本科课程空余的时段，理论上是学生开展自学，预习、复习、扩展性学习、创新性学习，但实际是，少部分在学，大部分在玩，连课程考试都是考前突击。在学的大部分是在为了通过各种考试而学习，英语四六级考试、计算机等级考试、国家统一法律职业资格考试、研究生考试、公务员考试、普通话考试、驾校考试等，只有极少数学生在开展创新性研究。第三，本科阶段学生具备创新性学习的能力了吗？具备，但只有极少数同学有这一能力，大多数同学还处于法学学科的基础学习当中，能把基础学好就很不错了，目前法律实务界对学生专业知识学习情况的反馈是，

学生具有的专业知识还很不够。创新，是在掌握学科基础知识的基础上，发现问题，利用法律研究的范式，分析问题，解决问题，脱离了学科基础，研究范式的创新不是创新，仅是天马行空的乱想。本科教学的重点就是打基础，坚实的基础是未来创新性研究的地基，地基牢固，房子才高，才有发展的空间。所以，压缩学时根本不能实现促进创新性学习研究的目标，相反还产生了很多负面影响。其一，法学基础知识薄弱。教师没时间讲，学生没学过，考试基本通过，学生更不学习，基础只会越来越弱。其二，学生学习效率低。如果学生想学习，老师课上讲得越少，学生课下就需要花费越多的时间把没讲的部分补回来，甚至学生根本找不到方向怎么补，因为不知道缺什么，当然不知道补什么，怎么补了。上课时间是教师和学生近距离接触的时间，课程结束，学生与教师间的联系需要付出额外的精力，特别是大城市的高校，教师住址与学校间相距一两个小时车程，不可能学生一有问题，就能找到教师求教。无人引导的学习，效率自然比有人引导的学习的效率低。当然，目前有很多网络课程，学生可以通过网络课程开展远程学习，但是当前的网络课程受到现实生活节奏加快、受众学习心理时长等原因，很多都是将时长控制在每节课 20 分钟以内，授课一般也只能泛泛而谈，授课效果并没有预期的显著。更重要的仍然是，自发去学习的学生并没有预期的多。其三，学生学习的功利性过强。国家统一法律职业资格考试、研究生考试给学生带来巨大压力，学生备考的时间越来越长，甚至从大一入学就开始备考，这本是一个可取之事，有备考目标的学生总是努力学习。但是，目标过于明确化，导致学生在这两个考试的指挥棒下，只将学习的精力放在这两个考试要考的课程上，其他的课程则敷衍了事。即使是全国法律职业资格考试要考的课程，如果该课程占试题分值很少，学生也会策略性放弃该课程。此外，受这两类考试的影响，学生对备考课程的学习也具有很强的功利性，偏重考点的学习，忽视备考课程的理论性学习、法律思维的培养与锻炼。以上述两个考试引领法学本科四年的学习，导致的结果是理论课程在学习过程中的衰微、理论知识理解能力的不足及法律思维模式的缺乏、解决问题的能力欠缺。

（二）法学硕士核心课程设置存在的问题

法学硕士核心课程的设置并无一定之规，唯以实现其培养目标为要。目前各高校法学硕士核心课程的设置非常灵活，有足够师资的学校能够根据专业方向全面设置,也有高校师资不够充足的,则依据各高校的师资情况,有什么专业的教师以及教师有什么专业特长就开设什么课程,属于因人设课。此外,法学硕士核心课程仍以理论教学为准,对实务能力和创新能力的培养不足。

上述问题存在的根源在于法学硕士培养目标的不明确以及师资不足又无统一规定。法学硕士处于本科和博士之间的学历阶段,已经经过了本科的学习,理应具备了较好的专业知识,但实践中学生对专业基础知识的掌握参差不齐。未来是从事法律实务工作还是攻读博士继续深造,学生目标也是不一而足,这导致法学硕士的教育教学活动缺乏统一的基础。如果说法律硕士的培养目标在于培养专门型、应用型人才,那么法学硕士的培养目标应是研究型人才,为进一步的博士研究生的学习打下基础。但是法学硕士学生中继续攻读博士学位的人非常少,法学硕士毕业生们更倾向于就业,去法院、检察院、央企就业以及备考公务员的居多,需要的是提供法律服务的实践能力,而不是创新性能力。法学硕士的培养目标在多数学生身上并没有得以实现,这一问题对于其他专业的学术性硕士同样存在。复旦大学经济学院已经决定停招学术型硕士,扩招专业型硕士。

(三)法律硕士核心课程设置存在的问题

法律硕士因学生本科专业不同,分为法律(法学)和法律(非法学),在核心课程设置上存在不同,也存在不同的问题,以下分别论述。

法律(法学)核心课程设置的主要问题是“不切实际”,造成实践中的名不副实。这么说的原因是我国法学教师因为培养体系的现状普遍存在专业方向划分明确、教师知识结构专业化的特点,而法律(法学)核心课程的专业课程知识跨度极大,兼具实体法和程序法,如“民法及民事诉讼原理与实务”。我国高校法学教师的授课情况与所在法学院系的规模有关,规模大的法学院系,可以一人只担任一门课程的授课教师,规模小的法学院系,则是一人兼任多门课程的授课教师,但一般都是同一专业方向的课程的兼任。如民法总论的教师兼任物权法教师或侵权责任法教师、经济法教师兼任商法教师,基本不出现实体法教师兼任程序法教师的现象。理论界实体法与程序法间也存在巨大的屏障,尽管有法学研究者为研究某一问题会涉及另一领域的问题,但也只是个别现象,仅涉及个别问题。学术与教师的专业化,使“民法及民事诉讼原理与实务”课程的教学工作很难由一位授课教师完成,解决的方案还是分段授课,实体法教师教授实体法内容,程序法教师授课程序法内容，传授的课程仍是民法课程和民事诉讼法课程，导致了法学类法律硕士课程的名不副实。

法律（非法学）核心课程以教授法学基础知识为主，这是由于学生本科没有法学学习基础所决定的，法律（非法学）的学生需要在硕士研究生阶段把法学基础知识都学习一遍，任务可谓艰巨。但法学专业内容丰富，理论艰深，在研究生学制较短、课时也短的情况下，非法学法律硕士的学生并不能通过现有课程设置实现法律知识的掌握，这导致非法学法律硕士的培养效果并没有实现其培养复合型人才的目标。有些法学院校已经要求非法学法律硕士研究生跟随法学本科生课堂进行课程学习，就是为了解决没有法学专业基础的学生在攻读非法学法律硕士时面临的窘境。此外，非法学法律硕士的核心课程未能实现应用型人才的培养目标，学生的应用能力没有得到培养。

三、法学专业核心课程设置优化思路

（一）加强法学本科核心课程的建设

在法学本科核心课程基本完善的前提下，加强法学本科核心课程的建设主要在于加强学时，加强教学，从而实现培养目标。

首先，改变学生创新能力的培养需要减少课时的观念。学生从事创新实践确实需要时间，但更需要有坚实的学科理论基础，否则创新只是无根之木。坚实的理论基础来源于大量的学习，必然要求足够的课程学时。当然，不否认创新实践需要大量的时间，但这个时间应来自课余，学生减少的应该是娱乐的时间，而不是专业学习的时间。

其次，核心课程是法学专业的基础课程，应该更扎实的学习，这需要足够的课时。核心课程如民法、刑法、诉讼法等是从事任何法律职业不可回避的基础，这些课程的学习过程同样是法律思维、法律精神的培养过程，更是课程思政的重要领域，只有充足的课时才能够完成这些教学任务，匆匆忙忙地赶完课程，传授给学生的只能是简单的法律条文。

最后，提高教学水平，推动法学核心课程内涵式发展。卓越法律人才的养成需要法学核心课程设置的合理化，还需要这些课程的高质量完成，也即提升这些课程的内涵式发展。推动法学核心课程内涵式发展主要就是提升教师的教学水平，具体包括专业理论水平和教学方法运用水平。各高校应充分认识到即使专业课教师曾经对教授的专业课程拥有足够的理论知识，也需要不断的专业学习。专业课程理论是不断发展的，尤其是中国正处于社会、制度、技术的急速发展期，法学理论也不断发展演变，全国人民代表大会每年的立法和修法任务都非常多，新的法律和法律的修正通过也非常多，教师需要不断学习新的内容，才能胜任教学工作。教师可以凭借自觉而紧跟法律的发展，但高校也应组织教师参加专业理论培训或专业学术交流，并为此提供经费支持。理论水平的提高并不必然提升教学效果，还需要教师能将专业理论讲述出来，采用恰当的教学手段，以学生能够接受、乐于接受的方式传递课程内容。高校应采取各种方法提升教师教学方法的运用能力。深厚的理论知识加恰当的教学方法才是实现法学专业核心课程教学目标的核心。

（二）改进法学硕士核心课程的建设

改进法学硕士核心课程的设置需要明确法学硕士的培养目标，以培养目标引领核心课程设置。在专业硕士培养制度日渐发展壮大的情况下，法学硕士的招生培养工作在不断萎缩，这种萎缩或许并不是坏事，而是法学硕士凝练培养目标的机会。法学硕士应将培养目标精确化为培养法学研究者，将法学硕士阶段视为法学博士的准备阶段。法学卓越复合型人才和应用型人才的培养任务由法律硕士完成。

为实现这一目标，法学硕士的教学环节应以理论学习、创新性能力培养为主。在课程设置上应加强基础理论课程的设置和培养学生创新性研究能力的课程的设置。具体而言，应有四方面课程：一是方法论课程。方法是研究的规则也是研究的手段，法学有自身研究的方法论，培养法学研究者应首先使其掌握方法论。二是法哲学名著研读课程。哲学是科学的科学，法哲学是法学的科学，无论哪一个专业方向的法学硕士都应该开设法哲学课程，领悟法学的精神。三是创新性研究课程。法学硕士的培养目标是为法学博士提供后备力量，重在培养学生的创新性研究能力，而不是应用能力，在课程设置上，就应考虑开设培养学生创新思维、增加学生创新实践的机会，并指导学生积极开展创新活动。四是专业理论精讲课程。法学硕士是培养法学特定方向的法学研究者，不可能面面俱到，也无须面面俱到，但应当有深度，不能局限于法学本科的通说教学，更多的是对特定法学方向的原理学习，并对现有理论、立法和司法进行反思，开展批判性研究。

（三）落实法律硕士核心课程的建设

为实现法律硕士的培养目标，其核心课程应增加实践类课程，这似乎是共识，是一个自然的逻辑推导，需要应用型人才，实践能力欠缺，那就增加实践课程。但是，笔者认为，这只发现了表面的问题，找到了表面的原因，并提出了表面的解决路径。课堂教学不能满足社会对应用型人才的需要不是因为学生仅学习了理论而缺少实践，更因为学生只学习了粗浅的理论知识还没有深入地学习，也没有深入地理解理论为什么如此，更没有将众多的理论知识融会贯通，所以才会在面对各类具体社会关系时茫然无措。如果有足够的理论知识储备，即使在面对实践案例时不知所以，但也会很快适应，顺利作出法律分析。就如同在我们学习了数学的计算知识后，生活中需要计算技能时，只要数学计算技能过关，就能解决生活中的计算问题。所以，法学学生实践能力不能满足法律职业需求的原因不是或者不全是实践课程少，更主要的原因还是课时相对比较少，未能就法学理论知识进行充分深入的学习和理解。因此，法学类法律硕士核心课程应当增加法学基础课程设置，以此帮助学生牢固基础，强化法律思维能力，当然教学过程中侧重案例分析能力的培养，而不是纯粹的理论。

非法学法律硕士的核心课程则更应该侧重法学知识的学习，构建法学知识体系，既包括现有法律制度的学习也包括各法律制度的原理学习。为使学生能够更好地掌握上述知识，应增加学生的课程学时，全面地开展法学学习，而不是浮光掠影地学习。

四、结语

我国目前法学专业核心课程的设置具有一定的合理性，但也存在提升的空间。当然，核心课程的设置不应局限于课程名称本身，还应注重课程的教学实践。课程名称只是法学教育的起点，还需要高质量的教学过程才能实现最终的教学目标。

第四节　法学专业选修课程体系建设

法律制度调整社会生活的方方面面，经济生活的各行各业以及国家管理行为的各个领域，形成的法学学科体系十分庞大，导致法学专业的教育学习不可能面面俱到。因此，法学教育以民法、刑法、行政法及三大诉讼法为主线，为基础，为核心课程；以更加精深、专业的法律为支线，为特色，为选修课程。选修课程的设置旨在提升法学基础知识的学习、扩展法学专业领域的学习，二者协同，才能培养出专业基础知识扎实、职业技能熟练的新时代卓越法治人才。

一、法学专业选修课程建设现状

（一）法学专业选修课程的规范现状

教育部对法学专业选修课程的设置并无具体的规定，仅在学分数量上有要求：法学类本科专业培养方案总学分应控制在160学分左右。《国标2021》仅规定专业选修课程应当与专业必修课程形成逻辑上的拓展与延续关系，并形成课程模块（课程组）供学生选择性修读。各专业可以自主设置专业选修课程体系。鼓励开发跨学科、跨专业的新兴交叉课程与创新创业类课程。教育部对法学硕士、法律硕士专业选修课程的设置同样只有学分上的要求，并无具体内容的要求。

各高校自己确定的法学专业培养方案，也是列明开设的专业选修课程，对学生选修课程仅有学分的要求，并无具体的课程要求。法学本科学生需要选修10～15门的选修课程，大约是20～30学分。尽管各高校在培养方案中会将各选修课程形成模块，但并不要求学生按模块进行课程选修，只对学生做选修学分的要求。

（二）法学专业选修课程的实践现状

实践中，不同高校法学专业选修课程的设置存在很大区别。在师资力量雄厚、法学专业学生较多的高校，选修课程设置的种类就比较多，学生有充足的选择空间。在师资力量相对较弱、法学专业学生规模较小的高校，选修课程设置的种类就比较少，学生没有充足的选择空间，选修课程基本处于必选的状态。法学硕士和法律硕士的专业选修课程也是同样。

专业选修课程在具体选择上，多以师资为导向，未能形成市场导向。各高校在开设专业选修课程时，多数是有什么研究方向的教师，就开设哪一方面的选修课程。课程一般确定之后很少变化。尽管各高校的教学培养方案在不断变化，但选修课的变化不大，受到学分的限制，很多新兴的法学研究方向并不能体现为具体的选修课程。

专业选修课程在培养方案中组合为一系列的模块,但在具体选择时,并没有模块的限制,学生根据兴趣选择或者开设什么选修课就学习什么选修课,并没有在课程间形成组合。

二、法学专业选修课程设置存在的问题

(一)不足:未能完成专业化、复合型法律人才的培养目标

法学专业选修课程的设置未能实现专门领域法律人才的培养目标。选修课程本应是必修课程的延续,以必修课程为基础,深化必修课程的深度,扩展必修课程的范围,从而使培养出的法律人才能够适应社会对法律职业人才专业化专门化的需求。但是由于法学专业选修课程没有进一步对基础专业课程深化或扩展,学生毕业后主要掌握的还是基础法律知识,缺乏更专业的法律知识。

法学专业选修课程的灵活性,本有利于推动不同高校法学专业的特色化发展,以满足不同行业对复合型法律人才的需求。很多特色高校只开展了屈指可数的几门甚至一门特色选修课程,就强调特色发展,但实际仍然是法学核心基础知识的教学。

(二)原因:选修课程模块未专业化

法学专业选修课程未能完成培养目标的主要原因在于,选修课程的模块未能形成有效的专业知识面,主要原因有以下三点:

第一,课程有模块,但无体系。法学专业选修课程由学生任意选择,学生并不了解特定行业需要的具体选修课程有哪些,更多的是依据兴趣或者高校只开设了这些课程,因而只学习了这些课程,这些课程并没有和核心课程一起形成对特定法律职业需求的知识体系,学生掌握的法律知识也是单一碎片化的,很难应对社会的需求。

第二,选修课程数量少,无法适合特定专业。随着法学专业总课时的减少,专业选修课程规定的学分也随之减少,学生需要学习的选修课程门数也在减少,一般就在10~20门。该数字看起来门数不少,但分配到具体的法学专业学科领域,则很少,这样就无法在特定的领域进行深入、专业的学习。一般而言,一门核心课程与选修课程之间的比例不能低于1∶1,其实应该是一个更高的比例,如1∶2或1∶3。实践中只有个别核心课程能与选修课程共同形成专业知识面,大部分仍然

十分单一。

第三,课程变化少,无法应对新的专业需求。由于选修课程的学分少,能够开设的课程就少,一般确定之后多年不变;已经开设的课程很重要,无法删掉原有课程,也就无法增设新开课程。这导致法学专业选修课程虽然灵活,实则变动空间不大。但是,社会不断发展,新技术不断进步,新的法律发展方向也在不断形成,新兴行业对相应法律服务的需求也在不断增加。选修课程的稳定性与新兴行业的增长性之间的矛盾,进一步显示出法学专业选修课程的滞后性。

三、法学专业选修课程设置优化思路

法学专业选修课程的设置旨在培养掌握法律基础知识的更加专业化的法律职业人员,为实现这一目标,需要扩充选修课程的数量、健全选修课程的体系,促进新兴专业课程的增设。

(一)扩充选修课程的数量

提升选修课程的培养绩效首先就是要在数量上做增量,知识、技能不会自动进入人的头脑,为人所掌握,只有通过学习一条途径才能获得。法学专业目前需要的学分与其他人文社会科学专业需要的学分相比并不少,甚至更多,但是法学专业的内容确实太多,仅根据横向比较就要求降低学分,并非科学之举,反而只会降低人才培养的质量。增加总学分,增加选修课程的学分,选修课程才可能有足够的空间。

当然,选修课的学分不能无限提升,还是需要留给学生一定的时间空间,以便其开展自主学习和各类实践活动。但是可以扩充选修课程的相对数量,特别是特色高校。具体而言,就是集中开设特定专业方向的选修课程,将有限的选修课程围绕特定的专业领域,实现在该特定领域深耕细作,培养掌握特定领域专业知识和专门精细化法律知识的专业性法律人才。我国开设法学专业的高校数量庞大,但发展成有特色专业方向的并不多,导致各高校培养的法律人才同质化现象严重,都只具备法律专业基础知识,不能满足特定行业对法律人才的需求。扩充选修课程的相对数量,有利于推动法学专业培养方向的特色发展。

(二)健全选修课程的体系

健全选修课程的体系需要做到两点:第一,选修课程设置的体系化;第二,学生选择的选修课程的体系化。

选修课程设置的体系化，要求各高校在制订培养方案时以专业方向、特定职业法律服务的知识需求为依据，确立同一体系的选修课程有哪些，并将其确定为一个模块。每一个模块应能与核心课程中的“X”相呼应，保证基础扎实，专业优秀。学生有不同的兴趣爱好及学习特长，因此各高校应设置多个选修模块，使学生能有不同的选择。各模块开课时间应有平衡，同一模块的课程应根据内容不同分别均衡地开设在不同的学期，防止同一学期开设同一模块的课程数量过多，以致不能实现良好的学习效果。各高校应设置多个选修模块，防止专业培养的单一化，从而限制学生未来发展的可能性。

学生选择的选修课程的体系化，是将选修课程设置的体系化落实到学生学习知识的体系化。如果学生在不同的选修模块中任意地选择课程，则获取的知识仍然是零散的，有欠缺的，无法满足特定行业对法律服务的需求。实现学生选择的选修课程的体系化，可以从两方面入手。一是在培养方案的制订上，要求学生在选修课的选择上，除了学分的要求之外还规定同一模块的课程必须达到的最低学分，如 8 个学分，保证学生同一模块课程有 4 门课程及以上，以便形成专业知识体系。二是在学生选课时，做好指导。帮助学生理解特定专业领域需要的课程体系是什么，帮助学生在对应自身兴趣点的感性基础上，找到实现自身兴趣的理性路径；防止学生因为课程名称、教师评价等与课程知识体系无关的因素而选修课程，导致知识体系的零散化。

（三）促进新兴专业课程的增设

法学是对社会生活的规范，社会生活的变化总是走在法学学科发展的前面，但法学也必须紧跟社会生活的发展，不能落后太多，否则将掣肘社会发展。法学内容的发展必然产生新的法学学科方向，也就需要新的法学课程传授新的法学学科方向的知识，唯此，才能培养出适应社会发展、满足社会发展新需要的法律职业人才。

增设新兴专业课程存在两方面障碍。一方面是制度障碍。增设新兴专业课程不是增设课程这一门课的问题。新兴专业课程的增设需要修改已有的教学培养方案，在有限学分的空间内挤占已有课程的学分空间，甚至将某些课程挤出培养方案。解决制度障碍，应允许培养方案中选修课程的灵活变动，培养方案中就选修课程的规定应仅限定到模块数量、模块专业方向及模块选修的最低学分即可，允许通过单独课程的申请和审核，在不修改培养方案的前提下增设新兴专业选修课程。另一方面是人员障碍。增设新兴专业课程需要教授这一课程的任课教师。师资力量雄厚的法学院系有足够的教师增设更多的课程，所要采取的工作是鼓励教师新开课程，扩展授课领域。师资力量薄弱的高校，没有足够的师资储备，在法学专业教育层次日益多样化的时期，教师已有授课任务已然过多，增设新兴课程难以推进。解决这一问题，从本源上应增加师资，教育部应严格考核各高校师生比的要求，特别是禁止以非专业教师兼任专业教师以达到师生比的做法。只有合理的师生比，才能将教师从繁多的不同课程的授课任务中解脱出来，研究新兴的学科方向，具备增设新兴专业课程的授课能力。未能招纳新教师之前，可以通过本地高校教师互聘的方式实现增设新兴专业课程。加强人员流动有这样或那样的顾虑，但兼职可以充分发挥人才的利用率，取长补短。目前兼职难以形成的原因主要在于经济问题，课酬太少难以吸引兼职教师，课酬太多则可能经费不足或不符合内部财务制度。以某高校为例，聘请兼职教师的课酬与本校教师课酬的计算方法一致，32 学时的课酬不足 2000 元，还达不到教育机构给小学大班开课的课酬标准，自然难以聘请到外校师资。这一课酬标准显然忽略了本校教师从事教学工作除了课酬报酬外，基本工资才是其主要报酬，而外聘教师是没有基本工资的。建议对外聘请师资给予更加合理的课酬，吸纳更多的优秀师资，实现增设更多选修课程的目标，从而通过这种师资共享的方式，提高人才培养的质量。

四、结语

教育部将法学专业选修课程的设置权放给了各高校，由各高校灵活设置，学生自由选择。从理论上来说，这一做法是合理的，但由于我国高等教育的公立性质及稀缺性，教育部仍应对法学专业的选修课程进行一定管理，如模块数量、模块课程建议等。各高校在选修课程的设置上，也应以法律职业的市场需求为导向，通过选修课程的模块化、体系化，实现自身确立的对学生的培养目标。

第五节　法学专业实践课程体系建设

法律的生命不在于逻辑，而在于经验。习近平总书记 2017 年在中国政法大学考察时强调，“法学学科是实践性很强的学科，法学教育要处理好知识教学和实践教学的关系”。法学专业实践课程是法学专业课程体系的必要组成部分，是培养卓越法治人才的必要环节。但目前我国法学专业实践课程的教学效果在某种程度上陷入一种“形式繁荣、内涵贫瘠”的“瓶颈”①，为实现法学实践教学的目标，需要清醒地认识我国法学实践课程的开展效果，正视存在的问题，探索解决这些问题的方法。

一、法学专业实践课程建设现状

（一）培养方案中对实践课程的基本要求

根据《国标 2021》的规定，实践教学课程包括四部分：实践教学，实验、实训和专业实习，社会实践，毕业论文，实践教学累计学分不少于总学分的 15%。实践教学环节应强化实践教学，在理论教学课程中设置实践环节，改革教学方法，强化案例教学，增加理论教学中模拟训练和法律方法训练环节。在实验、实训和专业实习环节，应利用模拟法庭、法律诊所、专业实验室、实训基地和校外实习基地，独立设置实验、实训课程，组织专业实习，专业实习时长不得少于 10 周。社会实践课程，应组织学生开展各种形式的法治宣传教育活动，让学生了解社会生活，培养其社会责任感，增强其社会责任能力，社会实践时长不低于 4 周。毕业论文可采取学术论文、案例分析、毕业设计、调研报告等形式完成，应综合运用所学的理论和专业知识，遵守学术道德和学术规范。法学专业本科的实践教学的类型非常丰富，按开展的阶段可以分为理论教学环节的实践课程与专门的实践课程，按实践的性质可以分为专业实践与社会实践，按开展的场地可以分为校内实践与校外实践。

根据《法律硕士专业学位研究生指导性培养方案》（适用于法学专业毕业生）的规定，实践教学与训练包括五部分：法律写作，法律检索，模拟法庭、模拟仲裁、模拟调解等，法律谈判，专业实习，总学分不低于 15 分。其中专业实习不少于 6 个月，可在律师事务所、企事业单位法务部门或者司法机关、政府法制部门等分阶段进行。学位论文从实践课程中分立出来，独自成为课程体系的一部分。法律（非法学）硕士的培养方案在实践课程的设置上与法律（法学）硕士的设置一致。

---

① 参见柴瑞娟、吴丽娜：《法学实践教学：多年困境与解决途径》，载《未来与发展》2021 年第 1 期。

与法学本科的实践课程相比,法律硕士的实践课程更专业化,更注重法律职业需求,延长了专业实习的时长,排除了社会实践,学位论文则独立于实践课程体系之外。但二者都非常重视实践课程。

(二)法学实践课程的开展形式

目前各高校法学实践课程主要体现为校外实习基地实习、法院旁听庭审、校内模拟法庭、法律诊所、专业实验仿真等。

校外实习基地实习主要是院校与法院、检察院等司法机关合作,建立实习基地,派学生到实习基地在相关工作人员指导下开展专业实习,本科生集体实习一般时长为10周,研究生时长比较灵活,没有固定的要求。实践中,本科专业实习主要安排在大四下学期,正值毕业找工作面试、研究生招生复试、公务员备考等关键时期,有些大四学生选择名为自主实习实为在家不实习的形式度过专业实习期。法律硕士实习时间充裕,可以与就业、升学、备考等事项分开,相比本科生开展得要好。

法院旁听庭审是早期实践课程的必要形式之一,但近年来,庭审网络直播的常态化,导致去法院现场旁听庭审进行见习活动就没有特别的意义了,逐渐被各高校放弃,但仍有高校坚持这一专业实践形式。法院旁听庭审的专业实践形式对学生了解庭审有一定的意义,但更多的是心理上的意义,去过法院了,看过开庭了,对学生实践能力的提升并无实质性帮助,学生不可能通过一次庭审的旁听而对诉讼法或特定实体法有更深的认识和理解。

校内模拟法庭基本已经成为开设法学专业高校的标准配置,各高校纷纷建设模拟法庭硬件,再开设模拟法庭实践课程,以此实现不去法院就能在校内模拟开庭。模拟法庭实践课程中学生作为主要的参与者,扮演法官、公诉人、法警、律师、当事人、证人等诉讼活动参加人,按照诉讼法的规定,模拟特定案件庭审的流程。

法律诊所也即诊所式的法律教育,它起源于20世纪70年代初期的美国,是仿效医学院学生临床实习的做法,在医生带领下为真实的病人提供医事服务。法律诊所是在教师指导之下,将法学专业学生置于“法律诊所”中,为处于生活困境而又迫切需要法律援助的人提供法律咨询,“诊断”其法律问题,开出“处方”,以此促进学生对法律理论的深入理解。其优点在于培养法学学生的职业技能和职业道德意识,特别是律师职业技能,以实现法学理论与法律实践的统一。法律诊所在我国起步较晚,2000 年,北京大学、中国人民大学等 7 所高校的法学院率先引进该课程,并将课程定名为“法律诊所”。由于该课程与实践紧密结合,培养了学生的实践能力,受到了学生的欢迎。但是一般高校法律诊所能够参与的具体案件较少,学生通过法律诊所接触法律实务工作的时间有限、人数有限。

专业实验仿真是随着计算机技术、网络技术的发展兴起的新的实践教学形式,主要是利用计算机技术模拟法律服务的特定场景,给予学生仿真训练的机会。其特点是:虚拟场景的多样化,现实场景的简单化。现实中,高校只需要购买电脑,搭建专业实践虚拟平台,建立专业实验室,就可以组织学生在校内进行专业实践训练。

尽管《国标 2021》规定教学中的实践教学和毕业论文都属于实践课程,但从一般意义上而言,上述两项并不属于实践课程,理论教学过程中的案例讲解仍被认为是理论教学的一部分,毕业论文的完成主要是锻炼学生从事法学研究、发现问题、分析问题和解决问题的能力,论文的完成过程主要是培养学生的理论研究能力、问题分析能力,但对实践能力的提升作用十分有限,法律硕士培养方案就将学位论文从实践课程中分离出来,成为独立的课程环节。

二、法学专业实践课程设置存在的问题

(一)问题:形式繁荣、内涵贫瘠

目前法学专业实践课程类别多样,课程名称层出不穷,课程时长也呈增加之势,形式上欣欣向荣,一片繁华,但课程效果堪忧,只因名不副实,内涵贫瘠。

第一,实践课程并未实质化进行。校外实习基地专业实习本应由实习基地指导教师和学校教师共同负责,指导学生在实习基地开展实践活动,锻炼实践能力。但是,由于校外实习基地对学生的接受数量有限,高校允许学生甚至倡导学生在家庭周边就近自己联系单位,进行自主实习。学生因为各种就业、升学、备考压力,并未开展真正的实践活动。即使参加校外实习基地实习的学生,其实践能力的提升也十分有限。实习基地的日常工作多体现为各种非专业性实践的杂务活动,常见的专业性实践活动也就是担任书记员、整理案卷等,学生并没有感受到实践能力在实践活动的参与过程中获得提升,导致其参与的积极性逐渐降低。学生没能参与实质性专业实践活动中,主要的原因在于实践时间过短,专业实践活动的真实参与需要一个从了解、熟悉到参与的过程,现有本科专业实习时长无法满

足这一要求，导致学生泛泛了解实习基地的基本情况，就要离开实习基地，自然无法开展实质性专业实践活动。此外，校外实习基地指导教师指导学生实践普遍存在动力不足、指导经验欠缺、指导行为较少等问题，加之学生实习时间不长，指导教师普遍感觉花了时间、精力指导学生后，学生就离开了，并不能帮助其开展具体工作，其指导活动并没有获得回报，因此对指导工作丧失积极性。也有指导教师并不知道该如何指导学生开展实践活动，导致实践中没有形成有效指导。

第二，校内组织的各类实践课程同样形式化严重，缺乏实效性。校内组织的实践课程时长一般都不长，大约两周左右。保留庭审见习实践课程的高校，往往安排学生去一次法院，开展庭审旁听活动一次，然后在学校由任课教师讲讲庭审流程，最后学生写一份见习报告，课程就完成了。模拟法庭课程，通常是由教师或学生事先选择现实案例，然后学生分角色写台词，进行一次模拟开庭，最后提交课程报告，课程完成。模拟法庭正转变为一种模拟庭审的表演，学生甚至会从娱乐的角度写台词，设计案情、证据，虽然充满欢声笑语，但是并不能使学生感受到司法的力量、锻炼出运用司法维护公正的能力。法律诊所，虽然是对具体真实案件的实践，但是不适宜以课程的形式开展，课程需要固定的时间，学生的全体参与，但一个真实案例的持续时长不定，短短两周显然不够，更不能确定课程时间段内有案例正在进行，更重要的是，法律诊所能容纳开展实践教学的学生数量十分有限，往往 10～20 人已是极限，相对于很多高校每届几百人的招生数量实在是杯水车薪。校内虚拟实践平台，可以说是目前校内实践课程最理想的一种方式。虚拟实践平台利用计算机技术在平台内虚拟不同法律职业中各个具体的环节，让学生参与不同职业的执业活动中，实际体会具体场景下应如何运用专业知识，解决具体问题。虚拟实践平台的学生参与度很高，电脑配置基本能满足数量要求。运行的“瓶颈”更多的在于虚拟场景的单一化、固定化以及智能化程度不高，专业化程度有待加强，导致虚拟实践平台只能困于特定职业的实务性流程训练中，运用专业知识解决具体问题的实践能力没有得到有效锻炼。

总而言之，实践课程以各种形式、各类名称占据着不同的学期，但在锻炼学生实践能力的实效上还有待提升。

（二）原因：理论与实践的分离

实践课程“形式繁荣、内涵贫瘠”的原因还在于没有找到真正锻炼学生实践能力的具体做法,因而进行了多样化的尝试,但这些尝试表面上总有这样或者那样的问题,本质上还是法学教育过程中理论与实践的分离现状,如果不能解决这一问题,实践能力的培养将始终止步不前。法学教育理论与实践的分离主要体现为以下四个方面:

第一,法学知识体系的分离。尽管法学是一门实践性科学已然成为大众的共识,但是法学学科的构成上仍然分为两大部分:一部分是理论知识;另一部分是实践知识,二者在研究的重点问题上、研究的思维方式上、研究手段上、研究成果的评价标准上都存在巨大的差异。尽管学术界与实践界也开展了一系列的交流活动,二者也存在一定人员的流动以及一定人员的二重身份兼顾,既是学术界研究者又是实务界法官、律师、法律顾问等。但不可否认,对绝大多数法律职业群体,尽管同属法律职业共同体,理论界与实务界之间还是存在壁垒的。这种壁垒反映到法学教育上就是掌握理论知识的教师肩负着培养具有实践能力的学生的任务,力有不逮自是必然。

第二,机构的分离。从事法学教育的高等院校与从事法律职业的各具体机构之间存在分离,高等院校如果要安排法学专业的学生去参加专业实践活动,需要与单独的法院、检察院等司法机关建立联系,委托实践机构完成校外实践课程。但是随着法学专业学生的增加,各司法机关自身工作任务的繁重以及高等院校与司法机关间缺少特定程度的联系,导致很多开设法学专业的高校未能与司法机关建立联系,无法建立校外实习基地,学生就无法进入法律适用最集中的司法机关进行实践能力的锻炼。即使有高校建立了校外实习基地,派出学生进行专业实践,司法机关的指导教师也因为高校与司法机构的分离,很难开展深入的指导教学,指导教师很难细致地指导学生如何应对具体案件。

第三,实践教师的分离。机构分离的同时,产生的就是实践教师的分离。在校外实践中,尽管有校外实习基地的工作人员和校内任课教师对学生实践课程的开展进行共同指导,但实践中,校内教师因不属于司法机关人员、不熟悉实习基地的内部情况,很难对学生进行具体指导,通常只能做一些简单的管理工作,关注一下实习学生是否每日到岗。实习基地的指导教师也因为不熟悉学生,不归口管理学生,对学生实习实效的关注不高,因而也处于一种宽松的管理状态。校外实习基地的多人负责、多人无责的状态,最终导致实践课程的效果大打折扣。

第四,短期目标与长期目标的分离。法学专业的学生自然也希望通过专业实习提升自己的专业实践能力，但当这一长期目标与短期的迫在眉睫的研究生复试、找工作面试、备考公务员等发生冲突时，学生也只能选择先做后者而遗憾地放弃前者，安排在大四第二学期的专业实习就被不断挤占，最后随大流一般，有些没有短期安排的学生，也选择在家进行虚假实习了，专业实习彻底形式化。

三、法学专业实践课程实质实施建议

法学专业理论与实践的分离埋下了法学教育中欠缺实践能力培养的根源，以学术之师培养实践之生，必然存在重重困难，但也不是无法克服。尽管法学教育普遍存在此类问题，但法律实践人才仍是英雄辈出。落实法学专业实践课程，培养出更多的高水平应用型人才，可以从长计议，弥合理论与实践的分离，也可以先探讨为今之计，强化校内案例教学与推进虚拟实践平台建设。

（一）从长计议：弥合理论与实践的分离

法学的实践性决定了法学不能仅限于理论的发展，只追求理论的自洽与完满，同样，法学也不能停滞于实践，需要理论指导实践，缺少理论的实践是无序的草莽式发展，没有结合实践的理论只是空洞的虚无。法学理论与实践必须紧密地结合在一起，在学术上、司法实践上、机构合作中都应有所体现。

在学术上，研究问题要有实践导向。这里的实践是中国的实践，立足中国法治，关注并解决中国法治难题。在本国司法实践中发现问题，结合中国实际情况，利用中国的法学理论，提出符合中国国情的解决方案和推进理论创新。切忌以外国的法学理论评价中国的法律现状，指责中国没能遵守外国法律理论，并提出照搬外国理论及法律制度。

在司法实践中，面对具体案件，有法律应依法适用，没有法律要依据法理形成判决。但无论有无立法，都应在形成裁判时，进行理论思考，即裁判的结果是否符合法理，以法理检视法律适用的理性。司法实践也应积极思考理论问题，以实践经验滋养理论精神。

在机构合作中，加强理论界与实践界的交流和人员流动。具体而言，就是学术界研究的主题要具有实践性，并邀请实务界的人员参加，实务界的研讨活动也邀请学术界的人员参加，以学术的理性解决实务的具体问题。二者相互多沟通，多进行思维上的相互理解与学习，最后共同进步。学术界与实务界的人员流动也应当加强，目前高校教师绝大多数都是高校应届毕业生毕业之后进入高校从事法学教育工作，自身缺乏实践经验，也不了解实践情况，在教学中自然无法培养学生的实践能力，只能从理论到理论。实务界人员也很少流动到学术界进行教学活动。二者虽本是同根生于法学专业但在后来的职业发展中走向了不同的领域。实现理论与实践的融合需要强化机构合作，并构建具体的制度作为保障。第一，法学教师实践能力的培养。高校在招聘法学教师后，可以通过教育部或教育厅联系司法机关，安排新聘法学教师到法院和检察院进行为期一年的挂职培训，同期聘任高校对其进行教学能力培养。通过这一年的实践能力和教学能力的培养，新聘法学教师完成从学生到教师的身份转变，完成理论与实践的互补。第二，司法实践人员学术素养的提升。司法实践人员在工作一段时间后，应到高校进行访学活动并参与相关教学活动。在访学及教学活动中，司法实践人员开展理论的思考，提升理论素养。第三，法学学生定期开展集中专业实践。仿照医学专业的专业实习，司法机关主要是法院和检察院建立专门的教育实践对接部门，确定每次能接受的实习学生数量及不同学校法学专业学生进入实践的时间。高校在课程设置上，可以将大四的专业实习提前到大一或者大二，利用学期末和暑假的时间，适当延长专业实践的时间，以不少于三个月为宜，防止学生专业实践与升学备考发生冲突，也防止短期实习的走马观花。

（二）为今之计：强化校内案例教学与推进虚拟实践平台建设

理论与实践的融合并非一朝一夕之功，但学生实践能力的培养则只争朝夕。在现有教学条件下，学生实践能力的培养可以从强化校内案例教学与推进虚拟实践平台建设两方面着手。

强化校内案例教学是提升学生实践能力的可行之策并且是最好的办法。在探索提升学生实践能力的实践课程改革中，有一个基本的认知误区，即认为只有通过实践课程才能提高实践能力，只有到实践岗位实习才能提高实践能力。不可否认，这确实是一个很好的方法，但需要的条件难以实现。更好的解决办法是发挥高校的优势，改革教学方法。在教学中善于运用，创新运用案例教学法，在多样化的案例中传授分析案例的法学思维方法，传授探寻裁判案件的范式。对案例的教授不是教学生案例的裁判结果，而是教授分析案例的方法，当学生熟练地掌握方法后，从事法律职业时就能利用该分析方法解决特定问题，无论具体案件与课堂讲授的案例有如何大的不同,但分析和解决案例方法是一致的。目前已有高校在积极推进鉴定式案例分析法,研究鉴定式案例分析法在法学教育中的适用与推广,这将有利于提升学生实践能力的培养。

推进虚拟实践平台建设是案例教学的补充。虚拟实践平台的劣势在于虚拟场景的单一化和模式化,但如果仅将虚拟实践平台学习的目标限定于熟悉法律职业的基本程序流程,就会发现虚拟实践平台能很好地胜任。例如,虚拟法院审判流程,虚拟实践平台就可以完全按照法院的立法、调解、审前准备及庭审流程搭建模拟法院,设置法院不同职位,学生选择职位进入模拟平台,在模拟法院里经历不同职业的工作流程,锻炼其实践能力。目前的虚拟实践平台的“瓶颈”有两个:一是资金有限,开发商资金有限以至于开发的虚拟实践平台场景有限,各高校经费有限,导致无力支付购买虚拟实践平台的费用。二是虚拟实践平台模拟场景的真实度有待提高。平台开发商要对需要模拟的法律职业岗位工作流程十分清楚、熟悉才能利用计算机技术将法律职业实践场景数字化,但是技术人员对法律职业了解有限,导致有些平台的模拟场景不够真实。突破虚拟实践平台发展“瓶颈”的办法可以是由教育部协同司法部联合招标,搭建法律职业虚拟实践平台,选择有实力的软件公司,配合其了解法律职业岗位工作流程,在其完成平台构建后,仅向各高校每年收取使用费以获取该虚拟实践平台的使用权,便利学生开展虚拟实践。这么做的好处是软件公司能很好地了解用户需求,而各使用高校支付的费用也较少,属于可以支付的范围。

四、结语

培养卓越的法治人才,使其成为高水平的应用型法治人才,需要改革法律实践课程的设置,目前的重点应在于强化各专业课程的案例教学,推进虚拟实践平台的丰富化和普及化。未来则应打破法学理论界与实践界的藩篱,实现二者的人员流动,使兼具理论研究能力与实践能力的教师来培养学生,培养出的学生也将同时具备理论与实践能力。

第三章　新时代德法兼修卓越法治人才培养的模式考察

自习近平总书记提出"德法兼修"高素质法律人才培养以来，包括中国政法大学、华东政法大学、西南政法大学、中南财经政法大学、西北政法大学等国内知名政法类院校以及综合类、理工类等其他开设法学专业的一些高校探索建立德法兼修卓越法治人才培养模式。比如，中国政法大学建立了"四型四跨"的人才培养模式，即以培养复合型、应用型、创新型、国际型的法治人才为目标，建立"跨学科专业、跨理论实践、跨学院学校、跨国家地区"的法治人才培养机制。总体来看，新时代德法兼修卓越法治人才培养模式具有多元导向，重点在于强化德育、强化专业、强化实践，以此建立具有各校特色的法治人才培养模式。本章采取个案分析的研究方法，以政法类高校的传统"五院"作为样本，对德法兼修卓越法治人才培养的一般模式进行考察，然后选取综合类高校、理工类高校作为样本，对这些高校的特色化法治人才培养体系、机制和模式进行分析，为适应新时代全面依法治国、全球治理以及高新技术发展提供法治人才培养的参考经验。

第一节　政法类院校德法兼修卓越法治人才培养模式

党的十八大以来，创新法学教育模式、探索法治人才培养新路径，成为政法院校开展教育、教学实践的"第一指针"。[①] 传统政法院校具有深厚的法学根基，适于培养基础扎实、专业全面的法治人才；特色行业性院校，特别是理工科院校法学

---

① 参见叶青：《以立德树人为本　以德法兼修为要——政法院校高素质法治人才培养的思考与实践》，载《法学教育研究》2017 年第 4 期。

资源储备不多，底蕴不足，但在具体行业领域具有深厚基础，适于培养复合型或专门化的法治人才。不同院校的具体情况不同，所采取的德法兼修卓越法治人才培养改革方案亦有不同。近年来，包括中国政法大学、华东政法大学、西南政法大学、中南财经政法大学、西北政法大学等在内，国内政法院校推进法学教育教学改革，探索建立了德法兼修卓越法治人才培养模式，具有一定的示范性。这些改革实践纵横交错，本节以这五所政法院校为例，从德育建设、专业理论、专业实践等层面进行简要论析。

一、德育建设：从思政课程到课程思政

“立德树人、德法兼修”是我国卓越法治人才培养的根本目标。为实现这一目标，各政法院校高度重视人才培养中的思想政治教育，均采取了一系列举措。

（一）中国政法大学

中国政法大学反思以往大学教育“重知识传授、轻道德培养”的不足，形成了“五位一体”的思想政治教育的理念，并开展了相应的制度建设与课程建设，具体包括树立“五位一体”理念、德与法“双轨并进”理念。“五位一体”理念即坚持“健全人格教育”，培养品德优良、学识丰富、能力卓越、智慧不凡、身心健康的法治人才。① 德与法“双轨并进”理念则强调品德教育与法学教育应同时进行，在教学过程中不仅应重视育能，更应重视育德，使“德法兼修”成为法治人才培养的共识。具体制度建设包括：发挥思政课程与课程思政协作育人的功能，积极将中国特色社会主义法治理论的新发展、新实践写入教材，引进课堂；创设公益法律教育工作体系，建立法律援助兼职教师队伍和课程体系，设立公益学分和学时，培育法科学生关注社会、服务社会的公益服务精神，让学生在扶弱济困中增强国情意识和社会责任感。②

（二）华东政法大学

华东政法大学在思政课程的基础上，重视课程思政的发展，着力构建一套全

---

① 参见柴葳：《中国政法大学：“跨”出复合型人才培养路》，载《中国教育报》2018 年 6 月 13 日。

② 参见卢春龙：《“四型人才”导向的“四跨”——中国政法大学法治人才培养新模式》，载《政法论坛》2019 年第 2 期。

方位、多层次，由校党委统一领导、多部门牵头协调、学院全面联动、全体师生积极参与的思政教育改革体系。[①] 在制度上，以《教师课堂教学管理办法》《教学事故认定及处理办法》《教材编写与修订管理办法》等引导教师肩负起培养学生成长为德法兼修卓越法治人才的重任。在改革体系上，从教材入手，把好教材的政治关，优先选择"马工程"教材。为讲好"马工程"教材，推荐优秀中青年骨干教师参加教育部"马工程"重点教材任课教师培训班，将教材转化为教学。在课程建设上，协同建设思政课程与课程思政。在思政课程上，以"毛泽东思想和中国特色社会主义理论体系概论""中国近现代史纲要""思想道德修养和法律基础""马克思主义基本原理概论"等课程为建设重点；在课程思政上，以法学、政治学、新闻学等学科的主干课程为龙头，以优质综合素养课程为抓手，深入挖掘思想政治教育资源，构建思政课程的显性教育和课程思政的隐形教育相结合的全方位教育的课程体系。在具体课程课堂之外，华东政法大学还建设了多种思政课程形式以补充课程课堂的短期性不足，如"法治中国"品牌课程、网上课程、网络专栏等。"法治中国"品牌课程以讲座的形式邀请优秀的法学家和实务工作者开展法治中国最前沿的理论发展与改革实践，鼓舞学生为法治中国的建设贡献自己的力量。网上课程是将专业与思政融合的精品课程开放，供学生选学，鼓励学生与教师进行线上讨论。网络专栏是指在"华政教务"微信公众号开辟"课程思政"专栏，共享课程资源，分享经典阅读，定期发布专题讲座信息，进行价值引导，开展师生互动。这些多样化的形式，将思政的内容融入学生培养的全过程，以此构建全方位、多层次的思政格局。

（三）西南政法大学

西南政法大学为培养新时代德法兼修的高素质法治人才，采取了改革思想政治理论课教学方式、增设"法律职业伦理"课程、建设开展"课程思政"的"特色示范课堂"等方法。

思想政治理论课是学生思想政治教育的第一阵地，是立德树人教育的最直接的路径。西南政法大学抓紧抓实这一类课程，提升学生思想政治素养，在了解思

① 参见叶青：《以立德树人为本　以德法兼修为要——政法院校高素质法治人才培养的思考与实践》，载《法学教育研究》2017 年第 4 期。

想政治理论课教学情况的基础上，采取了一系列改革措施，以提高育人效果。第一，整合各方优秀人员参与授课。将学校党政领导、学院院长书记、马克思主义学院专任教师、学生辅导员纳入任课教师队伍，吸引、鼓励校内相关专业学术带头人和专业课教学骨干，专职或兼职承担形势政策课教学任务；从社会各界聘请党政领导、企事业单位负责人、行业专家和先进模范、社科理论界专家进行部分专题讲座。第二，法学专业专门开设了“中国特色社会主义法治理论”专业必修课。第三，开设大学生讲习所。讲习所围绕“学习、宣讲、践习”三大工作任务，要求学生先习后讲、以讲促习、讲习结合、边讲边习。讲习所在全校迅速掀起学习宣传贯彻十九大精神的热潮，培养和造就一批青年马克思主义者和马克思主义传播人才。[①] 第四，研习经典。开设“中华传统文化经典选读”课程(1 个学分)、“马克思主义法学经典著作选读”课程(1 个学分)，指导学生反复阅读原文，从原文中理解真意，掌握原理，获得传统经典著作中所蕴含的思想政治教育元素。成立“辅仁读书会”，以“传习经典，修养身心；以文会友，以友辅仁”为宗旨，把经典研读和提高自身人文修养结合起来。

“法律职业伦理”课程是法律职业对法治人才思想道德品质的特殊要求。西南政法大学在法学专业核心课程中增设“法律职业伦理”课程，实现法律职业伦理教育贯穿法治人才培养全过程，帮助学生在踏入职业生涯之前扣好人生第一颗扣子。

为了在专业教育中强化立德树人的思想政治教育，西南政法大学自 2017 年年底立项建设 25 门“特色示范课堂”，其中法学专业特色示范课堂共 10 门。在“特色示范课堂”融入“课程思政”的内容，将立德树人的教育任务贯穿到专业教育教学的全过程，将中国特色社会主义思想融入课程的教学内容里，延伸思想政治理论教学的时间与空间，实现价值塑造、知识传授和能力培养的有机统一。

(四)中南财经政法大学

中南财经政法大学自 2017 年习近平总书记提出“德法兼修”高素质法律人才培养以来，形成了“德法兼修”的“中南共识”。在德育方面主要从以下三个方面

---

① 参见张建文、章晓明:《立德树人　课程育人　培养具有政法特色的高素质法治人才——西南政法大学关于新时代中国特色法学教育路径的探索》，载《法学教育研究》2019 年第 2 期。

展开：一是加强法治理论等基础理论研究，特别是以中国特色社会主义法治理论作为指导，对法治以及相关领域问题展开深入研究，以此走出西方法治话语，立足中国法治实际，建立反映中国特色社会主义和世界法治文明成果的理论，以此指引和促进教学，为培养德法兼修卓越法治人才奠定理论基础。二是使用"马工程"重点教材，增强教学内容的思想政治性。法学教材体系建设是中南财经政法大学坚持"德法兼修"的重要举措，组织教师编写、选用"马工程"重点教材，对于教师按照"先培训、后上课"的要求，选派教师参加任课教师示范培训班等，提升教师的授课能力。此外，以"法律职业伦理"课程作为"德法兼修"的重要课程，针对该课程教材存在的不足和短板进行修订完善，建设德育功能鲜明的教材。三是加强师德师风建设。一方面，组织教师参加各类培训，提升德育水平，特别是"对讲授偏西方的法学思想、法学理论、法学部门的任课教师加强了交流与座谈，引导他们同时关注西方法治思想、理论与体系的问题与局限，走出对西方法治思想、理论与体系的迷信与过度推崇，努力做到公正、客观、全面、历史地去看待中国法治建设中的问题与不足，尽可能多用建设性的正能量去引导和鼓舞、激励学生"①，确保课堂教学以马克思主义法学理论以及中国特色社会主义法治理论为指导，强化政治观、价值观和法治观的教育；另一方面，为增进教师对中国法治实践的了解，选派教师到法院、检察院挂职锻炼，在提升业务水平的同时，理解中国法治的人民性等，以此反哺教学，以教师"德法兼修"促进人才培养的"德法兼修"。

（五）西北政法大学

西北政法大学作为西北地区法学教育和法学研究的重要基地，扎根西部，确立了"法治信仰、中国立场、国际视野、平民情怀"的育人理念，以传承红色基因为特色，构建德法兼修大思政育人体系。一是以"两课"教学为主阵地，高规格、高质量建设马克思主义学院，建立习近平新时代中国特色社会主义思想"三进""四好"思政课创优等工程，提升思政课教学质量，以优质的思政课程教育筑牢法治人才培养的德育之魂。二是传承红色基因，以学校艺术教育中心等作为主体，举办系列高雅文艺活动，发挥以文化人、以文育人功能。比如，举办"黄河大合唱"高雅

① 刘仁山：《培养德法兼修高素质法治人才的中南共识与建议》，载《中国法学教育研究》2017 年第 4 期。

音乐会等,共谱“法律”与“音律”和谐乐章;编印《光辉的历程:从陕北公学到西北政法大学》《图说西北政法大学校史》等图文资料,拍摄《从延安走来——向远方迈进》校庆宣传专题片,组织排演《庄严的审判》话剧等独具特色的红色文化艺术作品,促进红色文化校园建设,让学生在浓郁的红色氛围中受到熏陶和感染,立志传承红色基因、发扬红色文化,增强对中国特色社会主义的认同和自信。三是以“习近平法治思想概论”“法律职业伦理”“法理学”等法学专业课程为载体,系统讲解习近平法治思想、中国特色社会主义法治理论,培养学生法律职业伦理。同时,开展“德法兼修、理实并重”的“第二课堂”育人体系,在国家宪法日、模拟法庭竞赛等实践中弘扬良法善治、奉法强国的法治理念,传播社会主义法治文化,增强践行法治的自觉性。

二、专业理论:课程改革深化理论素养

法学专业应培养具有扎实的专业理论基础和熟练的职业技能、合理的知识结构、高效高质量法律服务能力与创新创业能力的复合型、应用型、创新型法治人才。我国政法院校为此进行了课程改革以深化学生理论素养。

(一)中国政法大学

中国政法大学创新人才培养理念,形成了“四个协同、五位一体、六个结合”的人才培养理念。“四个协同”即专业与学科协同、理论与实践协同、学院与学校协同、国内与国际协同。“五位一体”即人才应品德优良、学识丰富、能力卓越、智慧不凡、身心健康。“六个结合”即在德才兼修、教研互动、通专并举、虚实结合、内外协同、教学相长等六方面相互结合,克服法治人才培养难题。

在人才培养模式上,创新性地建立了“四跨”人才培养模式。一是“跨学科专业”。法学学科的意义不在于自身理论的完满,而在于解决不同领域权利义务的配置与实现问题,法律制度在制定和运用时都需要了解其应用领域的专业知识及专业特殊性。但法学教育在课程设置上仍以专业知识为主,为克服法学学生精于法学专业知识、疏于法学应用领域相关知识的现状,中国政法大学独创全国唯一的五年基准学制的“双专业双学位”制度。学生自主选修第二专业,获得记载两个专业学习经历的一张毕业证书以及相应的学士学位证书,打通专业间壁垒,形成

"法学+X"的双专业选择,实现法学与其他学科的深度融合。[①] 该制度培养出一大批复合型高素质法治人才,满足了社会各行业专业化快速发展对跨专业复合型人才的需求。中国政法大学还实施了主辅修制、通识教育改革等制度,扩展法学学生在专业知识之外的其他行业专业知识的储备,扩宽了法学学生的知识结构。二是"跨理论实践"。法学教育一直存在重理论轻实践的现象,培养的学生普遍存在实践能力不足的问题。提升学生实践能力不能完全依赖于校外的专业实践活动,必须在校园内以多种方式不断锻炼学生的实践能力。中国政法大学首创了"同步实践教学"模式、"司法实务全流程仿真"同步实践教学项目、创新创业教育等锻炼学生的实践能力,同时以实践提升理论学习的动力,发现理论学习的盲点,扩展理论学习的深度与广度。三是"跨学院学校"。中国政法大学首先是在校内推进不同院系之间的交叉融合,设置跨学科专业教研室,开设学科交叉融合课程,建立跨学院选修课机制,实现校内各专业的协同发展,为学生扩展知识结构提供便利条件。其次是建立校际合作,充分利用其他学校的优质教学资源。校际合作的方式主要有:(1)本科生交换培养制度,学校先后与浙江大学、厦门大学、山东大学、武汉大学等10所国内著名高校建立本科生交换、联合培养机制,使学生感受不同名校的教育教学文化。(2)借助虚拟教学平台,打破校际壁垒,发挥多校教育优势。具体包括:借助学校虚拟第三学期课程平台,引进校外优质课程18门;借助国际小学期,与境内外知名学者共建国际课程300余门;借助成思危现代金融菁英班建设,与中国科学院大学共建课程26门。[②] 四是"跨国家地区"。中国政法大学利用自身优势,积极践行"请进来,走出去",吸纳中国优秀教育资源,扩展学生国际化视野,培养国际化法治人才。在"请进来"方面,开设国际小学期,实施三学期制改革。2013年至2016年,国际小学期先后创办了35期校内暑期学校、130余门国际课程、50余次暑期国际游学项目、7个暑期国际实习实践项目,共有5000余名师生参与国际课程的研究和学习。[③] 在"走出去"方面,中国政法大学一方面积极推进本科生国际交流交换培养工作,开拓国际合作院校、制定学分互认制度、

① 参见卢春龙:《"四型人才"导向的"四跨"——中国政法大学法治人才培养新模式》,载《政法论坛》2019年第2期。

② 参见卢春龙:《"四型人才"导向的"四跨"——中国政法大学法治人才培养新模式》,载《政法论坛》2019年第2期。

③ 参见卢春龙:《"四型人才"导向的"四跨"——中国政法大学法治人才培养新模式》,载《政法论坛》2019年第2期。

设立本科生国际交流基金,形成国际型人才培养资助体系。另一方面中国政法大学与国际组织合作,设立海外实习基地。学校每年选派学生到联合国总部、世界贸易组织、联合国教科文组织以及国际刑事法院等国际组织实习,助力高素质国际型法治人才的培养,取得了丰硕的成果。

(二)华东政法大学

华东政法大学在法学专业知识与技能培养上,一方面积极开展课程改革,强化学生法学专业能力的培养;另一方面积极回应国家和上海社会经济各领域对复合型高素质法治人才的需求,开展多面向的复合型人才培养。学校区分不同复合型法治人才的特点,采用不同的方式培养复合型法治人才。首先是开设新的专业方向,设立知识产权专业、国际金融法律专业和国际航运法律专业三个方向,培养针对特定领域的高素质复合型人才。其次是增开相应的专业选修课程,如开设反恐、禁毒、网络安全等方向专业课程,扩展学生对不同领域的了解,形成多学科的知识结构,具备复合型法治人才的基本条件。最后是开展各类国际交流活动,培养涉外高端法律人才。学校与世界知识产权组织合作开办首届"世界知识产权组织中国暑期学校";作为金砖国家法律论坛的创始试点单位,承办"第二届金砖国家法律论坛";与哈佛大学商学院合办"律所领导力和发展战略——中国课程高级研究班"项目等。① 与美国、英国、德国等多个国家的法学院和研究机构合作建立研究中心,学生赴境外长期学习、实习的人数持续上升。学校还每年邀请优秀的国外研究人员或实务专家到学校进行短期授课和开办讲座。这些对外交流活动培养和拓宽了学生外语的专业运用能力和国际化视野,有助于高素质涉外法治人才的养成。

(三)西南政法大学

西南政法大学为提高学生专业技能的教育质量,优化课程设置,实施课程教学改革,创办跨专业法治人才实验班,依托校内研究培养基地开展专业化法治人才新模式。

---

① 参见叶青:《以立德树人为本 以德法兼修为要——政法院校高素质法治人才培养的思考与实践》,载《法学教育研究》2017 年第 4 期。

一是以完善人才培养方案为根本路径，优化课程设置。人才培养方案是课程教学有效开展实施的基本保障。西南政法大学积极落实教育部对法学本科教育教学的基本要求，完善人才培养方案。将本科课程体系分为思想政治理论课程、通识必修课、通识选修课、专业必修课、专业选修课共五大课程模块。在通识选修课中，开设社会科学类、人文艺术类、自然科学与技术类、就业创业与健康教育类共四类课程。在法学专业选修课中，设置新时代中国特色社会主义法治思想课程、法学新兴课程、法学交叉课程、法学基础课程以及法学拓展课程等模块。鼓励法学专业开设双语课程、专业交叉融合类课程，与实务部门联合开发实务课程，开设中华传统文化类课程和创新创业类课程。[①] 这些课程共同滋养着学生的思想品德、人文素养、认知能力、实践能力及创新能力。

二是实施课程教学改革，提高课程教学质量。通过各种教学方法增强学生的阅读兴趣和自主学习动力，增强学生知识储备。通过理论与实践相结合的教学方式，促使学生通过实践深化对理论知识的理解，通过理论知识的提升指导实践并实现创新，完成专业知识的内化。通过指导学生阅读参考文献，开展小组讨论、课堂展示、撰写小论文等方式，增强教育教学环节的师生互动和生生互动，促进学生积极思考，提出问题，利用法律思维进行分析、归纳，有效提升学生知识运用能力、团队协作能力、语言表达能力、利用各类研究方法分析问题解决问题的能力。

三是创办跨专业法治人才实验班，培养复合型、应用型高素质法治人才。为更好地解决法学学科的专业性和法学应用领域的多样性，西南政法大学已经创办了资本市场法务、企业法务、监察调查和监察法学等各类法治人才实验班，资本市场法务和企业法务法治人才实验班整合民商法学院与商学院、经济学院优质师资，在主干课正常开设的基础上，加强管理类和经济类选修课和拓展课的开设，培养既懂法律又懂管理和经济知识的复合型法律人才。监察调查和监察法学法治人才实验班，在《监察法》颁布施行的背景下，紧扣国家法治建设人才需要，旨在培养专门的监察调查法治人才。

四是依托校内研究培养基地，培养高素质专业性法治人才。西南政法大学设

① 参见张建文、章晓明：《立德树人　课程育人　培养具有政法特色的高素质法治人才——西南政法大学关于新时代中国特色法学教育路径的探索》，载《法学教育研究》2019年第2期。

有“中国—东盟高端法律人才培养基地”，为东盟国家培养法律人才，为国内培养涉外法律人才。基地定期举办“东盟法律人才研修班”，开办“涉外法律人才实验班”，培养了一批具有国际视野、通晓国际规则并能够参与国际法律事务和维护国家利益的涉外法律人才。西南政法大学设有西部基层法律人才教育培养基地，学校聘请通晓民族语言的行业部门实务师资，具体参与学生培养的各个具体环节，如讲座、实习实践、毕业论文评阅与答辩等；邀请各地区民族学院的民族法学教育专家与学者定期到校授课、讲学、开展少数民族法律语言课程教学等多项活动，培养了大批具有扎实基础、较强实践能力和良好法律职业素养的面向西部、扎根西部、服务西部大发展的卓越法治人才。

（四）中南财经政法大学

法学专业教育方面，中南财经政法大学早在 20 世纪 90 年代就提出了“懂法律、懂经济、懂管理、懂外语的应用型法律人才”培养目标，并借助经济、法律、管理三大学科优势，着力培养应用型复合型法律人才。主要做法是在法学本科教育中增设民商法、政府法制、涉外经贸法等方向课程，法学专业课程分为通识教育、学科基础、专业课程、实践实验、素质教育等五大模块，以就业为导向，重视实践实训教学，培养具有法律应用能力的复合型人才。此外，作为涉外法律人才培养基地，中南财经政法大学建立了“国内—海外合作培养模式”，通过招生或选拔确定涉外人才培养对象，然后分阶段开展培养，按照四年学制，学生在国内学习三年，在国外学习一年。其中，第一、二学年在国内分别进行通识教育以及法学基础理论、法学方法论的学习，而第三学年则在国外重点学习涉外专业知识和技能，第四学年在国内以国际法学科为主，开展系统的涉外法律知识学习。对于涉外法治人才培养实行导师组制度，由学校与涉外职能部门联合组成，聘请外国专家学者授课，增强学生的法律知识和外语能力，拓展国际视野。作为西部基层法律人才培养基地，中南财经政法大学自 2008 年就开设西部基层政法干警试点班，主要面向法院和检察院，以培养基层法官、检察官为目标，开设“法律与乡村治理”等通识课程，邀请基层实务部门业务专家授课，让学生更深入地了解基层法治现状和法治人才需求，提升适应西部基层需要的法治人才培养质量。自德法兼修卓越法治人才培养目标提出以来，中南财经政法大学发挥政法院校优势，进一步优化课程设置，建立德法相融的课程体系，继续加强应用型复合型法治人才以及涉外、西部基层法治人才培养。①

(五)西北政法大学

西北政法大学法学专业教育以交叉融合学科建设为导向,以凸显中国法治理论实践成果的教材建设为抓手,构架"一本教材、两种职责"的"德法兼修"课程体系。学科交叉融合是新文科建设的内在要求,是培养德法兼修的复合型高层次人才的现实需要。西北政法大学以法学一流学科建设为牵引,以习近平法治思想为指导,在提振传统优势学科的同时,立足西部,以总体国家安全观为主攻方向,发展包括国家安全法学、反恐怖主义法学、民族法学、纪检监察、党内法规等在内的交叉学科,并成立包括国家安全学院、反恐怖主义研究院、民族宗教研究院、军民融合发展研究院、人权研究院、人工智能与智慧法治研究院、枫桥经验与基层治理研究院等在内的机构,建立服务国家战略与西北法治的具有特色的学科体系,以研究成果反哺教学,开展复合型法治人才培养。就法学专业教材和课程体系建设而言,着眼于国家法治前沿,凸显中国意识和主体意识,把法治中国建设的最新理论研究和实践成果纳入教材和课程,建立包括法学主干课、法学专题研讨课、法学案例课、模拟法庭、法律诊所、专业实训课等在内的课程体系和教材体系,对教学大纲、教案讲义、教学课件、教辅资料等教学资源进行全面升级。比如,编写《陕甘宁边区法制史概论》教材,供本科生和硕士研究生教学使用,体现出教材课程建设立足区域、挖掘历史、凸显特色的思路,为德法兼修卓越法治人才培养注入具有特色的内容。

三、专业实践:创新机制提升应用能力

法学专业教育是素质教育和专业教育基础上的职业教育,但法学教育中长期存在重理论、轻实践的现象,导致培养出的法学人才难以满足法律职业的需求。为此,我国政法院校创新法学实践机制,提升学生的法律应用能力。

(一)中国政法大学

为了提升学生的实践能力,中国政法大学采取多方举措。其一,在国内首创

① 参见杨灿明:《立足学校优势,探索中南特色的卓越法律人才培养模式》,载《法学教育研究》2015 年第 1 期。

“同步实践教学”模式。利用中国庭审公开网，组织学生观看庭审直播，特别是热点案例、典型案例、创新性案例的庭审情况。设立案例卷宗副本阅览室，建设实况庭审录像资料库，实现法学实践教学与知识教学同步，与社会发展、社会需求同步，与法治前沿、法治实践、法治建设同步，与学生社会责任感和国情意识培养同步。其二，开展“司法实务全流程仿真”同步实践教学项目。建立模拟人民法院、模拟互联网法院、模拟人民检察院、模拟公安局、模拟律师事务所，并开设相应的司法实务课程，让学生不出校门就可以全流程仿真练习司法实务工作。其三，建立多家法律诊所，积极培养应用型、创新型法律人才。中国政法大学分别开设6个法律诊所，包括刑法与刑事科学法律诊所、少年越轨法律诊所、行政法律诊所、劳动法律诊所、知识产权法律诊所和环境法律诊所。诊所配套硬件设施完善，师资力量雄厚，为学生提供了不可多得的实践机会。其四，参加各类赛事。学有所用，以赛促学。学校每年资助学生开展创新创业项目，组办校内创新论坛，组织学生参加校外的各项创新创业赛事，在比赛中运用所学的理论知识，在一次次虚拟赛事中锻炼理论知识的灵活运用，提高学生的创新实践能力。其五，组织学生参加法律援助活动，开展法律公益服务，在服务中提高自己的实践能力。

多元化、多角度、多层次的实践课程，极大地满足了不同层次学生、不同爱好的学生对实践活动的需求，以此培养不同类型的复合型、应用型、创新型法治人才。

（二）华东政法大学

华东政法大学非常重视学生实践技能和职业能力的培养，构建全覆盖、“纵横”交叉的实践教学平台，全方位开展法学实践训练。“纵向”实践教学体系包括四级阶梯式实践能力培养阶段。第一级为见习、观摩及社会调查；第二级为模拟法庭、模拟仲裁庭；第三级为自主创新性实验、现场勘查、参加国内竞赛；第四级为参加国际专业技能竞赛。阶梯式实践教学平台由易向难，符合教学认知规律，能够逐步提升学生的实践能力。“横向”实践教学体系是将理论类课程、实验课程、专业模拟与仿真训练、专业职业实训融合，形成四位一体的教学模式。多年实践课程建设，实现了实践课程体系化，实践类教材系列化，实践教学的学术化和模拟、仿真训练多样化。[①] 特别是华东政法大学于2016年建成“法学研究与教学实验实训大楼”，内含一系列国际一流实验室，如虚拟仿真实验室、电子数据司法鉴定实验室、电子侦控实验室、声纹分析实验室、光谱分析实验室、模拟法庭等，这些实验室的建设为实践教学的提升提供了坚实的硬件保障。

教师是学生能力培养的直接人员与关键因素，华东政法大学为提高教师实践教学的能力，鼓励教师到立法机关、政法系统、党政机关、国有企业等实务部门进行挂职锻炼，使教师更了解中国国情、法律实践状况，从实践中汲取营养，提高实践教学的能力。学校还积极聘请各行各业专家，与华东政法大学教师共同建立实践平台、编写教学案例，实现与法治实务部门协同育人。

（三）西南政法大学

西南政法大学非常重视学生实践能力的培养，以传统实习基地实习为基础，以创新创业课程为核心，开展更高层次的实践活动。借助学校在政法系统的优势，安排学生开展专业实践活动，为克服实践时间过短，无法开展实质性实践活动的老问题，有针对性地将暑假时间和实践课程时间连接在一起，在合理空间内延长学生实践时间，更好地培养学生的实践能力，也帮助学生在感性基础上更好地开展理论学习与思考。

学校还针对不同学生的创新创业能力，积极开展四个层次的创新创业育人活动。[②] 第一个层次是针对所有法学本科学生的创新创业课程，将课程融入专业课程中，培养学生的创新精神、创新意识、创新思维和创新能力。第二个层次是创新项目实践课程，将“三创”调研项目设置为法学专业本科教育的必修项目，学生组成项目组，教师对项目组的调研项目、创新项目进行具体指导，将第一阶段的创新创业理论予以实践，进一步培养学生的创新精神、创新意识、创新思维和创新能力。第三个层次是为创新创业“训赛”，各学院申报、承办赛事，学生自主选择参与，校内外教师、专家予以指导。通过培训、练习、比赛一系列活动，开展不同层次的创新实践，学生创新能力得到锻炼。第四个层次是仅针对全校少数学生，这些

① 参见叶青：《以立德树人为本　以德法兼修为要——政法院校高素质法治人才培养的思考与实践》，载《法学教育研究》2017年第4期。

② 参见张建文、章晓明：《立德树人　课程育人　培养具有政法特色的高素质法治人才——西南政法大学关于新时代中国特色法学教育路径的探索》，载《法学教育研究》2019年第2期。

学生在之前的创新创业培训、练习和参赛中取得了优异的成绩，具备了孵化产生实业的条件。学校对此类项目设立众创空间实业，邀请校内外创新创业导师指导这些项目落地众创空间，实现创新创业从纸面的计划落实到真实的实业，更充分地锻炼学生的创新创业能力，也激励更多的学生积极开展创新创业活动。

（四）中南财经政法大学

中南财经政法大学基于应用型、复合型的卓越法律人才培养目标，以提升学生法律应用能力为导向，加大实践教学比重，探索实践实训教学方法。一方面，建立法学实验室和实践教学基地，开发拥有自主知识产权的实验教学系统，为实验实践教学提供充分条件。现有国际级法学实验示范中心，成立法学实验教学中心，设立立法、执法、诉讼、非诉讼、法律实效、证据学、知识产权等实验室，与法院、检察院等实务部门签订协议，建设法学实践教学基地，开展校内实验和校外实践。另一方面，开展法学教学方法的实践化，包括案例式、诊所式、实验式、沙龙式、参与式等教学方法的综合运用，在课堂理论教学中重视案例教学与学生参与互动，在法学实验室开展实验模拟，让学生仿真参与案件办理；在校外实践基地由资深法官、检察官带领和指导，参与案件流程，增强学生的法律运用能力。自“德法兼修”提出以来，在课堂案例教学、模拟实验、诊所教育、校外实践等基础上，进一步拓展法治实践渠道。比如，打造“中南法学志愿服务大讲堂”，发挥法学专业优势，建立全新的“1 + 1 + 1”（共青团 + 科研机构 + 社会组织）模式，在志愿服务中锤炼法治品格、锻炼应用能力，达到德法兼修。①

（五）西北政法大学

西北政法大学在开展卓越法治人才培养的过程中，把法学专业实践能力按照递进关系分为“专业基础能力”“专业提高能力”“专业创新能力”三类，由此建立了包括课内实践、课外实践、校外实践、论文写作、专业实习等“五环节”以及实验课、实务课、实训课、课外实践、校外专业实践、校外社会实践、论文写作、专业实习等“八模块”的法学教学实践模式，与法院、检察院、司法行政部门等开展“校院合

---

① 参见杨灿明：《立足学校优势，探索中南特色的卓越法律人才培养模式》，载《法学教育研究》2015 年第 1 期。

作”,在全国建立了500多家实习实训基地,与最高人民法院第六巡回法庭开展“一带一路”商事纠纷解决法律服务合作,完善实务部门专家指导研究生、为本科生授课等实质性教学机制,提升学生的实践应用能力。从法律专业能力培养的角度来讲,主要从实验、实务、实训三个层面展开:一是依托实验实训中心和实验实训课程模块,在校内开展法学模拟仿真实验,把学生无法参与的实践环节进行仿真模拟;二是引入法庭庭审直播、开庭录像等真实的庭审情景,组织学生观看,或组织学生参观法院、检察院等法治实务部门,旁听庭审,了解法律实务运行过程;三是开展毕业实习等,组织学生在实务部门开展较长时期的实习实践,亲自参与案件,增强学生感知,提升专业应用能力。

此外,甘肃政法大学围绕“协同”“创新”等内涵积极尝试法学专业综合改革①,上海政法学院探索“立德树人为本、德法兼修为要”的法治人才培养模式②,山东政法学院探索“德育为先、法育为基、德法交融”的A型法治人才培养模式③,河南财经政法大学探索“以立德树人为根本、以学科建设为引领、以人才培养为核心、以社会服务为载体”的创新性、复合型、应用型法治人才培养模式等④,这些模式都具有参考借鉴价值。

四、参考经验:政法院校培养模式借鉴

中国政法大学、华东政法大学、西南政法大学、中南财经政法大学、西北政法大学是我国法学教育“五院四系”中的“五院”(以下简称五校),都是我国政法院校的翘楚,在德法兼修卓越法治人才培养中形成了特色。五校均以法学专业为学校核心专业,相比一般院校具有雄厚的法学师资、悠久的法学教育历史、丰富的法学教育经验和多样化的法律职业资源,这是一般院校法学专业无法比拟的优势。同时,政法类院校学科类别相对单一,尽管五校也开设不同的专业方向,但仍以法学为主,其他专业为辅,同时其他专业也以政治、管理类为主。在培养德法兼修卓

---

① 参见李玉基:《“德法兼修”高素质法治人才培养体系的构建和创新》,载《法学教育研究》2017年第4期。

② 参见刘晓红:《立德树人为本　德法兼修为要——以上海政法学院探索法治人才培养为例》,载《法学教育研究》2017年第4期。

③ 参见吕涛:《立德树人　德法兼修　培养A型法治人才》,载《法学教育研究》2017年第4期。

④ 参见高新才:《新时代高素质法治人才培养的实践与思考——以河南财经政法大学为例》,载《法学教育研究》2020年第1期。

越法治人才方面，五校并未故步自封，而是积极开展各类创新活动，不断提高学生培养质量，满足国家社会对德法兼修卓越法治人才的需求。五校诸多改革均值得借鉴，尽管一些改革措施，如与境外国际组织、研究机构和法学专家的学术交流活动等，对于其他院校而言，因法学教育资源有限难以开展，但德法兼修的改革理念以及可推广的一些机制和做法具有参考价值。

一是不断创新、不断完善的教育教学改革。五校法学教育资源丰富且质量非常高，不仅是我国法学教育中传统“五院”，而且当前仍处于引领地位，但五校仍不断进行教学改革，包括理论教学与实践教学。正是这种不断创新、不断完善教学的育人精神使五校始终走在法治人才培养的最前端，也不断探索包括德法兼修在内的法治人才培养模式。

二是法学专业思想政治教育的立体化、全面化开展。思想政治教育完全由思想政治理论课程完成是不符合思想政治教育规律的，只有以此为基础，同时在专业课程中开展课程思政，将思想政治教育潜移默化到长期的专业教学中，才能取得更好的效果。五校积极完善思政课程和课程思政，并在必修课中开设“法律职业伦理”，有助于实现德法兼修法治人才的培养。

三是积极开展跨专业、跨学校的课程教学，扩展学生的知识结构，培养复合型法治人才。五校专业均以法学为主，相对集中，但各校仍积极利用自身教学资源或创造新的教学资源，通过开设复合型专业方向、修读双学位、开设非法学的专业理论课程等方法，实现高素质复合型人才的培养。

四是多层次实践教学，逐步提升学生实践能力。五校均开设了多层级的或阶梯式的实践课程。基础层次的实践面向所有的学生，并不断提升对学生实践能力的要求，学生的实践能力也随之提升。更高层次的实践训练满足特定学生的实践需求，使之获得更高的提升。特别是五校的模拟仿真实践，在有限的空间内完成基本的法律职业体验，能够克服一般院校实习基地短缺的现实问题，值得推广。建议法学教指委能够开发统一的司法实务仿真实践平台，使各法学专业学生均有资格进入平台开展模拟训练，这样既为学生提供了实践平台，又避免了重复投资的低效。

五是训赛结合，提升学生创新创业能力。五校非常注重组织创办或参加国内外各项赛事，在赛事中锻炼学生的知识运用能力和实践能力。学生在赛事中积极实践、积极交流，最终获得创新创业能力的提升。

五、总结

自习近平总书记提出“德法兼修”高素质法治人才培养以来,以五校为代表的国内知名政法类院校以此为目标,落实立德树人根本任务,推进法学教育教学改革,各个院校既有独特的做法又形成了可推广的经验,对于其他院校具有借鉴参考价值。特别是把“德法兼修”贯穿于法学人才培养的各个环节,建立了不同的模块,以此为载体,打造具有特色的人才培养品牌的培养方式,为培养德法兼修卓越法治人才培养探索了新的路径,其重要启示在于:德法兼修的卓越法治人才培养,不能停留于传统的课堂教学和实习实践,而是要立足于实际,建立与此相配套的人才培养模块,实现各个模块、各个环节之间相互衔接、紧密配合,唯此才能切实提升法治人才培养质量,此为其他高校创新法治人才培养模式可探索的空间。

第二节　综合类院校德法兼修卓越法治人才培养模式

德法兼修卓越法治人才培养是新时代法学教育教学的目标,国内包括北京大学等在内的综合类高校开展法治人才培养模式改革,建立了具有特色的法治人才培养体系和模式。以北京大学法学院为例,其建立了包括“课程建设”“法学阶梯系列讲座”“第二课堂”“教学沙龙”“论坛与研修班”等在内的不同体系。其中,“课程建设”聚焦金课推进课程改革,打造“案例研习课”以打通教育到应用的“最后一公里”,以“写作课”作为学术研究的“加油站”,通过“实务课”搭建课堂与职业的桥梁,以“国际课”作为中国与全球交流的平台,法学院加大课程改革投入、开创课改新风,为拓展学生国际视野,提升法律思维能力、实际应用能力和综合能力提供课程支持。“法学阶梯系列讲座”分为“入门讲座”“进阶讲座”“高阶讲座”,分别承担着导论、答疑解惑、追踪前沿的育人功能,面向本科生、硕士生和博士生开设,为学生开展研究性学习以及了解学术前沿动态、激发学术志趣提供新的平台。“第二课堂”脱胎于师生自发组织的读书会,现已形成包括读书会(读书小组)、案例研讨会、论文讲评会、能力实践营等在内的系列活动,充分利用学生闲暇时间拓展专业素养。“教学沙龙”是授课教授相互交流经验、提升教学能力的重要举措,分为海外教学沙龙、教学人生沙龙、在线教学沙龙等,以此解决教师各自上课的分离状态，着力凝聚和打造"教学共同体"。"论坛与研修班"则是发挥北京大学法学院在法治人才培养方面的优势，举办全国法学教育高端论坛、全国法学教育师资研修班以及其他全国性法学教育交流活动，搭建法学教师共商法学教育的平台。由此可见，北京大学法学院通过"课程建设""法学阶梯系列讲座""第二课堂"等构建了德法兼修法治人才培养的"N 模块"，并通过"教学沙龙""论坛与研修班"等促进师资队伍建设，对于其他高校具有借鉴价值。此外，一些高校立足于学校特色，在某些方面推进改革，具有启示意义。比如，南京大学国际化研究型法治人才培养、山东大学涉外法治人才培养、湘潭大学应用型法治人才培养、苏州大学诉讼实践型法治人才培养等，起步比较早或具有特色，本节重点以这些高校为例，主要对综合类高校德法兼修卓越法治人才培养模式进行考察分析。

一、国际研究型法治人才培养

21 世纪以来，为顺应国际化趋势以及满足经济社会发展对学生研究能力的需求，一些高校开始探索国际化研究型法治人才培养模式。以南京大学法学院为例，自 2005 年开始，以培养拔尖创新人才为目标，以培养学生的国际化视野和研究能力为着力点，探索国际化研究型法治人才培养模式。这是在国际化背景下，以学术研究、人才需求以及人才培养的国际化为切入点，针对学生在理论和实务方面存在的研究能力不足现状，确定的法治人才培养改革目标。

一方面，搭建国际化教学平台，为提升国际化法治人才培养创造条件。国际化的法治人才培养定位，需要建立人才培养的国际合作机制。南京大学法学院与德国哥廷根大学合作设立"中德法学研究所"，面向本科生开设德语班，聘请德国教授承担教学任务，运用双语教学，并邀请德国专家学者举办学术讲座，把拓展学生国际视野转化为培养精通德国法律的专门人才。为此，南京大学法学院以课程建设为抓手，建立了"国际经济法总论""国际私法""国际商法""比较宪法""比较民事诉讼法""欧盟法""劳动法"等国际化课程，普遍采取双语教学，具体包括采取"中文教材 + 外语教辅资料""原版外语教材""原版外语教材 + 外语授课"等模式。在法治人才培养国际合作方面，南京大学法学院建立交换生和境外实习机制，如与美国威斯康星大学、意大利罗马第三大学、西班牙大学建立合作培养机制，定期开展本科生和研究生的交换交流培养项目；同时，把学生专业实习实践延伸到境外，利用与国外大学的合作机制，派出学生到美国等国家的律师事务所实习见习，亲身参与国外法律运行流程。此外，与美国一些大学等联合举办中美、中美欧暑期学校，由中外双方教授共同开设课程，中外学生同堂上课，共同参加学术交流和实践活动，接受国外法律文化熏陶，增进对外国法律运行机制的了解。就师资队伍建设而言，既注重挖掘具有国外留学背景的教师，又注重聘请外籍教师，共同开设外国法课程，开展学术研究的中外合作和国际交流。这种模式对于探索建立德法兼修的涉外法治人才培养模式具有启示意义。

另一方面，以培养研究能力为目标，构建研究型教学体系，开展科研能力训练。此为南京大学法学院法治人才培养的亮点。“研究型教学不仅是一种教学方式，而且是一种教学态度与教学理念。它要求教师以学术的态度对待教学，把每节课都当作一篇学术论文来完成。”①为此，南京大学法学院坚持“寓研于教、寓教于研”的教学理念，着力建设“法理学”“民事诉讼法学”“经济法学”等研究型课程，建立教学网络平台，由任课教师带领学生探知知识、互动交流，开展研究型学习。此外，实践教学环节也以培养学生问题意识和研究解决问题的能力为目标，通过案例研讨、仿真实训、模拟法庭等，引导学生主动地提出问题、归纳焦点、收集证据、分析程序、判断事实，在研究案件中增强知识学习。为提升学生研究能力，南京大学法学院设立本科生科研基金，鼓励和扶持学生科研团体，开展“证人出庭调查”“涉诉信访调查”“法院调解调查”等暑期调查研究实践活动，并建立科研指导机制，为学生创造更多的参与研究机会，用以训练科研思维、科研方法和科研能力。新时代德法兼修卓越法治人才培养坚持职业导向，在突出应用型的同时，也需要具有一定的研究能力，特别是在工作岗位针对具体领域的法律问题开展精细化分析，更是离不开上学阶段的研究能力训练。因此，从提出问题、分析问题到解决问题，即便是最简单的法律运用，也需要对案情及其可能适用的法律规范进行系统研究，这种研究能力培养和训练，应当从本科生抓起，除了开设“科研能力训练”课程外，需要从课堂教学到实习实践，建立立体化的研究型教学体系。

二、涉外合作型法治人才培养

涉外法治人才培养是我国参与国际法治、依法处理对外经济合作、促进全球

---

① 杨春福：《国际化研究型法学人才培养模式的探索与实践——以南京大学法学院为样本》，载《法学教育研究》2010 年第 2 期。

治理的重要人才支持。2012 年,22 所高校作为涉外法治人才培养基地确立,此外,一些有条件的高校也不断探索涉外法治人才培养机制和模式。

以政法类高校——西南政法大学“一带一路”法治人才培养为例,其建立了东盟法治人才培养实验班、东盟法律智库、东盟法律研究显示性成果等“三位一体”机制。一是开设东盟国家双语双法实验班,包括泰语、越南语、柬埔寨语、缅甸语等法律实验班,建立“语言 + 法律”的涉外法治专门人才培养模式。二是依托“中国—东盟法律研究中心”,与东盟国家高校及律师事务所建立合作,建设“东盟法律查明服务中心”等涉外法律智库,开展“东盟学员法律研修班”等,2019 年倡导发起“共建中国—东盟法学研究与人才培养共同体的倡议”,进一步深化涉外法治人才培养合作。三是主办中英双语法学学术刊物《中国—东盟法律评论》,编写东盟法律书籍及工具用书,承担东盟法律问题研究相关课题项目并呈报高水平研究成果,为“一带一路”涉外法治人才培养提供最新的教学内容。①

综合类高校以山东大学为例,其对卓越法治人才的培养标准分解为国际视野与跨文化交流能力、外语能力、合理的知识结构以及法律职业能力等,自 2001 年起实行跨院系合作,与外语学院联合举办法英双学位班,学制为五年,毕业时取得两个学士学位,2012 年在此基础上组建国际型卓越法律人才实验班。自 2002 年起开设中日经贸法律特色班,学制为四年,开展具有日语背景的法学本科教育。此外,山东大学与欧美、日本等国家法学院深化合作,签订互派学生交换留学合作协议,每年派出交换生在国外大学留学半年或一年。就授课内容而言,既包括国内法学课程,也包括国外法律课程,涉外课程采取双语教学或全程外语教学,以此深入学习涉外法律知识,提升学生的外语水平。②

广东外语外贸大学自 1996 年成立国际法学系以来,探索形成了“外语 + 法学”和“法学 + 外语”两种复合型涉外法治人才培养模式。前者主要依托商务英语本科、法律语言学硕士和博士学位项目,在英语本科教育的基础上开展法律教育,实行文学和法学“双学位制”,专业设置则以法律英语系列课程和法学专业部分核心课程组成,采取全英文或双语教学。后者则由法学院负责实施,课程设置以法

---

① 参见吴钰鸿:《探索“三位一体”的“一带一路”涉外法治人才培养机制——在第十届“立格联盟”高峰论坛上的发言》,载《法学教育研究》2020 年第 1 期。

② 参见周长军、石莹:《涉外法律人才培养的探索与实践——以山东大学法学院为例》,载《法学教育研究》2016 年第 2 期。

学专业课程为主体，以基础英语课程和法律英语课程为辅助，培养具有扎实法学基础、精通国际法知识和外语能力的法治人才。涉外法治人才培养的课程模块由通识课程、法律基础课程、法律英语课程、法律全英课程、法律实践课程构成，前两个模块以中文为主，后三者则以英文或中英文双语为主，由具有海外留学背景的教师授课。此外，广东外语外贸大学建立海外合作办学、交换生、研究生联合培养等机制，加强与其他国家的人才培养合作。①

从上述三所高校的涉外法治人才培养模式来看，它们都不同程度开展法治人才培养的国际合作，并对课程设置、授课内容、授课方式、合作模式等作了具体安排。新时代开展涉外法治人才培养，重点需要以国际法律规则和国别性法律规则为主要内容，以精通外语特别是小语种作为重要方向，培养大批精通其他国家语言、文化和法律规则的高层次法治人才。

三、应用参与型法治人才培养

“通过法学教育，能否培养出善于将法律应用于实践，善于分析问题、解决问题的法律人才，应该是我们考察法学教育的一个最基本的准则，也就是说，我们所培养的人才应该具有很强的应用能力。”②基于此，湘潭大学以培养应用型法治人才为目标，建立了参与型教学模式。该模式以“学生—教师—教学平台”作为着力点，以解决学生参与不足、教师主导过剩问题为切入点，建立体系化的法学实践教学平台，按照学生兴趣确定参与途径，根据参与途径设计实践教学模块，明确不同模块的目标定位，建立相互关联的多层次模块，形成参与型教学的体系化。

参与型实践教学模式分为“四大模块”。一是法律职业专训模块，该模块面向大三本科生以及研究生开设，以“法考”作为模块目标，按照考试大纲修订教材，把法律知识学习与“法考”进行衔接，采取案例教学、诊所教育、讨论式教学等方法，让学生参与互动式的知识学习，以此提升学生法律职业伦理和法律职业能力。由于该模块重点在于知识学习，故可为其他三个模块奠定知识基础。二是“当事人模块”，这是让学生以“当事人”的身份直接参与案件，运用法律知识分析和解决法

---

① 参见石佑启、韩永红：《论涉外法治人才的培养——基于广东外语外贸大学办学实践的考察》，载《广东外语外贸大学学报》2015 年第 3 期。

② 胡肖华、谢忠华：《应用型法学人才的培养与参与型教学模式的探索与实践——以湘潭大学法学院为样本》，载《法学教育研究》2011 年第 2 期。

律问题,在此过程中让学生深度参与,成为法学教育的“当事人”而不是被动接受者,以此培养学生的理论研究和法律应用能力,同时也是对学生社会责任感的锤炼。三是校内社团参与模块,该模块以社会权益救助中心、法律咨询社、雅典学园、潇湘法苑等作为依托,对法律职业专训班的学员按照每5人组成学习小组,安排学生参与法律救助接访,直接面对现实的当事人,开展法律咨询等服务;雅典学园举办论坛、座谈、沙龙等学习活动,组织各个学习小组通过对社会热点问题的深度挖掘,凝练形成法律问题,展开交流和辩论,对于具有典型意义的法律问题,在老师的指导下开展比较深入的理论研究、法律分析和案例模拟;在参与式实践教学中形成的具有一定理论价值的文章,在“潇湘法苑”发表,所形成的优秀成果推荐参加“挑战杯”等竞赛。校内社团参与模块不仅建立了学生与社会接触的纽带,而且搭建了自主式学习、团体研讨交流、写作能力培养、学科竞赛等综合性的参与式实践体系,实现对应用型法治人才的全方位塑造。四是校外社会参与模块,主要是开展社会调查活动,分为课程调查、课题调查、专项调查等,旨在让学生深入社会,先了解社会问题再讲授理论知识,以此培养学生的法律职业伦理、社会责任感和法治正义感。

这四个模块都紧扣基础知识、基本技能、研究能力、职业伦理等展开,通过学生全面参与,提升学生法律应用能力。自2007年以来,湘潭大学法学院打造了“地方法学人才培养创新试验区”“高等学校法学特色专业建设点”“法学实验教学示范中心”等三个国家级实践性教学平台,建立了“湖南省法律职业培训基地”“湖南省检察理论研究基地”“湖南省实践教学示范中心”等省级平台,促进参与型实践教学,实现培养应用型法治人才的培养目标。该校在实践教学参与型、人才培养应用型方面经过了20多年的探索和积累,形成了特色模式,具有借鉴参考价值。

四、公益诉讼型法治人才培养

参与诉讼是培养学生法律应用能力的重要途径,但由于诉讼活动作为国家司法行为,是法院与当事人共同建构的多元结构,所以从国家行为角度来讲,司法具有严肃性和权威性,是对当事人权利义务关系的确认和分配,不同于模拟法庭审判,相应地,模拟法庭审判也无法完全达到真正参与诉讼的效果;从责任承担的角度来讲,无论是原告还是被告,都必须对自己的诉讼行为负责并依法承担法律责任和法律后果,这直接体现在法院判决书或调解书中。基于上述原因,高校法治人才培养的实践参与,大多是以法律咨询、法律援助等方式展开,让学生作为“当事人”出庭直接参与诉讼比较少见。苏州大学法学院以“公益性诉讼”为抓手,确定“公益性诉讼”的选题,让学生作为原告撰写诉讼文书,收集、固定证据,参加诉讼,以此培养德法兼修的法律应用能力和公益精神,在国内高校具有鲜明特色。

苏州大学法学院法学本科人才培养目标是“培养德才兼备的法律解决方案供给者”。为此,苏州大学法学院对课程体系进行了优化,压缩专业必修课程,增设更多的通识选修课,注重学生人文社科综合素养;对于基础知识讲授,通过在线开放课程进行课前学习,课堂上重点开展讨论式教学和案例教学;开设“小城公益诉讼”项目,并与律师事务所等协商,举办“小城公益之星”创意诉讼大赛,让学生参与公益诉讼,以此解决法治人才培养中面临的法律实践能力弱、社会责任感不强、学习动力不足等痛点问题。“小城公益诉讼”是以诉讼项目的方式开展,具体做法是:每年1~2月,确定立项题目。由学生在实践调研中形成具有可诉性、公益性的选题,组队参赛,撰写项目申报书。每年3月,法学院对申报项目进行遴选,确定10~15个诉讼案件进行立项。遴选标准是案件必须具有真实性、可诉性,学生须以自己的名义作为原告提起公益诉讼,诉讼具有社会公益性而非仅仅为了维护原告自身私益。确定年度公益诉讼项目后,法学院为学生团队配备1名专家教师和1名律师进行指导,开展诉前准备和诉讼工作。为进一步提升学生提起公益诉讼的能力,法学院于2019年修订人才培养方案,开设“法律文书与实务训练”选修课程,秋季学期开课,前四周开展理论讲授,检查分析公益诉讼开展情况,为参加创意诉讼大赛提供指导。每年12月,法学院与校外单位联合举办“小城公益之星创意诉讼大赛答辩暨总结大会”,评选“年度公益之星”等。由学生提起公益诉讼,不仅是对学生法治素养的综合锻炼,而且涌现出一批具有较大影响力的公益诉讼案例。比如,城市轨道(地铁)公司以一卡通余额低于最高票额无法乘坐地铁案(诉讼后改为低于最低票额无法乘坐地铁)、爱奇艺会员观看视频弹出广告案、中国知网个人用户最低充值50元退费案等,引起社会广泛关注或被《最高人民法院公报》遴选为典型案例。

此外,华东政法大学等高校也开展此类公益诉讼项目。由于学生的人生阅历、知识储备等都比较薄弱,其主要任务是学习,加上司法诉讼自身的特殊性,其他高校可借鉴苏州大学、华东政法大学等做法,以小型公益诉讼案件作为载体,让学生亲身参与诉讼活动，以此实现对学生法治品格、法治担当、法治能力的综合培养。

五、结语

本节选取个别综合类高校作为个例，对其探索的卓越法治人才培养模式进行实证考察和案例分析，与政法类高校的综合性模式构建相比，对这些院校的考察重在“特色”，而且这些院校在 2011 年就开展了“卓越法律人才培养”甚至在更早时期进行了特色凝练和探索，在 2017 年“德法兼修”卓越法治人才培养提出以来进一步升级，保持了延续性和创新性。本节主要涉及两类：一类是涉外法治人才培养，基本模式是开展与国外大学的联合培养，目前通过交换生项目开展联合培养在很多高校都已实施，亟待拓展之处在于，除了“三国法”（国际法、国际经济法、国际私法）外，需要将更多的国别性的法律制度、法律规则、法律文化纳入教学内容，开设外国法系列课程，创新人才培养机制，比如大一时重点开展外语和中国法的基础知识教育，从大二开始即开设外国法专业课程，建立“中国法 + 外国法”同步学习的模块，甚至对一些课程同步开设，让学生学习中国法律的同时，对比学习外国法，以此培养精通国际规则、国外法律以及外语（特别是小语种）的涉外法治人才。另一类是应用型法治人才培养，主要是以构建法学实践教学体系、促进学生实践参与等方式，推进法治实践的实质化。目前，各高校普遍与法治实务部门深化合作，开展形式多样的法治实践活动，存在的问题是法治实践与理论教学如何达致统一，这还需从课程体系、规范化实施等方面入手，确保实践教学的实质化和实效性。

第三节　理工类院校德法兼修卓越法治人才培养模式

自 2018 年 8 月中央正式提出“新文科”以来，打破学科专业壁垒、促进学科交叉融合、推动文科转型升级，成为高校人文社科专业学科建设的“增长点”。在此背景下，清华大学、中国科学技术大学、南京大学、南开大学、厦门大学、西北大学等高校召开文科建设工作会等，提出结合新技术新产业新业态新模式，开展跨学科的新型交叉课程、交叉专业、交叉师资队伍等建设。比如，清华大学提出坚持

“文理渗透、理工结合”的文科文化和文科特色，中国科学技术大学提出充分发挥基础科学和工程技术科学优势，着力发展依托科学技术、融合科学技术、促进科学技术发展的以“科技”为特色的新型文科。对于德法兼修卓越法治人才培养而言，一些理工科高校充分发挥自身特色学科的优势，以跨学科法治人才、工程法治人才、大数据与人工智能和法治相结合的“数据法学”“计算法学”等为特色，建立“法律 + 科技”“法律 + 工程”“法律 + 大数据”等法治人才培养模式。本节以清华大学、东南大学、同济大学等为例，对理工类高校构建的德法兼修卓越法治人才培养特色模式进行个案分析，作为“新文科”建设背景下法治人才培养的创新思路。

一、跨学科创新法治人才培养

“新文科是在以人工智能、区块链、大数据和物联网等为代表的新一轮科技革命和产业革命快速发展视阈下，对传统文科在核心理念和发展模式上进行质的总结和概括”，“是出思想、树理念、培价值、养情怀的育人学科，尤其在培养高校青年学生政治观、道德观、价值观和人文观方面，更是重中之重、不可或缺”。[①] 跨学科创新法治人才培养的关键在于打破学科壁垒，促进学科融通。为摆脱专业化的狭隘，同济大学自 2014 年启动“工程（土木）—法学复合人才培养模式试验区”，又立足于知识产权在法学、管理学、经济学以及自然科学等的学科交叉属性，探索跨学科的法治人才培养模式，其中前者又是工程法治人才培养的创新举措。

同济大学研究制定了跨法学和土木工程的跨学科、复合型法治人才培养方案、培养计划和培养标准，探索建立了懂法律、懂工程、懂外语、具有同济特色的法治人才培养机制。法学专业课程按照“5 + 4 + 3”的模块设置，包括 5 门学位必修课和 4 门专业必修课，涵盖法学教指委原来确定的 16 门法学核心课程，3 门土木工程特色的法学课程则涵盖土地管理、城乡规模、建筑设计、环境保护等土木领域的法律制度。从法学教育层次上打通本、硕、博，该机制都是以知识（法律事实认知）、技能（法律价值判断）、思想（创新社会规范）、人格（通识博雅教育）等“四方面”作为目标，各个教育层次的侧重点和授课学时有所区别。比如，“人格”教育在本硕博同等重要，只是教育层次不断提升，而本科教育以“知识”为主，硕士教育以

① 李海良：《新文科发展之路：传承、融通与嬗变》，载《高教研究》2021 年第 5 期。

"技能"为主，博士教育则突出"思想"，以此建立了跨学科创新法治人才培养指标体系。比如，"知识"作为法学教育的基本面，重点强化法学核心知识学习，以"25 +4"专业核心课程与 X 门专业选修课组成；"技能"重点强化口头表达、书面表达、案例研判、法律技巧与应用能力等，主要通过专业口头训练、书面训练、案例教学、实践教学、谈判辩论等专业课程实现；"思想"涵盖社会学、政治学、经济管理等跨学科方法与技能，本科阶段以交叉学科选修课为主，硕士及以上则实行跨学科复合指导；"人格"作为通识博雅教育，由通识核心课程、体育艺术课程、素质能力拓展项目等组成。为此，同济大学建立了跨学科的教学模式，主要体现在三个方面：一是以法律应用能力培养为导向，建立校外法治实践基地，与国外大学合作，聘请法院、检察院、政府、律师事务所等实务部门以及国外专家学者开展实践教学，并建立了"实案卷宗传递"机制，把法院、检察院办理的重大、复杂、疑难案件作为法学研究的典型案例，由法学教研团队提供专家意见，并转化为教学案例资源，促进教研融合。二是以培养跨学科复合能力为导向，鼓励学生毕业论文（设计）以法学与土木工程的跨学科、交叉融合研究作为选题，在文献检索中加强社科文献和科技文献的统一培训，同时鼓励学生把法学、土木工程学习中发现的问题凝练为实案项目，建立由法学院、土木工程学院教师共同组成的本科导师组，开展跨学科指导。三是以各类实案项目为依托，采取法律适用技能为主、法学理论为辅的教学方法，以小组学习为单位，开展工程法学"课前预热""课堂讲解""课后反刍"的"三部曲"教学实验，以此探索法学教育和教学方法的实践改革。①

从同济大学的跨学科法治人才培养改革来看，其主要是依托土木工程优势学科，为土木工程领域培养懂法律、懂技术的法治人才。这种模式对于理工科高校立足特色、建设跨学科的特色法学以及特色化、行业性法治人才培养具有借鉴价值。从更深层面来讲，"跨学科"的法治人才培养将会体现在"学科"本身的跨学科属性，即任何一个学科都无法涵盖而产生的新兴交叉学科。比如，长期以来，知识产权专业的学科归属不是很清晰，一般放在法学或管理学的一级学科之下，特别在法学学科中是以"知识产权法"为研究对象，但"由于知识产权是法学、管理学、情报科学、自然科学等多个学科交融而成的新兴学科和边缘学科，单纯归为任

---

① 参见朱兵：《基于跨学科的创新型法学人才培养——同济大学工程法学教育实践》，载《法学教育研究》2016 年第 2 期。

何一个现有学科体系都无法找到合适的立身之处"①，所以可根据 2018 年国务院《关于高等学校开展学位授权自主审核工作的意见》，探索设立知识产权交叉学科，分为硕士、博士两个层次，目前同济大学已成功备案。在法治人才培养方面，可招收具有理工科背景的学生攻读研究生，组建跨院系、跨学科、跨专业的师资团队，开展知识产权复合型人才培养。再如，监察法学作为纪检监察学与法学的交叉学科，旨在培养具有纪检监察知识和法学知识的复合型人才，具有跨学科属性；坚持德法兼修，就是要把政治素养放在首位，培养具有法治理念、法治思维和法治能力的纪检监察人才。因此，跨学科创新法治人才培养将是法学教育特色化发展以及交叉新兴学科发展的必然趋势，各个高校可立足于自身实际探索法学学科建设新的增长点，探索建构特色化的法治人才培养模式。

二、复合型工程法治人才培养

法治人才的社会需求具有广泛性，既包括立法、执法、司法等国家机关，也涵盖各个行业领域的企业单位，而且在立法、执法、司法领域也面临着各个行业的专业性问题，故亟需培养具有法学与其他专业背景的复合型人才。理工科院校在开展"法学+"的法治人才培养方面具有工程、科技等方面的天然优势，有利于学科交叉融合和复合型法治人才培养。以东南大学为例，自 2018 年以来，其立足于理工为主、多学科协调发展的学科定位，创立"工程法学"交叉学科，开展应用型工程法律人才培养，形成了特色的人才培养模式。

东南大学设立了"工程法学"专业，成立了"工程法研究所""新型建筑工业化协同创新中心""交通法制与发展研究中心""江苏省工程法学研究会"等，为开展"法学+工程"跨学科研究和人才培养提供了平台。就法治人才培养而言，工程法学面向的是工程领域法律问题，以培养熟悉工程法律法规以及诉讼与非诉讼程序的应用型、复合型法律职业人才为目标，建立了"交叉、团队与实务"的"三位一体"人才培养模式，体现在三个方面：一是学科交叉，把法学与土木工程这两个独立的学科交叉融合为新的"工程法学"交叉学科和专业，开设综合性课程，实现学科知识的复合与融合。二是打造团队式的教师队伍，打破专业教研室的设置，由

---

① 张怀印：《复合型知识产权人才培养与知识产权交叉学科设置研究》，载《法学教育研究》2021 年第 3 期。

法学专业与土木工程专业教师共同组成教学科研团队，联合开设“工程法学”课程，实行“双师授课”的方式，促进师资队伍知识结构的合理配备。三是采取实务型的法治人才培养机制，与校外实务部门建立密切联系，共同研究制订培养方案以及开展课程教材建设等，实行师资互聘，促进法律职业人才培养和工程应用人才的融合。按照“工程法学”的交叉学科模式，现已形成了包括工程法学、医事法学、交通法学在内的交叉学科，在此基础上开展课程体系改革，本科层次开设工程法学、交通法学、科技法学、建筑房地产法学、医事法学等交叉性综合课程群，研究生层次于2003年在民商法硕士点下分别开设“医事法、工程法”研究方向，此后在法学一级学科下独立设置，并建立了相应的课程群。[①]

从学制上，东南大学自2012年试点“本硕连读”模式，现已形成了“4+3”复合型工程法律人才培养模式，包括“四年工程法学本科+三年工程法学研究生”与“四年工程类本科+三年工程法专业方向研究生”两种模式。前者是法学专业本科生大二进行专业分流时，选拔学生进入工程法实验班，接受工程法本科教育，然后推免或考取法学硕士研究生（工程法方向），作为学术型研究生培养；后者则是针对土木、建筑、交通等非法学专业本科生，在学完本科专业后，经过推免或考取“工程法学”专业硕士研究生。[②] 这两种模式都是以法学与工程的知识复合、课程复合、学制复合、师资复合等为基础，把“工程法学”作为独立的专业，把工程法学法治人才培养作为独立的方向，把法学教育限定于特色的“工程法”领域，从而实现法治人才达到复合型以及工程应用型的目标。

就专业课程设置而言，法学专业本科生人才培养方案中专门针对“工程法学”方向确定了单独的课程模块，包括“工程法原理”主干课程以及“工程技术基础”“工程项目基础”“工程造价管理”“工程公法专题”“工程合同法专题”“不动产征收法专题”“工程争议解决实务专题”“房屋建筑学”等工程与法律交叉的课程群，此外，开设了“交通法”“医事法”“财税法”“科技法”等跨专业学科课程，既便于法学专业学生学习工程技术与管理的基本知识，又专门针对“工程法”开设复合型的法学课程，便于学生深入学习工程领域的法学知识以及法律法规。“工程法学”方

---

① 参见周佑勇：《构建“交叉、团队与实务”三位一体的复合型法律人才培养模式》，载《法学教育研究》2013年第2期。

② 参见单平基：《构建“双4+3”复合型工程法律人才培养模式》，载《法学教育研究》2017年第2期。

向研究生课程则开设了“工程法专题”“国际工程法”“工程法案例研讨”等特色课程,并举办工程法律实务研讨会等,由法学院与土木学院教师共同指导。就实践教学而言,除了与法院、检察院、律师事务所合作建立法学实践教学基地,开展法学专业能力培养外,还开展“工程法学科实务讲座”,建立“工程法学实践教学基地”,举办工程法学论坛等,让学生了解工程法学前沿动态,增强解决工程领域法律问题的能力。

由此可见,东南大学的跨学科、复合型、应用型工程法律人才培养模式的显著特点在于设立单独的“工程法学”交叉学科和交叉专业,并贯通于本科和硕士研究生教育,而且尽管“工程法学”在法学院开设,建立了相应的课程群体系,但课程教学与实践是以法学院与土木学院共同组成教学研究团队来开展。这与大部分高校把“工程法学”作为法学教育的一个特色方向存在显著区别,因而其建立的工程法律人才培养模式,对于交叉学科专业建设以及相应的法治人才培养具有参考价值。

三、大数据新型法治人才培养

随着大数据、人工智能、区块链等现代技术与法律的深度融合,亟须大批既精通法律又精通计算机、数据算法的“法律 + 技术”复合型人才,由此也催生了“数据法学”“计算法学”等新兴交叉学科。

以清华大学为例,2017 年 12 月,清华大学法学院揭牌成立“大数据与法律研究中心”,并召开“迈向数据法学”研讨会,旨在运用大数据服务司法、提升司法智能化水平。自 2019 年以来,清华大学法学院正式招收“计算法学”方向的法律硕士(非法学)全日制研究生,并作为独立方向进行培养,主要研究领域包括人工智能侵权、个人信息保护、数字货币、数字经济、互联网、信息技术等有关法律问题。课程设置包括“法律硕士通用必修课”共 12 门课 33 学分、“计算法学特色课”不低于 22 学分以及实践必修环节 15 学分。其中“计算法学特色课”分为“必修课”(“计算法学导论:新一代信息技术与法律”和“计算法学方法”)以及限选课程组 2 个模块,第一组包括“网络中的知识产权法”“市场管理法”“知识产权法学”“专利法专题研究”“专利代理实务”“科技法讲座”“网络规制法”“合同法”“网络与电子商务法”共 9 门课 25 学分(选修不低于 6 学分),第二组包括“信息检索的前沿研究”“人工智能”“人工智能原理”“大数据算法基础”“计算语言学”“知识工程”

“数据挖掘:理论与算法”“数据可视化”“网络空间安全基础与前沿”“计算机网络管理”“计算机网络安全技术”“机器学习基础”“大数据科学与应用系列讲座”“技术社会学”“大数据时代的司法与政治”“政务大数据应用与分析”“互联网治理”“计算机编程基础(python)”共18门课程45学分(选修不低于11学分)。这些课程既包括法学基础课程,也包括计算机基础、人工智能、知识产权等特色课程群。对研究生指导实行双导师制,除了法学专业导师外,由计算机系等其他专业教师担任第二导师,共同组成导师集体指导组,采取导师负责与集体培养相结合的方式。

东南大学法学院依托最高人民法院在东南大学设立的全国首家人民法院司法大数据研究基地,设立法律大数据与人工智能研究生人才培养方向,探索“小规模、宽领域、大生态”的“三元融合”培养理念,构建产学研用“四位一体”人才培养模式。东南大学2017年修订博士研究生培养方案、2018年修订硕士研究生培养方案,分别在法学一级博士点、法学一级硕士点之下设立“大数据与互联网法学”二级方向,并分别于当年完成第一批博士、硕士研究生招生。为了加强“法学+大数据”“法学+人工智能”的法治人才培养,东南大学探索确立了“三元融合”的培养理念:“小规模”,即以培养硕博联动的法律大数据与人工智能领军人才为目标,适当控制招生规模,坚持“小而精”的精英化人才培养模式;“宽领域”,即以法学理论、计算机技术、数学建模等多维度、跨学科知识为基础,通过精细化培养,实现法学与大数据、人工智能的知识融合,培养适应现代科技背景下司法运行与数字政府建设的高层次人才;“大生态”,即构建高校、实务部门、高新科技企业等联合协同培养机制,形成多元主体参与的人才培养生态环境,既包括校内不同院系协同培养,又包括校内与校外的联动,以满足实务部门对大数据与人工智能法治人才的需求。基于法律与大数据、人工智能的深度融合性,硕博人才培养坚持实践导向,建构了产学研用的“四位一体”培养体系,该体系以课程体系和师资队伍建设为基础。其中,课程体系体现融合性特色,包括“大数据与互联网法学”“法律大数据与人工智能导论”“法律知识图谱导论”“法律大数据检索导论”“法律大数据算法与逻辑”“互联网公法规则”等,而师资队伍包括校内法学优质师资、计算机专家、高新技术企业研发总监、司法实务部门信息化建设负责人等,探索建立了以课堂教学为主体,以“项目研发”和“学科竞赛”为“两翼”,包括智能实验室、第二课堂、研究生工作站、研究生实训基地等在内的“一体两翼四建设”法治人才培养路径。①

从清华大学“计算法学”硕士研究生以及东南大学“大数据与互联网法学”硕博研究生培养模式来看，这些新兴专业、新兴方向是现代高新技术迅速发展并与法学深度融合的产物，由此催生了对技术型法治人才的旺盛需求。基于此，探索建构新型的法治人才培养机制和模式，关键在于课程设置、师资队伍建设和多元协同育人机制的构建，特别是大数据、人工智能、区块链在法治实务部门中的广泛应用，某种程度上超前于法学教学和研究，由此确定了技术型法治人才培养的需求和内容供给。因此，亟须着眼于法治实践前沿，促进法学与计算机、数学等学科的深度融合，建立复合型的课程体系和师资队伍，以此培养兼具法律与技术知识的德法兼修复合型法治人才。

四、结语

《卓法 2.0 意见》确定了新时代德法兼修卓越法治人才培养模式构建的基本内容，包括“厚德育”“强专业”“重实践”“深协同”“强德能”“拓渠道”“促开放”“立标准”等 8 个方面，集中体现为课程体系建设、法治实践教育、师资队伍建设等重点领域。政法类院校探索建立了法学教育教学以及法治人才培养的一般模式；理工科院校法治人才培养的突出特点在于“有特色、凸特色、强特色”，这个“特色”就是法学与理工科高峰学科、优势专业、特定行业领域的深入融合，以此培养跨学科、工程化、新技术的应用型法治人才，而这个关键在于处理好法学专才与通才教育的关系，即一方面要强化特色，为特定行业特定领域培养精通法律与行业知识的法治人才；另一方面也要注重法学基础教育，在本科教育中坚持“1 + 10 + X”的核心课程体系，可在“X”中建立不同的特色模块，包括诸如计算法学、人工智能法学、大数据法学、工程法学、交通法学、科技法学、能源法学等不同课程群组，组建优质的跨学科师资队伍，探索建立特色化的德法兼修卓越法治人才培养体系和模式，实现法律与其他学科的交叉融合以及法治人才培养的德法兼修。

---

① 参见王禄生、王爽：《大数据与人工智能法学方向研究生人才培养模式探索——基于东南大学的“三元融合”教育实践》，载《法学教育研究》2021 年第 2 期。

第四章　新时代德法兼修卓越法治人才培养的实践探索
——以华北电力大学法学本科生教育为例

新中国成立以来，我国不断深化法学教育教学改革，以此适应国家和社会对法治人才培养的需要。总体来看，无论是持续加强法学专业课程设置还是逐渐形成现今“1+10+X”的法学专业核心课程，抑或建立以“两课”为核心的思政课程体系，乃至加大实践课程（环节）比重等改革措施，重点是坚持“什么样的课程体系培养什么样的人才”的思路，着力推进课程体系改革，主要体现在法学专业人才培养方案上，并以此为依据，有序开展法治人才培养。由此造成的结果是：一方面，各门课程都注重于自身的知识体系构建以及教学实施，形成自洽的课程育人逻辑，课程之间缺乏必要的衔接，特别是专业课程与思政课程一般是由法学专业教师和思政课教师分别承担，而且两类教师处于不同的部门（前者由法学院系或法学教研室承担，后者由马克思主义学院或思想政治理论教学科研部即思政部承担），导致两类课程的割裂，特别是法学专业课程教学偏重于专业理论知识学习而忽视价值引领，在西方法治理论冲击下造成学生对中国特色社会主义法治缺乏足够的自信和认同；另一方面，以往以课程体系为中心的改革，尽管强调专业实习实践的重要性，但主要是以课堂理论教学为主，实习实践未引起足够重视，缺乏完善的考核机制，导致实践环节落实不到位、学生法律应用能力仍有待提高。尽管一些高校积极探索法治人才培养模式改革，但仍未跳出上述基本框架，新时代全面推进依法治国，法治人才培养面临的困境日益凸显。此为习近平总书记针对法治人才培养专门提出“德法兼修”目标的重要背景。

作为具有鲜明行业特色、以工科见长的华北电力大学，于 2001 年开设法学本科专业，此前开办法学辅修专业，开展法学教育起步较晚。自法学专业设立以来，华北电力大学法政系坚持“入主流、强特色、小而精”的发展思路，积极探索法学教育教学改革，在设立初期即探索法律诊所教育，此后以高水平学术研究反哺教学、开展法治志愿服务等，注重拓展人才培养渠道，构建具有特色的法治人才培养模式。自习近平总书记于2017年提出“德法兼修”高素质法治人才培养以来，华北电力大学法政系立足实际，开创思路，推进法学教育教学改革，着力探索新时代德法兼修卓越法治人才培养模式。经过五年来的实践探索，紧紧围绕“德法兼修”育人目标，坚持“德法相融”的教育教学改革理念，华北电力大学探索建立了具有特色的“一体两融三元素N模块”德法兼修卓越法治人才培养体系和模式，以课堂教学为主阵地，开展课程思政，以素质拓展为补充，建立了包括“华电法律人”读书会、“法政讲堂”、“创新 & 前沿”论坛、“专业读报”、学术能力训练以及“思政讲堂”、“人文茶座”、“校友开讲”等特色品牌，以增强学生体验感知为目标，建立了包括专业实习、认识实习等体验感知模块，以内化法治素养为目标，开展形式多元的法治实践活动，以此构建全方位、多层次、立体化的卓越法治人才培养模式，并探索创立了“理论・感知・内化”的德法兼修卓越法治人才培养“三进阶”机制。其中，“理论”进阶重点在于讲深讲透理论，让学生掌握法学理论知识和思政知识；“感知”进阶则是以增强学生自我感知为目标，在亲身体验中验证和深化理论知识，提升法律应用能力，激发学生内心情感，增强对中国特色社会主义法治的认同；“内化”进阶是在亲自参与法治实践中锤炼法治品格，以此内化“明法笃行、知行合一”的法治素养。

第一节　德法兼修卓越法治人才培养模式的设计

对于法学教育教学而言，德法兼修卓越法治人才培养是全局性、系统性的改革，旨在探索德法兼修的人才培养模式。所谓模式，是指具有一定普遍适用性的可重复的方式方法。从不同角度理解，法治人才培养模式具有多样性，如英美法系的职业教育模式、大陆法系的素质教育模式等。我国对法治人才的要求是“德才兼备”，长期以来的法治人才培养存在专业教育与思政教育相分割的“二元化”以及以课堂理论教学为主的模式特征，即大部分高校基本上是按照此种方式进行人才培养。新时代德法兼修卓越法治人才培养需要走出此种方式，探索建立“德法相融”的、涵盖课堂理论教学、校内素质拓展、实习实践等在内的，实现价值塑造、知识传授和能力培养有机统一的新模式。因此，其全局性不仅体现在法学专业课程改革，而且涵盖“德”“法”两个层面的各个环节；其系统性在于该模式涵盖理论与实践、校内与校外、专业与德育等各个环节，是各个模块共同构成的有机体系。基于此，自 2017 年以来，华北电力大学法政系紧扣德法兼修卓越法治人才培养目标，坚持“德法相融”理念，以价值、知识、能力、行为作为法治人才培养的四个层次目标，其中前三个层次作为高校人才培养的目标，与价值引领、知识传授、能力培养的“三元素”相对应，探索构建了“一体两融三元素 N 模块”的法治人才培养体系和模式，通过打造特色品牌实现人才培养过程的“德法兼修”。

一、背景：紧扣“德法兼修”育人目标

探索法治人才培养模式改革，实现内涵式发展，提升法治人才培养质量，是教育教学的生命力之所在。华北电力大学法政系构建德法兼修卓越法治人才培养模式，其基本背景是落实习近平总书记在 2016 年 12 月召开的全国高校思想政治工作会议上提出的高校“培养什么人、怎样培养人、为谁培养人”的根本问题，直接依据是习近平总书记 2017 年 5 月在中国政法大学考察时首次明确提出的培养“德法兼修”高素质法治人才的目标，主要着眼点是如何实现“德法兼修”。特别是对于具有鲜明行业特色的工科院校而言，法学专业的办学条件和资源禀赋无法与国内知名政法类大学相比，甚至与综合性大学或者同等层次的工科类大学相比也存在较大差距，但与此同时也具有自身的独特优势。因而，既要立足于法学教育教学的一般规律和模式，也要注重发挥自身的特色和优势，此为构建德法兼修卓越法治人才培养模式的现实条件，也是宏观背景。

从华北电力大学法学专业的发展历程来看，2000 年，在原法学辅修专业的基础上，原社会科学部申报获批法学本科专业。2001 年，法政系成立，当时学校校部设在保定，法学专业作为法政系首个本科专业面向全国招生首届本科生。2005 年 10 月，学校校部由设在保定变更为设在北京。2006 年，笔者被任命为法政系副主任，主管教学工作，在迎接 2007 年教育部本科教学工作水平评估时，笔者提出“入主流、强特色、小而精”的专业发展思路。2006 年获批诉讼法学硕士学位授予权，2007 年笔者有幸作为第一个硕士生导师招生研究生。至此，法学专业建立了本科

生和研究生培养的学科专业体系。2007 年,仅开办六年的法学专业,以优异的成绩通过教育部本科教学评估,但专业知名度低,甚至经常听到"华电还有法学"的质疑。在此情况下,笔者决定以学术研究为突破口,不断提高华电法学的知名度和影响力。但这种探索何其艰难。直到 2008 年,笔者成功获批最高人民法院重大司法制度改革项目,因扎实的研究赢得了声誉,此后连续承担最高人民法院在全国推行的"建立健全多元化纠纷解决机制"、"公开审判制度"以及《强制执行法》单独立法等重大改革项目,以高质量研究成果支撑学科专业建设,并于 2012 年成功获批诉讼法学河北省重点学科,同年获批法学一级学科硕士学位授予权。此后,以司法制度研究为特色,华北电力大学法学专业的知名度和影响力不断提升。2018 年获批法律硕士授予权并于 2019 年开始招生。2020 年,笔者作为负责人申报专业建设"双万计划",顺利获批法学河北省一流本科专业,2021 年获批法学国家级一流本科专业。在短短的 20 年间,华北电力大学法学专业从无到有、从边缘化到知名度提升,建立了涵盖本科生教育和研究生教育、学术型研究生与专业学位研究生、省级重点学科以及国家级、省级一流本科专业等学科专业发展成绩。特别是国家级、省级一流专业的获批,是法政系探索德法兼修卓越法治人才培养改革与实践的结果,也是坚持德法相融、德法兼修的实践探索效果的见证。

二、理念:"德法相融"贯穿全过程

任何改革都需以科学的理念作为支撑。"德法兼修卓越法治人才"作为法学教育教学和人才培养的目标,是德智体美劳全面发展目标的具体化,是"德才兼备"的人才标准在高校教育环节的体现。法学教育教学过程的"德法兼修",要求既修"法"又修"德",但不再是二者的割裂,而是要求"德法相融",即把"德""法"贯穿于法治人才培养的各个环节全过程,"德"与"法""你中有我、我中有你",此为对如何实现"德法兼修"的破题,也是探索构建新时代德法兼修卓越法治人才培养模式的理念支撑。华北电力大学法政系探索德法兼修卓越法治人才培养模式,把"德"与"法"作为"两翼",起初探索建立"一体两翼三元素 N 模块"体系,其中"三元素"包括法律专业知识(知识)、法律职业伦理(价值)、法律应用能力(能力)三个基本要素,以此实现"德法兼修"。但"德""法"作为"两翼",理念上可能存在某种割裂,且和"德"与"法"之间"你中有我、我中有你"的关系不太吻合,因而修正为"德法相融",并作为法治人才培养的一以贯之的理念。

如何贯穿"德法相融"理念，关键在于把法治人才培养分为若干个不同的进阶（阶段），在每个进阶（阶段）都把价值塑造、知识传授、能力培养作为"三元素"，把马克思主义基本原理、中国特色社会主义理论、中国特色社会主义法治、法律职业伦理等与法学专业知识、法律应用能力紧密结合，由价值引领专业知识学习，通过专业知识学习增强价值自觉。

首先，在理论知识学习阶段，坚持专业知识与思政知识的融合。对于法学专业课程而言，"德法相融"是把习近平中国特色社会主义思想、习近平法治思想、法律职业伦理等贯穿于法学专业的每门课程，打造融"德"与"法"于一体的课程思政"金课"。此外，就德育知识学习而言，在"两课"的基础上，以"习近平法治思想概论""法理学""法律职业伦理""宪法学""中国法律思想史"等为主，在课堂教学中注重对马克思主义理论、中国传统优秀文化、社会核心价值观的教育，开展立足法学专业的思政知识教育，特别是把宪法规定的中国特色社会主义根本制度、基本制度、重要制度、具体制度作为连接中国特色社会主义与法治的纽带，作为开展专业思政与课程思政的结合点，作为法学专业其他课程开展思政教育的着力点，形成课程与思政相融的格局。

其次，在体验感知阶段，让学生参与现实的法治场景中，通过亲眼所见、亲耳所闻、亲身参与，激发自我感知。"德法相融"是在法治场景中验证理论知识，把抽象的知识融入生动的法治场景，增强学生的直接感知，以此理解中国特色社会主义法治必须牢固坚持党的全面领导、坚持以人民为中心的理念并非空洞的，而是贯穿于法治实践的全过程，因而得到人民群众的深切拥护，让学生在法治场景中体察国情社情民情、感受中国特色社会主义发展成就特别是党的十八大以来发生的历史性巨变，体悟人民群众对法治的情感和认知，激发学生投身于法治实践的责任担当和奋斗精神。

最后，在素养内化阶段，注重学生参与法治实践的亲历性，使学生转化角色，作为当事人或法治实践的真实参与者，面对真实的案件，全方位地训练学生对法律知识的应用能力，激发学生的共情意识，体悟具体情境中的行为选择及其逻辑，进而作出正确的法律评判，以此引导学生树立正确的价值观。因此，素养内化阶段的关键在于将"德法相融"理念转化为法治实践所必需的素养，目的是达致"知行合一"，即未来亲自参与法治实践、推进法治建设，能够自觉地把在学习期间获得的知识、价值和能力转化为法治行为，而且确保行为与知识、价值、能力的统一。

上述三个环节即华北电力大学所探索建立的德法兼修卓越法治人才培养的“三进阶”。“三进阶”是一个有机衔接的整体,“德法相融”理念贯穿于法治人才培养的全过程,在每个环节都注重“以德为先”“以法为基”,“德”强调的是价值问题,而“法”培养的是能力,二者相辅相成,以此实现立德树人、德法兼修、明法笃行、知行合一。

三、体系:一体两融三元素 N 模块

新时代德法兼修卓越法治人才培养模式需要以“德法相融”理念为支撑,打造并构建具有特色的法治人才培养体系。自 2017 年以来,华北电力大学法政系探索建立了“一体两融三元素 N 模块”体系,本书第一章已进行了总体介绍。其中,“一体两融三元素”侧重于理念、思路等宏观层面,此为体系构建的基石,在此基础上,法政系重点打造“德法相融”的“N 模块”,创新法治人才培养机制,打造具有特色的品牌,提升培养德法兼修卓越法治人才的能力以及法治人才培养的质量和水平。

华北电力大学按照全面依法治国、新文科建设等理念和要求,以法学专业人才培养方案为中心,修订完善“N 模块”课程体系。2017 年修订的法学专业培养方案分为专业必修课与专业选修课两部分,前者包括公共基础教育(“两课”、英语、体育、军事等共 14 门课程)、专业基础(7 门专业课程)、专业必修(包括法律职业伦理在内共 19 门课程)以及集中实践(包括军事训练、认知实习、司法实务见习、科研能力训练等共 11 门课程),后者包括专业知识拓展(包括婚姻家庭法、保险法、税法、金融法、能源法律与政策等 9 门课程)、专业技能拓展(律师实务、案例研习、法律文书写作共 3 门课程)以及其他选修课(分为通识教育选修课程、跨专业选修课程、研究生学位课程)等,该方案把职业教育和素质教育相结合,同时体现德育模块、专业模块以及特色模块。2021 年再次修订的法学专业人才培养方案,提出法学人才培养的知识、能力和素质要求包括法学基础知识、法学专业知识、法学特色知识、法学专业技能、自主学习能力、学术研究能力、创新创业能力、法律职业素质、思想道德素质等 9 个方面,分为法学专业必修课程体系、法学专业部分集中实践课程体系、法学专业选修课程体系。其中,法学专业必修课程体系分为公共基础教育、学科门类基础、专业基础、专业核心等 4 个模块,主要是调整了课程设置,包括“两课”中的“思想道德与法治”“习近平新时代中国特色社会主

义思想概论”以及“习近平法治思想概论”“电力法”“百年电力史”等新增课程以及特色课程;2021年版的最大特色在于“法学专业选修课程体系”,分为交叉学科模块(法律经济学、法律社会学、司法社会工作、法律英语、网络与电子商务法、人工智能与法律、数据法学共7门课程),基础拓展模块(法学导论、西方法律思想史、法学前沿、监察法共4门课程),复合知识模块(基础心理学、大学文科数学、公务员制度概论、人力资源管理、当代中国政治制度等6门课程),民商法律模块(专业课程7门),涉外法律模块(国际法案例精读,此后可能会继续拓展),法律实务模块(3门课程)以及其他选修课(跨专业选修课、通识教育选修课)等。此次修订建立了“必修+选修”相结合、分模块的课程体系,特别是必修课增加专业德育课程,选修课建立交叉融合的素质拓展模块,既有利于面向法学专业学生开展德法兼修人才培养,又面向全校学生开设,鼓励其他专业学生选修,以此扩大法治人才培养的覆盖面。

在此基础上,立足于专业,打造法治素养提升的“N模块”。在校内,“法”的层面,创办了“华电法律人”读书会、“法政讲堂”、“创新&前沿”论坛、专业读报、学科竞赛等品牌。“华电法律人”读书会旨在配合课堂教学,组织和带领学生阅读经典著作和文献,拓展学生知识面,引导学生对法学的理解迈向纵深化。“法政讲堂”和“创新&前沿”论坛作为学术交流模块,前者面向全校,邀请国内知名院校著名法学家、知名学者进校举办高水平学术报告,后者主要面向研究生,也鼓励本科生参加,邀请知名专家学者举办学术讲座或开展研究生学术交流,以此拓展学术视野、营造浓郁的学术氛围。专业读报是笔者自费购买报纸,面向本科四个年级学生开展的品牌项目,主要目的在于让学生及时了解法治前沿动态,常态化阅读报纸理论文章,研习“小论文”写作等,重点是让学生与法治中国建设的历程同步成长。学科竞赛则是以“挑战杯”“创青春”“互联网+”“调研河北”“大学生创新创业项目”等为依托,立足专业确定研究题目,通过实证调研,撰写调研报告或论文,着力培养学生运用法律思维、法律知识分析社会现象、解决现实问题的能力。由此建立了“课堂教学—法学拓展—学术前沿—法治动态—法治素养”的专业素养“全链条”,在各个模块中都注重把德育渗透于其中,引导学生感悟中国法治,学习大家名家立志于法治中国建设的情怀担当和奉献精神。“德”的方面,创办了“思政讲堂”“人文茶座”“校友开讲”等特色思政品牌。“思政讲堂”旨在邀请思政教育领域的专家学者进校举办思政前沿讲座,聚焦大学生成长成才与实现中华民族伟大复兴中国梦等主题，引导新时代青年学生牢固树立对马克思主义的信仰、对中国特色社会主义的信念、对中华民族伟大复兴中国梦的信心，到人民群众中去，到新时代新天地中去，让理想信念在创业奋斗中升华，让青春在创新创造中闪光，以此作为“两课”思想政治教育的重要补充。“人文茶座”则以茶座的形式，围绕大学生人文素养提升确定主题，坚持小角度切入、大视野聚焦，在全校范围内广泛征集参加者，邀请专家学者与学生面对面畅谈，参加者在自由轻松的氛围中谈理想、谈信念、谈认识、谈体会，突出参与的自主性、体验式和互动性，精准关注学生诉求，不断提升大学生的人文素养、思想道德水平和综合能力。“校友开讲”则旨在发挥榜样的力量，邀请优秀校友，结合自己求学经历以及在工作岗位上的奋斗历程，勉励新时代青年大学生珍惜校园时光。由此建立“思政课堂—思政拓展—人文拓展—榜样典范”的德育模块，在各个模块中都立足于专业，把中国特色社会主义法治贯穿于思政人文教育之中，夯实思政教育的专业根基。

在专业实习和法治实践环节，着力打造包括专业实习、认知实习以及法治实践等品牌。其中，专业实习和认知实习是以增强体验感知为目标。前者主要是与法院、检察院等法治实务部门合作，组织学生开展常驻式实习，了解司法运行程序以及法律适用，每次实习都函请实务部门把强化法律职业伦理放在首位，让学生在参与案卷整理、担任庭审记录等实习过程中，既要增强法律适用的体验感知，增强法律应用能力，又要了解现实情境的复杂性和司法的社会性，更要在面对现实问题时保持警惕，保持对法律的敬畏以及承担维护法律职业荣誉的责任，避免把个人情感夹杂在案件审理中甚至出现以权谋私、枉法裁判等违背法律职业伦理的行为。后者则是对法治人才的认知拓展，重点是走出校园、走出法律、走向社会，组织学生参观、观摩具有典型性的企业等，让学生感受新时代中国的巨变，激发学生对中国特色社会主义的内心认同和自信，提升德育效果。法治实践是由模拟法庭、法治情景剧、普法宣传、法律咨询、代写法律文书等组成的模块，让学生以“当事人”的身份参与法治实践，不仅是价值、知识、能力的现实应用，而且着眼于从“知”到“行”的转化，以此达致知行合一，进而强化学生的价值塑造，提高知识学习和能力提升的自觉性。一方面，把学生置入法治场景中，让其真切感受遇到真实的法律问题时，无论通过何种机制解决，都需要具备过硬法律职业伦理、扎实专业基础、综合应用能力，深刻认识自身存在的短板、强化练就真本领的紧迫感，进而珍惜美好光阴，增强德法兼修的主动性；另一方面，通过亲身参与法治实践，把自身的法治素养“输出”“转化”为法治行动，无论是面对法律问题还是自身日常行为，都把法治作为一种内在的品性，成为日常学习生活的习惯，强化法治的自发性、自觉性。因此，法治实践是以角色转变为主要特点，通过双向强化来实现法治素养的内化。专业实习和认知实习作为感知进阶，而法治实践作为内化进阶，它们尽管都是走出课堂、走出校园、走出理论，在实践中锤炼法治品格、锻炼法律应用能力，某种意义上都具有实践性，但在德法兼修卓越法治人才培养的目标、价值等设计上具有区别，专业实习和认知实习主要是以旁观者的身份参与，即便是担任庭审记录等实质性的司法活动，也是在法官的指导下开展相关工作，更不存在法律责任的问题，而法治实践则是让学生以当事人的身份参与，从自身的立场、价值、诉求等出发，在法治运行的各个环节必须对自身行为负责，以此作出抉择，这种置入事中、身临其境的角色转化，既是检验法治素养的重要方式，也是内化法治素养的重要途径，既是德法兼修素养的综合体现，也是常识常理常情的综合运用，进而达致明法笃行、知行合一。

四、结语

各个高校法学教育的资源等各不相同，也各具特色，因而，新时代德法兼修卓越法治人才培养模式具有多样性。华北电力大学法政系探索构建的德法兼修法治人才培养模式，是以“德法相融”作为理念，建立“一体两融三元素 N 模块”的人才培养体系，并以“N 模块”作为法治人才培养的载体和品牌，包括建立以人才培养方案为中心的“N 模块”课程体系、校内专业与思政的素养拓展、提升“N 模块”以及实习实践模块等，通过理论学习、体验感知到素养内化的进阶式培养，达到价值塑造、知识传授、能力培养和行为转化的有机统一。

第二节　德法兼修卓越法治人才培养模式的进阶

德法兼修卓越法治人才培养模式作为一个整体，其各个组成部分之间存在内在联系。华北电力大学法政系在实践中探索构建的“一体两融三元素 N 模块”德法兼修卓越法治人才培养模式，“一体”是本体、核心，体系和模式的构建始终围绕这一本体；“两融”是理念、支撑，重心是如何处理“德”与“法”的关系，重点是既解决法学专业教育中的德育短板，又解决“德”与“法”的“两张皮”问题；“三元素”是关系“培养什么人”的问题，是德智体美劳全面发展的具体化，法治人才培养的每一个环节都涵盖价值、知识、能力这三个要素，尽管一些环节对某个方面有所侧重，但都是把价值塑造放在首位，以价值涵养知识、引领能力；“N 模块”是法治人才培养实施的总体设计，是落实“一体两融三元素”的抓手，如何处理“N 模块”之间的内在关系，是探索构建体系模式的重心。为此，笔者探索提出了“理论·感知·内化”的“三进阶”逻辑结构，每个进阶存在自身独特的价值，通过从低进阶到高进阶的迈进来实现人才培养的德法兼修、知行合一。

一、立体化深化理论进阶：讲深讲透理论

作为一门集政治性、思想性、价值性、应用性于一体的学科，推进德法兼修卓越法治人才培养与法学教育教学改革，“德”与“法”本身具有内在统一性，即法学“自带思政”，不存在远离政治的法治，也不存在脱离道德的法治。马克思主义经典作家对法治与政治、道德等的关系展开了精辟论述，中外法学学者也把法的政治性、法的道德性等作为重要研究论题，由此形成了丰富、博大、精深的理论知识。从人的塑造角度来说，获取知识处于基础地位，只有解决了“知”的问题，才能在“行”的层面具有思想意识、作出理性行为，而非本能的或潜意识的。因此，教育的使命是育人，首要任务是知识传授，正所谓“师者，传道授业解惑也”，“传道”放在首位，所谓的“道”即道理，属于认知层面，即知识范畴，源于传道者的研习或亲身感受，对于接受者而言处于间接知识，具有理论性。知识具有广泛性，一切可对人们提升认知具有积极作用的都可称为知识，因而也具有价值性。传统的知识传授渠道是课堂，但对于新时代德法兼修卓越法治人才培养而言，仅仅依靠课堂是不够的。一方面，法学专业的课程门类多，学分量大，对于以“‘1+10+X’核心课程+选修课程”的课程模块，仅仅是讲授基本课程，而且限于学时，每门课程的知识学习偏重于“面”而难以达到纵深；另一方面，课堂教学以教材为中心，尽管一些老师自编讲义，但由于对本科生而言，每门课程都属于“新课”，需要从基本理论知识入手，不可能从学术高度展开更为深入的讲解或探讨。此外，相对于中小学阶段的学习，大学排课比较宽松，学生的课余时间相对比较充足，如何引导学生充分利用闲暇时间认真“充电”，这为构建立体化的理论学习模块提供了现实条件。有鉴于此，华北电力大学法政系以理论知识传授作为第一进阶，建立了包括课堂教学、

"华电法律人"读书会、"法政讲堂"、"创新＆前沿"论坛、专业读报等在内的立体化专业模块，在确保理论知识学习基本面的基础上进一步向纵深、向前沿拓展，提升学生的法学专业素质；建立了包括"两课"与"习近平法治思想概论""法律职业伦理""法理学""宪法学"等在内的由思政课程与具有鲜明思政色彩的专业课程所构筑的课堂教学、"思政讲堂"、"人文茶座"、"校友开讲"等立体化思政模块，以此提升学生的思想政治和人文素养。

作为"理论"进阶，无论是专业模块还是思政模块都是以解决"知识层面"的专业理论和价值认知为目标，具体分为三个层次。第一个层次是课堂教学。课堂教学是理论知识传授的"主渠道"，无论是专业课程还是思政课程，要求任课老师选用"马工程"教材，对讲授的专业知识、思政知识进行课程设计，把每门课都打造成集专业与思政、德法相融的"金课"，其基本要求是讲透理论知识。特别是对于学生可能存在理论认识分歧或误区的知识点，既要讲授学界通说，也要讲授不同学者的观点，更要对各个学说观点形成的社会条件、理论基础等进行透彻讲解，学者所提出的每一个理论是针对什么问题、在何种情况下、从哪个角度提出的，对其具有的科学性、局限性、社会适应性等进行综合分析，进而对于是否适合中国的现实国情以及中华传统文化等作出评析。通过这种层级递进的理论讲解，既要学生掌握基本理论知识，而且对其背后的因素以及内在逻辑又要具有深刻理解，从基本知识面上达到"透彻"。第二个层次是纵深拓展。基本要求是在课程学习的基础上进一步针对法学理论、法学方法或者某门课程进行深度学习，基本方式是组织阅读经典著作和文献，组织和引导学生多读、精读，以此配合课堂教学并弥补以基本知识为主的局限。以"法理学"为例，笔者购买了法理学、法哲学的经典著作，制定了阅读清单，在教授"法理学"课程的基础上，组织学生阅读中国法理学与西方不同法学流派的经典著作，了解中西方不同法治理论的内在逻辑和基本观点，特别是近现代以来具有影响力的图书，让学生区分凝结着人类共同价值的法学理论和具有意识形态倾向的理论及其实质，进而接受人类法治文明的共同成果，以此增强对中国特色社会主义法治的认识，理性辨析并自觉抵制西方法治意识形态渗透。因此，理论纵深拓展的形式体现是从单一的教材知识、课堂学习转向多元的经典著作文献阅读，以此增强理论知识学习的深度。第三个层次是前沿拓展。其主要是让学生及时了解专业与思政发展的前沿动态，特点是"新"，不仅是让学生获得新知识，而且是以最新的理论成果、最新的实践动态作为内容。比如，"法政讲堂”、“创新 & 前沿”论坛、专业读报、“思政讲堂”等活动，都注重结合当前全面推进依法治国的最新进展，邀请知名专家学者举办高水平学术报告、开展高层次学术交流，以此营造浓郁的学术氛围，弥补教材静态化知识的局限。总之，“理论”进阶是以立体化模块为载体，以解决知识层面的认知问题为出发点和目标，以讲深讲透理论知识为方式，实现学生价值认知和专业知识的交互相融式提升，为学生增进感知、内化素养打下坚实的理论知识基础。

二、全方位体验感知进阶：增进自我认知

理论知识是间接经验，无论是从教材图书获得，还是他人传授，都是源于他人的认知，尽管这些认知是长期以来探索并积淀的科学知识，但对于人才培养而言，只有转化为自我认知，才能从内心产生认同，并形成正确的世界观、人生观和价值观；实现自我认知转化的基本方式是“体验式”育人，而这正是传统的课堂教学存在的局限性。为此，华北电力大学法政系以“感知”作为第二进阶，以间接经验转化为直接体验、以此增进学生自我认知为目标，探索建立了包括专业实习和认知实习在内的全方位体验感知模块，通过亲眼所见、亲耳所闻、亲自体验，验证理论知识，激发内心情感，实现情感共鸣、思想共振、认知共识，从而达到间接经验与自我认知的统一。这不同于课堂上播放视频片等间接见证，而是在全时空的现实场景中，让学生感知、感受、感悟，以此获取的认知源自自我的直接体验。

“感知”进阶具有验证理论知识、获取直接体验、深化内心认同等多重功能。一是验证理论知识。“理论”进阶所获取的理论知识源于“空对空”的知识传授和学习，具有抽象性，即便是教师通过课程设计、多媒体教学展示等方式，或者采取启发式、讨论式、研习式等教学方法，但对于学生而言，都是以现有的认知作为基础，以知识的内在逻辑作为支撑，以理论自洽作为判断标准，甚至包括预设式理论假定、理想化理论建构等，而实践状态究竟是怎样的，通过“理论”进阶的各个模块是无法实现的，甚至一些学生对理论知识存在怀疑，并非针对理论的逻辑自洽，而是认为理论与现实脱节。这种认知既可能源于对实践真实情况的不了解，也可能源于自身局限性的直接体验。比如，一些学生在中小学阶段因家庭或亲戚邻居发生过诉讼案件，受制于道听途说的片面信息、身边人员的主观传授以及学生当时的理解能力等，可能造成学生对我国司法乃至法治的一些偏见或误解，而这种认知是源自内心的、根深蒂固的，只有让学生亲身体验司法运行，才能从专业的角度

纠正认知,这进一步印证了“感知”进阶的必要性。因此,“感知”的首要功能是把理论知识具象化、情景化,让学生在真实场景中通过亲身感知来验证理论知识,包括理论与实践的统一性、理论的前瞻性与实践的改进空间、实践的创新性与理论的滞后性等,进而深化理论认同、挖掘理论局限、培育探索创新精神。二是获取直接体验。直接体验对学生认知的“冲击性”体现在多个方面,包括价值认知、知识认知、能力认知等。直接体验往往具有“代入感”,使学生在感受法治现实状态的过程中去反思、批判和探索,潜意识中是以“如果是我”的身份去衡量。比如,参加庭审旁听,对于法官驾驭庭审能力以及当事人的庭审表现,学生会以已学习的法律知识作为准绳去衡量,在此过程中既验证了理论知识,又对庭审环节存在的“瑕疵”或因具体情境所采取的正当措施等具有直观认知,进而增强对理论知识的理解。三是深化内心认同。中国特色社会主义法治道路是党领导下、以人民为中心、符合中国国情的法治道路,是中国式法治现代化新道路,是中国特色社会主义法治理论的具体实践。对于一些学生而言,由于缺乏实践感知体验,往往将此作为宏大的理论话语甚至认为是“口号”,只有通过实习、观摩等,了解最高人民法院推进“一站式多元解纷机制、一站式诉讼服务中心”建设(以下简称“两个一站式”),才能真正理解人民法院坚持以人民为中心、践行司法为民宗旨的实际行动,以此深化对中国法治的内心认同,增强做中国人的志气骨气底气,增强投身于中国法治实践的自觉性。

“感知”进阶分为专业实习和认知实习两个体系。专业实习主要是组织学生到法院、检察院等法治实务部门进行实习,包括民事庭审见习、刑事庭审见习、毕业实习以及常驻式实习等。其中,庭审见习重点在于让学生了解庭审程序的运行过程,在见习前对课堂上讲授的普通程序、简易程序、速裁程序等各类程序的适用条件、程序流程等再次进行梳理,对各个程序设置的原理再次进行讲解,特别是哪些程序是必需的、不可或缺的,对这些程序如何体现程序公正等理念再次回顾,见习时对标流程观摩庭审运行的全过程,以此验证理论知识,把法治的价值、理念融入到司法程序之中,通过学生的亲自感知来强化法律职业伦理。毕业实习、常驻式实习则是在资深法官、检察官的指导下,学生全程参与司法活动,熟悉司法运行环境,了解法治工作者日常工作,参与法官、检察官安排的具体协助工作,在此过程中通过观察、参与、思考,形成对法治的直接感知和自我认知,纠正可能形成的司法偏见,树立司法运行的正确认识,坚定中国法治的信仰信念信心。认知实习的目标是增强学生对中国特色社会主义制度、新时代中国巨变以及科技、能源、社会治理等各个领域具有引领性的创新改革的认知，以此激发和强化学生的理念信念、家国情怀、责任担当和奋斗精神。因此，相对于专业实习立足于法学和法治，认知实习则是走出专业，把学生作为社会的“人”、国家的“人”，以培养法治建设有用之才、有为之才为出发点和落脚点，其首要要求是让学生真心拥护党的领导、真心热爱中国特色社会主义，这是德法兼修中“德育”的重要方式。这种德育纳入人才培养方案，作为教学任务，每次开展认知实习都事先对实习单位进行全面考察，确定具体的实习目标和实习内容，讲解作为法治人才应当具备怎样的政治素养、道德品质和职业伦理，确保认知实习的针对性和实效性。

综上所述，“感知”进阶是理论知识的情景化、具象化，其目的在于为学生创造参与实习实践的条件，在观摩学习和有限度参与中验证理论知识，把间接经验转化为自我认知。“感知”进阶分为“德”与“法”两个层面，每个模块、每次活动、每个环节都贯穿“德法相融”理念，培育法治人才应当具有的“德”，强化法治人才作为安身立命根本的“法”，以此实现“感知”进阶的德法兼修。

三、亲历式实践内化进阶：内化法治素养

习近平总书记对法治工作者提出“五个过硬”“四个忠于”等具体要求。对于法治人才培养来说，具备扎实的理论知识是基础，通过体验增强自我认知是对理论知识的情景化、具象化，而从理论、感知到法治素养的升华，还需要经过实践内化，让学生亲身参与法治实践，转变角色，置身其中，更深刻地体会、感悟法治，实现从自我认知到自我素养的转化。因此，“内化”是第三进阶，也是终极进阶。华北电力大学法政系探索构建的“内化”进阶是在普法宣传等基础上，创新形式、拓展领域、打造品牌，多年来持续坚持，形成了包括普法宣传教育、法治情景剧、模拟法庭审判、模拟法庭进校园进机关进院系、法律咨询、代写法律文书、法律援助等在内的法治实践系列项目，以此内化法治素养。

“内化”进阶的目标是达致知行合一，通过亲历式的法治实践来实现，支撑点是角色转化为直接的当事人、参与者。正所谓“纸上得来终觉浅，绝知此事要躬行”，从书本上获得理论知识抑或他人经验传授的“理论”进阶，学生几乎没有亲历式的体验，而“感知”进阶也主要是耳闻目见和有限度参与，这两个“进阶”的共同点是学生置身事外，以“旁观者”的身份接受教育，旨在让学生获取足够的理论知

识，以及获得源于真实感知的自我认知，但达到精准、熟练、全面地分析社会现象中的法律问题，以及运用法律解决现实问题，必须从学生身份转化为当事人、法治工作者等身份，进入角色、亲身参与，唯此才能获取最真切的体验。因此，“内化”进阶的实践性，无论是理念目标还是实践方式，都与“感知”进阶具有明显区别，承载着双向强化的育人功能。

一方面，“内化”进阶是对法治素养的现实检验。实践中法治是鲜活的、复杂的，作为一种社会现象，如何从纠纷或案件中敏锐地锁定法律问题，精准定位可能适用的法律规范，并综合运用法律进行分析和解决，这是对学生综合素养的考验。这不同于课程考试，卷面上对案情进行了准确叙述并提出了问题，然后由学生进行解答，而且各个课程只针对该课程知识进行考试测验，而真正的案件则不区分课程知识，一个案件可能同时涉及民事责任、行政责任和刑事责任，也可能涉及法条竞合甚至法条冲突等问题，以及案情描述、法律问题梳理、证据收集等都需要自行完成。因此，“内化”进阶对学生法治素养的检验是综合性的，是对各门课程知识的贯通性运用，而且每一个案件纠纷都具有唯一性，既需要运用法律思维和法律知识进行“裁剪”，生成可纳入法律框架内的要素，又要结合具体情境进行具体分析，研究案情背后所隐藏的当事人动机、目的以及案件发生的社会因素，进而作出合乎法律、合乎情理的判断。正是基于法治素养的综合性，只有在法治实践中才能发现自身在知识、能力、价值等方面的优势和不足，进而反思自我，在“N 模块”的人才培养过程中，教师有针对性地因材施教，学生有针对性地弥补短板，在持之以恒、循序渐进的学习过程中强化自身素养。

另一方面，“内化”进阶是实现从“知”向“行”转化的重要阶段。德法兼修卓越法治人才培养是落实立德树人根本任务的内在要求，是课程思政与法学专业教育的有机统一，是法学教育教学实践中回答“培养什么人、怎样培养人、为谁培养人”的重要抓手，根本出发点和最终落脚点是培养“人”的问题。“人”的培养不能止于“知”而是要达致“行”，要从知识输入转化为素养内化和能力输出，这就要求人才培养不能仅仅停留于知识和认知层面，不能片面等同于知识传授或学生自我认知，还要注重对学生道德情操、情感心理、人文精神、政治认同、理想信念、家国情怀、价值立场等的全面塑造，注重对学生法律应用能力、奋斗拼搏精神、探索创新精神的全方位锤炼，通过“知”增强“行”的能力，通过“行”实现“知”的价值，将“德法兼修”法治素养转化为立足法学专业“四个服务”的优秀品格、过硬本领和行为自觉。“理论”和“感知”进阶是对学生自身的塑造,而“内化”进阶则是连接学生法治素养与法治行动的关键环节,能否把法治素养转化为法治行动,关键在于是否具有强烈的意愿以及在实践中能否做到知行合一。新时代大学生成长于物质比较优越的环境下,没有经历过老一辈的磨难,甚至一些“二代”不断涌现,学生的吃苦耐劳、奋斗拼搏精神无法在自身成长的环境中进行磨炼,而是需要通过教育不断强化。因而,法治人才具有卓越的法治素养,从人才培养的角度来讲,只是完成了对“人”的塑造,其目的是要塑造对社会有用的人,这就要从法治意愿入手,让学生在法治实践中获得满足感和成就感,获得从事法治实践的动力。按照马克思的观点,让劳动成为生活的第一需要,此处的“劳动”即是投身于法治实践实现个人的社会价值。此外,最为关键的是通过法治实践锤炼知行合一的内在素养。特别是法治实践中难免存在立场、角色、亲疏距离等各种现实因素,能否始终坚守法治本色,摒弃一切外在干扰和自我杂念,切实做到“五个过硬”“四个忠于”,是对人的本性的考验。比如,作为律师,担任原告或被告的代理人,因原告与被告存在角色冲突,而律师代理存在“受人之托、忠人之事”的朴素伦理,但最根本的是忠于法律的职业伦理,对于同一个案件,无论是立足于原告还是被告的立场,应当对案情及证据等作出同一判断,而不能因立场不同而有所区别,更不能为了达到目的——包括胜诉的名誉利益以及由此获得的经济利益——而放弃职业操守,违背法律规定甚至不惜铤而走险。“知行合一”的另一层含义是法治人才在工作生活中要始终筑牢法治思维,严格遵守法律,把法治作为一种行为方式和生活习惯,避免出现违法行为。上述这些方面只能通过实际行动来锤炼,也只能在实际行动中得以体现。因而,“内化”进阶是实现从“知”到“行”进而达致知行合一的重要进阶。

四、结语

新时代德法兼修卓越法治人才培养的“一体两融三元素 N 模块”模式是华北电力大学五年来法学教育教学改革实践探索的结果,而“理论 · 感知 · 内化”的“三进阶”则是对法治人才培养功能及其载体的划分,三个进阶分别由若干个模块构成,都是把“德法相融”理念贯穿于其中,实现法治人才培养各环节全过程的德法兼修。因此,“三进阶”是对“N 模块”建立阶梯式进路,“理论”进阶作为基础阶或基石阶,是以深化学生的专业理论和思政理论知识为功能和目的,从课堂向纵深、前沿拓展,而“感知”进阶则以强化学生体验感知和自我认知为功能和目的,从法律职业认知向社会认知拓展,“内化”进阶则以内化学生法治素养、达致知行合一为功能和目的,在亲历式实践中对“知”与“行”进行反复锤炼,以此完成对法治人才的全方位塑造,为推进全面依法治国实践和建设法治中国培养德才兼备的卓越法治人才。

第三节　德法兼修卓越法治人才培养模式的实施

基于“一体两融三元素N模块”的德法兼修卓越法治人才培养模式设计以及“理论·感知·内化”的“三进阶”机制,华北电力大学法政系通过课程思政促进思政与专业相融合,立足专业开展思政教育,实现思政以专业为基,把“德法相融”理念贯穿于法治人才培养的全过程,打造了具有特色的法治人才培养品牌,以此作为载体和抓手,在教育教学实践中实现培养模式的落地实施。

一、理论教学:课程思政全覆盖

课程思政是专业与思政相融合的实现途径,重点是打造融专业与思政为一体的“金课”。课程思政的着眼点是价值塑造、知识传授和能力培养的有机统一,目的是专业课程与思想政治理论课同向同行,实现协同育人,形成协同效应,培育德智体美劳全面发展的高素质人才,这也是高校落实立德树人根本任务、推进教育教学改革的重要举措。由于课程思政属于新事物,“课程思政是什么”“课程思政为什么”“课程思政怎么做”,成为开展课程思政必须回答的首要问题。如果不能准确理解课程思政的本质,在教学实践中就可能走偏,就可能导向“为了思政而思政”,把思政内容与专业课程“嫁接”“拼接”在一起,甚至把专业课程讲成思政课,这在本质上是对课程思政的误解。对此,笔者立足于新时代德法兼修卓越法治人才培养模式的改革探索实践切实认识到,课程思政是一种教育理念而不是“概念”,不能用“概念化”的思维去看待,它的本质是要在教育教学过程中实现教书与育人、育德与育才、立德与树人的有机统一。对于每一个教师而言,正如习近平总书记强调的,不能只做传授书本知识的教书匠,而要成为塑造学生品格、品行、品味的“大先生”。从教学过程来说,不能停留于课堂理论传授,而是要着眼于内化为学生“德法兼修”法治素养这一目标，让学生在课堂上学好理论知识，在实习实践中感知、体验和验证理论知识，然后通过真实的法治实践场景内化为法治素养，达到明法笃行、知行合一。

基于此，华北电力大学法政系把课程设计作为开展课程思政的关键，以此强化理论教学的德法兼修。以笔者获批的河北省研究生课程思政示范课程“司法制度专题”为例，在课程设计中，作为任课教师，要坚持“三个紧扣”即紧扣专业知识、紧扣认识误区、紧扣思政目标，要清楚每一节讲授内容的“思政点”是什么，特别是针对学生可能存在的认识误区、盲区，通过层层深入，让学生认识并理解中国审判制度的人民性、公正性和优越性，进而牢固树立对中国特色社会主义司法制度的自信，而不是仅仅停留于授课老师的自我认知和理论说教。比如，对于中国审判制度的改革，在备课时心头始终萦绕着一些问题，“我国坚持法官依法独立行使审判权，自十八大以来深入推进司法体制机制改革，取得了哪些进展，现实效果如何?”“西方所谓的‘司法独立’为什么在中国不可行?”只有任课教师对这些容易产生认知误区的盲点、热点甚至敏感问题层层追问，形成正确的自我认知，才能通过理论教学让学生内心信服。这是课程思政理论教学理念的重要转变，也是把专业课程打造成专业知识与思政教育有机融合的“金课”的关键。

法学专业具有比较鲜明的意识形态和价值属性，本身“自带思政”，如何立足于课程思政本质，处理好专业知识与思政知识的关系，真正地做到二者融合，是对教学能力的一种考验。在开展课程思政建设的过程中，笔者反复强调，不要低估学生的鉴别辨识能力，课程思政的“思政点”必须源于专业知识点，应当是潜移默化、润物无声的思政教育，这是课程思政与思政课的重要区别。如果刻意嵌入思政，不仅讲课时生搬硬套，而且学生也能感受到，这样就不能达到课程思政的效果。因此，只有因“课”制宜、因“节”制宜，对每门课、每节课的专业知识和课程思政进行精心设计，从专业知识中挖掘思政元素，把思政自然地融入专业知识，才是真正的课程思政，才能立足课堂教学“主阵地”，在“理论”进阶达到知识层面的“德法相融”。目前，法学专业的所有课程都开展了课程思政，而且把课程思政从理论教学向实习实践辐射，实现了全链条全覆盖。

二、专业提升：理论认知高进阶

为配合课堂教学，促进学生的理论认知向纵深、前沿拓展，华北电力大学法政系创办了“华电法律人”读书会、“法政讲堂”、“创新 & 前沿”论坛、专业读报等系列品牌，在“理论”进阶以层级递进的方式提升学生专业素养。

读书会是拓展学生知识面和认知深度的重要载体。“华电法律人”读书会由法学专业教师指导，以法学专业学生为主，同时鼓励其他专业学生参加。为此，购买了各个学科的经典书籍，每期确定读书内容，由学生课外阅读，然后组织集体读书会，选取几名同学分别讲述图书的写作思路、主要观点以及阅读体会，其他同学分别围绕某个主题展开交流或者分享交流体会、相互点评。最后由指导教师针对图书内容以及学生交流情况进行点评，并结合课堂教学涉及的内容，确定若干个问题，启发学生独立思考，以此深化对课堂教学内容以及相关理论知识的认知。目前，“华电法律人”读书会已举办 40 余期。2020 年，法政系三个专业分别打造的读书会统合为“书香法政读书嘉年华”品牌，旨在立足人文社科、面向全校，开展常态化读书活动，支持和激励更多的同学热爱经典、阅读经典，感悟大家名家的智慧，不断拓展视野、增长见识，提升专业水准。法政系把“书香法政读书嘉年华”作为一项育人工程，以此掀起更浓郁的经典著作阅读氛围，让阅读成为每一个人的习惯。特别要求读书会要立足于专业，致力于提升学生的专业领悟、专业探索能力，让学生享受源于潜心读书的过程，不断提升综合素质，绝不能把读书功利化、肤浅化。对于学生而言，要充分理解指导老师自发的义务付出，积极参与，持之以恒，保持阅读热情，潜心读书，不断增长智慧，成长为对国家、对社会有大用的、具有人文情怀和担当的人。

法政系创办并精心打造的包括“法政讲堂”“创新 & 前沿”论坛在内的学术品牌，旨在营造学术氛围、拓展学术视野、提升学术素养。自 2018 年创办“法政讲堂”以来，法政系相继邀请著名法学家、“长江学者”特聘教授等进校举办学术报告 40 余期，包括教育部“长江学者奖励计划”特聘教授、中国人民大学杰出人文学者、现任华东师范大学法学院院长张志铭教授，中国政法大学博士生导师、中国期刊研究会副会长王人博教授，中国民事诉讼法研究会会长、清华大学法学院博士生导师、诉讼法学科负责人张卫平教授，中国政法大学博士生导师、著名环境法专家王灿发教授，中国政法大学博士生导师、民法专家李永军教授，西南政法大学民商法学科带头人、博士生导师、曾任西南政法大学民商法学院院长赵万一教授等，法学界的大家名家应邀做客“法政讲堂”，不仅带来了精彩的学术盛宴，而且对于理工科高校的法学专业学生而言，这些大家名家可能只能在其所出版的教材、著作或发表的论文中看到，而现实的“面对面”交流，让学生近距离感受大家名家风范，使学生在聆听中感悟、在感悟中启迪、在启迪中敬仰、在敬仰中前行，达到学术育人的效果。“创新 & 前沿”论坛主要面向硕士研究生，同时鼓励本科生参加，围绕法学发展的前沿问题，邀请学者举办专题讲座或组织学生交流，以此提升学生学术素养。

法政系开展专业读报活动，旨在让学生了解法治前沿动态，把理论认知向前沿拓展。为此，笔者自费购买了《法治日报》等法学专业领域的报纸，面向本科生四个年级组织开展读报活动。专业读报的目的是让学生能够通过“纸媒”——尽管也有电子版但很少有同学每天坚持阅读——及时地了解我国法治建设的前沿动态，学习最新观点，学习写作方法，在学习阶段就对我国法治实践和前沿有比较深入的了解，这实际上是对通过课程教学所获得的“空对空”的理论知识和法律条文的弥补，也是对学生人生中的“法治历程”的提前补课。因为作为法治人才，未来走向法治实务部门工作岗位，将会发现自己从大学阶段就已经融入了法治发展历史之中，而不是感觉大学时期只是在“象牙塔”里。这对于未曾关注法治前沿动态的学生来说，只能在工作以后才能逐渐了解和体会法治发展历程，因而专业读报不仅是获取法治资讯，其具有的另一重意义是弥补学生的法治时空经历或者说把这种认知向大学阶段延展。此外，《法治日报》等报纸也刊登理论文章，学生通过“短平快”的读报活动，学习法治领域的最新观点和知识，并对重点理论文章进行解读，教师引导学生从实践中挖掘研究论题，增强研究的“问题意识”，学习借鉴论文写作方法，鼓励学生勤思考、勤动笔、勤写作，并以这些兼具理论和应用价值的文章作为参考，深入思考自己能否写作成文以及原因，以此锻炼学生的法学研究和论文写作能力。

三、德育拓展：价值塑造多维度

人才培养以德育为魂。华北电力大学法政系把价值塑造放在法治人才培养的首位，不断探索拓展德育载体，形成了包括志愿服务、“思政讲堂”“人文茶座”“校友开讲”等特色品牌。

2012 年 9 月，笔者担任华北电力大学法政与政教党委书记，主持党委全面工作。在担任院系党委书记的 6 年间，针对人才培养的价值塑造不足、载体匮乏等问题，着眼于学生“仁心大爱”“责任担当”精神培育，凝练形成了“一老（失独老人）两小（留守儿童、听力智障儿童）”特色志愿服务项目。志愿服务项目的出发点是让学生走出校园、走向社会，以特殊群体为重点服务对象，深入了解他们的生活状态以及现实需求，组织学生开展常态化的帮扶志愿服务，包括法律服务、生活服务、精神抚慰等，让学生在享受美好校园生活的同时，深切体会特殊群体面临的困难以及他们能够保持乐观、积极向上的精神面貌，进而将志愿精神内化为仁心大爱，将服务社会的责任担当转化为主动实现自我社会价值的内在驱动。自志愿服务活动创办以来，吸引法学专业和其他专业学生的广泛参与，连续2届获得中国青年志愿服务项目全国银奖、河北省金奖与银奖以及河北省教育系统志愿服务优秀组织、河北省最美公益团体等国家级、省级荣誉20余项，志愿服务活动被《河北日报》整版报道，中国青年网、江西广播电视台等主流媒体报道。自2017年12月担任法政系主任以来，继续亲自组织和参与维护妇女儿童权益志愿服务，特别是2021年法政系荣获“全国维护妇女儿童权益先进集体”，是法学专业多年来坚持开展妇女儿童维权调研志愿服务、积极发声的结果，作为全国唯一获奖的高校单位，是对法政系的最大肯定。

2018年，法政系创办了“思政讲堂”“人文茶座”“校友开讲”等思政品牌，从不同维度对学生开展思想政治教育，构成了校内在“德”的层面弥补课堂教学的“N模块”。其中，“思政讲堂”是以“信仰”“信念”“信心”“情怀”“担当”“奉献”等作为主题，邀请知名思政专家学者结合新时代中国特色社会主义取得的巨大成就，深刻阐释党的初心使命，深度解读“中国共产党为什么能、马克思主义为什么行、中国特色社会主义为什么好”，深入讲解“中国经验”“中国道路”“中国模式”“中国话语”的人民性、先进性、优越性，特别是把习近平新时代中国特色社会主义思想、习近平法治思想与世界百年未有之大变局、与新时代中国巨变、与青年学生情怀担当密切联系在一起，引导和教育学生筑牢理想信念基石，牢固树立宪法精神，同时深刻认识到实现中华民族伟大复兴中国梦、建成中国特色社会主义现代化强国的征程中面临着重大挑战，需要青年一代牢记使命、勇担重任、不断拼搏，激发学生在法治领域为新时代中国特色社会主义奉献力量的使命感和责任感，鼓励学生珍惜光阴学好专业知识，成长为忠于党、忠于祖国、忠于人民、忠于社会主义的信念过硬、政治过硬、责任过硬、能力过硬、作风过硬的法治工作者。因此，“思政讲堂”既是对“两课”思政教育的延伸，又是立足于法学专业开展专业思政的重要载体。

“人文茶座”是法政系着力打造的人文素养提升育人项目，旨在通过营造宽松、舒适、融洽的氛围，突出参与自主性、体验式和互动性，精准关注学生诉求，引导学生小角度切入、大视野聚焦，不断提升大学生的人文素养、思想道德水平和综合能力。该项目以法政系学生为主体、面向全校学生，确定主题后，学生自愿报名参加，由主讲老师"抛出"问题引发学生思考，在互动与体验中达到思政教育效果。比如，"人文茶座"启动仪式邀请学校党委副书记、纪委书记何华主讲，他以"理想信念"为主题，结合井冈山学习体会，提出"为什么井冈山没有成为水泊梁山，而是成为了中国革命的发祥地"，由此引出"理想信念"决定了中国共产党领导革命的方向。2 名学生现场朗读了革命伉俪陈觉、赵云霄的绝笔信，让学生进一步感受理想信念对于行动和选择的力量。"人文茶座"聚焦学生成长成才，话题具有多元性和广泛性。比如，举办了"传创业故事，习择业智慧""四海爱国情，九州忠国心""品书法之茗，享楹联之趣"等主题茶座，主讲教师旁征博引、风趣幽默的风格，学生自由开放、发自肺腑的交流，让"一期一会，赴一场清茗之约"充满人文性和思想性，让学生在人文情怀上获得别样体验。

"校友开讲"于 2018 年创办，旨在发挥朋辈榜样示范作用，邀请优秀校友讲述学习、工作、成长感悟，激发大学生明确奋斗目标、增强成长动力。2021 年华北电力大学法政系迎来了建系 20 周年，很多毕业生在中央或地方的法院、检察院、政府部门、大型央企等已成长为中坚力量，具有丰富的工作经验，对学生成长具有一定的示范带动作用。比如，2019 年邀请 2003 级法学专业校友，外交部条约法规司副处长、工会主席张鹏校友回校开讲，他结合自己在北美洲与大洋洲司、新闻司实习工作，担任中国驻瓦努阿图共和国大使馆随员、三等秘书外交官，担任中国驻澳大利亚悉尼总领事馆新闻官、副领事等经历，生动地讲解了作为外交官坚决捍卫国家主权和利益的重大事件，深情地回忆了在华北电力大学法政系求学四年，在创系初期艰苦条件下老师们的广博知识、人格魅力、亲切关怀对其成长的深远影响，正是这四年的积淀为人生选择和发展指明了方向、打下了坚实基础，并对青年学生如何学好专业知识、争取全面发展、度过美好大学时光提供了真挚建议，使学生备受感染和鼓舞。"校友开讲"以校友"现身说法"的方式，结合自身工作生活经历，深谈大学阶段筑牢理想基石、学好专业知识的重要性。这种感染对学生而言是全方位的，特别是对于理工科院校而言，有利于通过榜样的真实故事，激发学生的信心和斗志。

四、感知认同：亲历体验重协同

"感知"进阶是华北电力大学法政系卓越法治人才培养的第二进阶，目的是增强学生的体验感知。为此，法政系与法院、检察院、政府、企业等建立深度合作关系，建立协同育人机制，共同构筑法治人才培养共同体，开展专业实习和认知实习，以此验证课堂理论知识，实现对学生的理想信念、法治素养、人格修养等全方位塑造。

专业实习坚持法治前沿与基层实践并重，既让学生了解我国法治建设的巨大成就和前沿动态，又让学生深入基层了解司法运行状态，实现对学生专业素养和思政素质的双重培育。比如，组织学生参观最高人民法院司法大数据管理与服务平台，全国四级法院体系的各类数据，通过现代的可视化界面实时汇集，使学生深受震撼。参加最高人民法院观摩的同学发自内心的赞叹：“司法大数据管理与服务平台实现了全国各级法院司法人事、政务、研究、管理等共享，案件关联信息可以实时汇聚、全面查询。课堂上老师讲中国裁判文书网是全球最大的裁判文书网，实地观摩才发现这是多么了不起！”这种感知通过课堂教学是无法获取的，这正是法政系建立法治人才培养“感知”进阶的动因，现已成为常态。再如，河北省高级人民法院自主研发出“智审 1.0”系统，即组织学生观看自动生成电子卷宗、自动关联案件、智能推送信息等现场演示，让学生亲眼目睹、亲自感受现代科技与司法深度融合的最新应用成果，了解智慧法院建设取得的显著成就。这些前沿性的感知，不仅让学生增长了见识，而且激越了对中国法治建设的自豪感。此外，创造更多的机会，组织学生到司法实务部门开展常驻式实习，了解中级法院、基层法院等化解矛盾纠纷、办理案件的日常工作，让学生“接地气”地感知现实司法如何做到情法理的有机统一。为了达到德法兼修的感知效果，组织学生常驻法院实习至少一个月，每次都函请资深法官把职业伦理教育作为首要任务，贯穿于指导学生实习实践全过程，让学生亲自体验“两个一站式”诉讼服务、在线庭审流程等，提升法律应用能力，强化思想政治教育。目前，法政系与各级人民法院、检察院等法治实务部门共建法学教学实践基地 20 余个，每年除了组织学生开展司法实务见习等实践课程外，以亲身体验法治实践最新成果以及开展常态性、集中化、常驻式实习为特色，让学生接受真实法治场景熏陶，深入体验中国式法治现代化新道路。

认知实习设定明确育人目标，拓展德法兼修思政教育渠道。法治人才不仅是精通法律的专业人才，而且是具有坚定政治信念和良好思想品德的卓越人才。因此，法治人才培养不能拘泥于专业，还要面向社会，让学生在接触社会、了解社会中增强爱国心、培育报国情、坚定强国志。为此，法政系以“思政点”为抓手，区分

“专业思政点”和“通用思政点”，前者主要是面向法学专业学生，融入法学专业知识的思政点，在专业课程或相近的课程群中适用，而后者则是面向所有学生，打通专业壁垒，开展认识实习所确立的“思政点”。比如，2020 年 5 月，雄安新区建设正处于如火如荼的“打地基”阶段，笔者前往雄安新区开展课题调研时，深受盛况空前的建设场景的震撼，敏锐地意识到有必要组织学生亲身感受“雄安品质”“雄安速度”，通过切身体验提升内在认知，此后多次专程与雄安有关部门洽谈，落实专业实践环节，推动学生实习方式创新。在此过程中，凝练形成了以“体验中国特色社会主义制度优势”为主题的“通用思政点”，然后组织学生分批开展“走进雄安，见证奇迹，感受中国力量”认知实习，让学生近距离体验雄安速度、雄安品质，感受中国特色社会主义“集中力量办大事”的制度优势，激发学生爱国之情，培育学生奋斗精神。特别是雄安新区有近 300 个建设工地分布在多个片区，有 1500 余个塔吊、10 万余名工人，工地 24 小时不间断抓紧施工，雄安市民服务中心从正式开工到主体完工仅用 83 天，“建设者之家”23 栋宿舍楼建成仅用 43 天，整个凯丽酒店集装完成仅用 9 天……学生聆听这些解说数字，感受施工盛况，纷纷在微信圈发布图片和简短文字表达激越之情。“发展之城，相逢于盛世中华”“聆听新时期雄起中国最前沿的时代脉搏”“致敬雄安十万建设者”“千年大计，自强不息”“一张蓝图绘到底，伟大的中国人民，夜以继日、风雨兼程，共筑雄安新区，共筑中国梦”……这些真挚感言，彰显了生动鲜活的课程思政教育效果。此后，又以“感受科技力量”为主题再次开展认知实习，从智慧路灯、智慧井盖、智慧泊车，到雄安森林大数据系统对“千年秀林”的数字监管，再到大规模开工建设后随处可见的智慧工地，学生们切身感受到了雄安建设的智慧、未来和创新，感受到了雄安建设的“世界眼光、国际标准、中国特色、高点定位”。学生纷纷表示，作为新时代的青年，为生于祖国建设腾飞的时代感到无比骄傲，同时也体悟到了空前的责任感与使命感。作为法科学生，在科技飞速发展的时代背景下，应当积极拓展知识结构，努力成为一名复合型应用型人才，为实现中华民族的伟大复兴贡献自己的青春与力量。因此，每次开展认知实习都设定了特定目标，确定了具体的“思政点”，确保认知实习的目的性、针对性和实效性。比如，在将要组织学生前往长城汽车公司等民族企业、新能源企业开展认识实习的设计中，其中的“思政点”是让学生亲身感受中国作为世界第二大经济体的显著成就，学习企业家立足中国大地、奋发拼搏的担当精神和家国情怀，增强做中国人的志气骨气底气。无论是专业实习还是认知实习，作为“感知”进阶，都是对理论知识的具象化、场景化、生动化，以此达到价值共识、情感共振、思想共鸣。

五、法治实践：立足专业强特色

只有实现从认知到行动的转化，才是真正体现立德树人、德法兼修的育人效果。华北电力大学法政系精心打造具有特色的法治实践育人品牌，创造条件让学生走向社会、走进实务，亲身参与、转化角色，体察国情社情民情，运用法律专业知识解决现实问题，进而内化素养，达到知行合一。近年来，华北电力大学法政系与实务部门密切合作，组织学生面向社会开展法治服务，在实践中锤炼品格、增强能力，此外，开展普法宣传、模拟法庭审判、模拟法庭进中学进机关进院系、法治情景剧等，让学生搜集案例、打磨剧本、扮演角色，通过模拟仿真的形式，发挥学生的主观能动性，形成具有特色的法治实践品牌，内化法治素养。

长期以来，法政系开展维护妇女儿童权益志愿服务系列活动。与保定市妇联合作，通过接听维权电话、解答法律咨询、提供维权建议等，为当事人提供帮助；制作媒体动画、反家暴宣传册、“国际消除对妇女暴力日”宣传海报等，在全市范围内广泛开展《反家庭暴力法》宣传活动；设计并在全市范围内开展问卷调查，为有关部门出台和完善妇女儿童权益保护相关制度规范以及有针对性地开展维护妇女儿童权益工作提供参考依据。此外，法政系与保定市人民检察院、共青团保定市委共建“保定护蕾未成年人司法社会服务中心”，与河北省人民检察院雄安新区分院签订战略合作框架协议并与该院“未成年人检察工作办公室”直接合作，专门针对未成年人特别是女童开展反校园欺凌、反家庭暴力、反性侵犯罪等普法宣传教育、法律咨询和法律援助活动，深入宣传《未成年人保护法》等法律法规，不断提升全社会维护妇女儿童权益意识。组建“护航‘少年的你’”宣讲团，走进乡村中学等开展“呵护未成年人成长”普法宣传教育，提供权利保护法律建议；开展“河北省农村外嫁女土地权益保护”专题调研，撰写调研报告，提供法律制度完善建议等。通过上述系列活动，法政系在维护妇女儿童权益方面取得了良好社会效果。2021年，法政系被评为全国维护妇女儿童权益先进集体，是全国唯一获奖的高校单位。笔者被评为2016～2021年河北省普法工作先进个人。就法治人才培养而言，让学生以“准法治工作者”的身份参与法治实践，从妇女儿童的角度，理解维护妇女儿童权益的重大意义和紧迫性，特别是每次面对侵害妇女儿童权益的行为，学生陷入沉思，产生同理心、同情心，激发拿起法律武器维护其权益的“斗志”，并转为法治行动。

法政系开展“法援乡民、律助乡村”法治志愿服务，解答村民法律困惑，协调化解纠纷，代写法律文书，提供法律建议等。该项目以“普法宣传＋法律援助”作为主要内容，以法学专业学生为主体，面向全校学生组队，深入乡村、走街串巷、挨家挨户，入户开展《未成年人保护法》《家庭教育促进法》《民法典》《法律援助法》等普法宣传，并制作“法援需求表单”，告知村民如有法律咨询等相关服务需求，可填写表单并联系法援志愿服务团队，团队将依“鉴定式”案例研习方法撰写“法援回应表单”，持续跟进直至问题解决。此外，志愿服务团队面向乡村的青少年、中年、老年不同群体开展问卷调查，了解基层公共法律服务的开展现状、推进困难与对策建议，与村（居）委会、村（居）民进行访谈，征求如何推进基层公共法律服务、提升民众法治意识、建设法治乡村等方面的意见建议。针对村民之间发生的矛盾纠纷，提供法律咨询建议、阐释解答法律问题、促成当事人和解调解、代写法律文书等。通过法治志愿服务，学生感受到近年来普法宣传力度不断加大，民众法治意识不断增强，同时也认识到法治中国建设意义重大、任重道远，唯愿青年大学生践行法治、为法治建设贡献绵薄力量。学生解答村（居）民法律咨询、协助化解矛盾纠纷、代写法律文书等，深切感受到了运用法律知识服务民众的满足感、获得感和成就感，认为能够运用一技所长解决民众困惑是一种幸福，看到邻里之间打开心结、关系得到修复，学生也深受感动，进一步激发了钻研法律知识的决心以及开展法治服务的信心。

普法宣传是法政系长期以来坚持的另一特色品牌，主要分为四个层面。一是在每年“12·4”“3·15”“4·15”等国家法治宣传日面向市民开展普法宣传，在校内开展“国家宪法日”系列活动，包括宪法晨读、宪法签赠、“我与宪法的三行情书”、模拟法庭审判、普法视频片、法律咨询等，这些也成为校园文化建设的一道亮丽风景。二是成立“法治情景剧”剧团，编排演练情景剧，创新普法宣传形式，增强法治教育的可视性和生动性。“法治情景剧”是法政系开展普法宣传教育、创新专业思政和内化法治素养的重要载体，面向未成年人等群体，取材于真实案例，组织学生扮演角色，寓法于剧，在指导教师的指导下，开展法治元素浓郁、内涵深刻、剧情经典、剧本精准、表演精彩的“情景剧”排练和巡演，提升专业水准，打造法治精品，创新普法形式，注重普法的既视感、穿透力和共鸣性，增强普法效果，同时通过学生亲身参与和切身体验内化法治素养。三是打造模拟法庭系列。在校内除了组织常态化的法学专业模拟法庭实训外，开展“模拟法庭进中学”“模拟法庭进机关”“模拟法庭进院系”等活动，一方面，模拟法庭向校外延伸，扩大普法宣传的面；另一方面，在校内向非法学专业师生延伸，包括模拟法庭进机关、进院系等，是在法学专业教师的指导下，由学校职能部门、其他院系师生扮演所有角色，让其参与其中，增进非法学专业师生的法治体验和法治意识。四是指导学生拍摄“校园法治微视频”，由学生扮演角色，以身边小事切入，解析折射的法律问题，通过微信公众号等方式传播，在微视频素材选择、法律问题提炼、情景创作、视频拍摄剪辑等过程中提升学生对法治的洞察领悟能力。

以上各个系列活动构成了“内化”进阶的“N 模块”，这些活动旨在为学生创造更多的真实场景，让学生参与其中、转换角色，领悟法治价值，增强行动自觉，其核心目的是实现法治人才的素养内化，即不仅训练学生运用法律思维、法律知识解决现实问题的能力，而且在学生内心中深深地播下维护法治公平正义的种子，把学生培养成宪法法律的信仰者、公平正义的捍卫者、法治建设的实践者、法治进程的推动者、法治文明的传承者。

六、结语

经过五年来的实践探索，华北电力大学法政系构建了理工科院校具有特色的“一体两融三元素 N 模块”德法兼修卓越法治人才培养模式。该模式的内核是坚持“德法相融”理念，着眼于价值塑造、知识传授和能力培养三个元素，建立人才培养的“N 模块”并以创办相应的特色品牌作为抓手，按照“理论 · 感知 · 内化”的“三进阶”梯度，形成立体化、全方位的人才培养格局。由于该模式是立足于华北电力大学法学的办学条件以及特色，与国内知名法学院系存在较大差距，比如，“法政讲堂”是以“请进来”的方式让学生感受大家名家风范，而国内知名院校则大家名家“就在身边”，与其他综合类高校或行业性高校相比也存在一些不足。因而，尽管本书是以“模式”作为研究对象，第一章第三节“新时代德法兼修卓越法治人才培养的体系架构”中提出“一体两融三元素 N 模块”的体系设计，本章专门论述了华北电力大学法政系的实践探索情况，但还只是对新时代德法兼修卓越法治人才培养模式的一种探索，不能称为“华电模式”，只可作为笔者五年来立足华北电力大学开展法治人才培养改革的阶段性总结。

第五章　新时代德法兼修卓越法治人才培养的层级升华

——以华北电力大学法学研究生教育为例

2022年10月习近平总书记在党的二十大报告中概括提出并系统阐述了“中国式现代化理论”，明确提出“必须坚持科技是第一生产力、人才是第一资源、创新是第一动力，深入实施科教兴国战略、人才强国战略、创新驱动发展战略”，强调“培养造就大批德才兼备的高素质人才，是国家和民族长远发展大计”。研究生教育是高等教育的重要组成部分，2020年9月4日教育部、国家发展改革委、财政部印发的《关于加快新时代研究生教育改革发展的意见》开宗明义指出：“研究生教育肩负着高层次人才培养和创新创造的重要使命，是国家发展、社会进步的重要基石，是应对全球人才竞争的基础布局”。2023年2月，中共中央办公厅、国务院办公厅印发了《关于加强新时代法学教育和法学理论研究的意见》，进一步指出：“法学教育和法学理论研究承担着为法治中国建设培养高素质法治人才、提供科学理论支撑的光荣使命，在推进全面依法治国中具有重要地位和作用”，要求“坚持立德树人、德法兼修，努力培养造就更多具有坚定理想信念、强烈家国情怀、扎实法学根底的法治人才”。在全面推进依法治国、建设中国特色社会主义强国、实现中华民族伟大复兴中国梦的伟大历史进程中，法学教育既要坚持本科教育的基础和主体地位，又要注重研究生教育对于高层次人才培养和创新创造的时代使命，立足于中国式现代化、新文科建设以及研究生教育自身特点等，从价值、知识、能力等方面确定明确的目标，推进“德法兼修”的研究生教育教学改革，为推进中国式法治现代化服务保障中国式现代化提供高层次法治人才支持。

第一节　德法兼修法学高层次人才培养的时代背景

《关于加强新时代法学教育和法学理论研究的意见》是党的二十大之后在我国全面建设社会主义现代化强国、全面推进中华民族伟大复兴的关键时刻，中央专门针对法学教育和法学理论研究出台的指导性文件，具有鲜明的时代背景。就法学教育教学与“德法兼修”法治人才培养而言，与习近平总书记2017年在中国政法大学考察时首次提出的“德法兼修”高素质法治人才培养目标一脉相承，是在中国特色社会主义进入新时代这个历史方位、在二十大报告明确提出“从现在起，中国共产党的中心任务就是团结带领全国各族人民全面建成社会主义现代化强国、实现第二个百年奋斗目标，以中国式现代化全面推进中华民族伟大复兴”的背景下对法治人才培养的新要求。二十大报告提出“深入实施科教兴国战略、人才强国战略、创新驱动发展战略”，其显著特征是“创新”，即培养高层次创新型人才。因此，法学研究生教育教学改革与人才培养，需要牢固坚持为党育人、为国育才，着力培养社会主义法治事业的建设者和接班人的任务，落实立德树人根本任务，立足现代信息技术与法治实践的深度融合应用，推进法学与理工科的交叉融合，培养创新型、复合型、实践型的“德法兼修”卓越法治人才，为推进全面依法治国和中国式现代化提供法治人才保障。

一、中国式法治现代化人才保障

党的二十大报告的最大理论成果是形成了“中国式现代化理论”。中国式现代化在法治领域的直接体现是中国式法治现代化，“是指在当代马克思主义法治理论指导下，坚持人民主体和共同富裕基本原则，沿着中国特色社会主义法治道路，以建设社会主义法治体系和法治国家为目标模式，在实现从法治大国到法治强国的根本转型过程中所形成的法治文明新形态。”①中国式法治现代化与全面推进依法治国在根本上是一致的，都是以建设中国特色社会主义法治体系、建设社会主义法治国家作为总目标、总抓手，而全面依法治国是国家治理领域的一场深

① 汪习根：《论中国式法治现代化的理论体系》，载《政法论坛》2022年第6期。

刻革命，是中国式现代化的重要保障。因此，全面推进依法治国、推进中国式法治现代化，其根本都在于以法治方式推进中国式现代化，实现建设社会主义现代化强国、实现中华民族伟大复兴中国梦的目标。

习近平总书记在二十大报告中明确指出："教育、科技、人才是全面建设社会主义现代化国家的基础性、战略性支撑。必须坚持科技是第一生产力、人才是第一资源、创新是第一动力，深入实施科教兴国战略、人才强国战略、创新驱动发展战略，开辟发展新领域新赛道，不断塑造发展新动能新优势。"无论是教育、科技、人才还是创新，根本上在于"人"，在于培养什么样的人才。习近平法治思想对法治人才提出的要求是"坚持建设德才兼备的高素质法治工作队伍"，而作为全面依法治国总抓手的中国特色社会主义法治体系包含了法治保障体系，其中高素质法治工作队伍是全面推进依法治国的组织保障和人才保障，基本要求是法治专门队伍的革命化、正规化、专业化、职业化，确保做到忠于党、忠于国家、忠于人民、忠于法律。对于法学教育而言，此为对包括专科、本科、研究生等在内的各个层次法学教育的基本要求，也涵盖了所有开设法学专业的高校。但对于研究生教育而言，立足于中国式现代化以及中国式法治现代化对法治创新人才的更高层次要求，对德法兼修卓越法治人才的培养应当着眼于"创新"这个鲜明特色，致力于培养在法治领域具有创新思维、创新能力和创新精神的高层次法治人才。

培养高层次创新型法治人才、为推进中国式法治现代化提供人才保障，是研究生教育的特点所决定的。《关于加快新时代研究生教育改革发展的意见》指出："改革开放特别是党的十八大以来，我国研究生教育快速发展，已成为世界研究生教育大国。中国特色社会主义进入新时代，各行各业对高层次创新人才的需求更加迫切，研究生教育的地位和作用更加凸显。"国家统计局公布的《中华人民共和国2022年国民经济和社会发展统计公报》显示，2022年全年研究生教育招生124.2万人，在学研究生365.4万人，毕业生86.2万人，而研招网官方统计，2023年研究生报考人数达到474万人，同比增长17万人，增长幅度为3.72%，2023届全国普通高校毕业生规模预计为1158万人，以此为基数，研究生报考率达到了40%以上。由此可见，我国研究生教育的规模不断扩大，从研究生教育大国向研究生教育强国迈进，关键在于抓住研究生教育的创新型特点，培养在专业领域具有更高层次的研究视野、研究能力和研究精神的创新型人才。就法学专业而言，需要立足于全面依法治国、中国式法治现代化对高层次法治人才的需求，着力培养潜心研究中国法治、为促进学术研究和法治实践、在法治轨道上推进国家治理体系和治理能力现代化的专门人才。

具体而言，在法学研究生教育层次上对高素质创新型人才的培养提出的基本要求至少包括两个方面。其一，深刻理解中国式现代化对法治的要求以及中国式法治现代化的深刻意蕴。党的二十大报告指出：“中国式现代化，是中国共产党领导的社会主义现代化，既有各国现代化的共同特征，更有基于自己国情的中国特色”，是对西方现代化道路的超越，体现了中国式的自主性品格。法治既是中国式现代化的目标，又是中国式现代化的保障，需要发挥法治的固根本稳预期利长远作用，充分体现法治的“中国样式”，其中最根本的是牢固坚持中国特色社会主义法治道路，包括坚持中国共产党的领导、坚持社会主义制度、坚持中国特色社会主义法治理论，概言之，就是要切实走出西方法治的迷思和陷阱，形成对中国式法治现代化的准确认识。新中国成立以来，在民主法治道路上，我国从学习苏俄、借鉴西方到迈上中国式法治现代化道路，充满波折，也出现了短暂的倒退，特别是借鉴西方法治的过程中曾出现“言必称西方”的西方法治迷思，以西方的法治思维、法学术语、法治方法建构中国法治，在促进中国法治走上正轨、不断繁荣的同时，也出现了陷入西方、忽视中国历史与现实等偏颇认识，甚至以西方法治为“标准”打量中国法治，以致削足适履、枉顾中华传统优秀法律文化。以中国式现代化推动建设中国特色社会主义现代化强国、实现中华民族伟大复兴中国梦，对高层次法治人才的首要要求是深刻领悟中国式法治现代化的“中国性”，把法治与中国式现代化紧密结合在一起，从价值、知识、能力等各个层面形成对“法治中国”的鲜明认识，以此解决“为谁培养人”这个根本问题。其二，推动中国式法治现代化的理论创新和实践创新。“中国式法治现代化”是一个全新的命题，“面向未来，我们要以建设法治强国为目标、以国家治理现代化为蓝图、以全体人民共同富裕为要务、以全过程人民民主为基石、以数字化智能化为动能、以全人类共同价值为引领，不断拓展中国式法治现代化新道路，推进中华法治文明新发展，创造人类法治文明新形态”。[①] 对于法学研究生教育而言，要抓住“中国式”在法治领域的新体现、新要求，一方面，从西方式法治转变到中国式法治，从法学的概念术语、思维方式、精神意蕴等各个层面，挖掘中国法治文明的历史传统、时代特征和未来趋势，探索建

① 张文显：《论中国式法治现代化新道路》，载《中国法学》2022年第1期。

立、完善和发展适应中国国情、有利于促进中国式现代化的法治体系,形成具有中国自主品格、彰显中国法治特色、实现人民共同富裕的中国式法治现代化新道路;另一方面,要把法治与中国式现代化实践的具体要求紧密结合,在法治实践的具体领域中体现中国性,发挥法治的引领、规范、保障功能,特别是新技术新产业新业态新模式的不断出现,既对传统法治带来新的挑战、产生新的法治领域和法治需求,又需要纳入到法治范畴,在法治轨道上对其发展进行规范和保障。这些新的问题,甚至是人类所共同面对的,从传统法治中无法找到现成的答案,既出现了引领人类法治文明的新难题,又面临着适应具体国情的现实问题,这为研究生教育中以法治实践的具体领域、具体问题为具体研究对象,开展创新型研究生教育提供了广阔的空间。因此,新时代法学研究生教育,应当锚定中国式法治现代化乃至人类法治文明的新问题开展创新型研究生教育,不断提升研究生的专业创新能力。

二、新文科建设背景下交叉融合

新技术新产业新业态新模式的不断出现和广泛应用,以数字化、智能化为特征,带动着人们生活方式的变革,促生了具有鲜明技术特征的新领域。对于现代法治而言,良法善治需要密切关注这些新领域以及产生的法律问题,既要结合具体情境探讨、分析和研究法律的适用,又要针对新领域催生法律自身的变革。这对于法学教育以及法治人才培养带来的直接挑战则是必须迈向研究型,善于挖掘、分析和研究新形势下新的法律问题。从学科的角度来讲,这也同时意味着,法学教育不能仅仅局限于传统的法学本身,而是要把其他学科作为技术与社会相互作用的场景,促进法学与其他学科的交叉融合,包括知识层面建立法学与其他学科的纽带与联系,把法学作为解决其他学科具体法律问题的一般知识,把其他学科作为法学知识应用的现实场景,以及运用其他学科的知识和方法重构法学,促进法学自身的转型升级。这与新文科建设的理念和要求是完全一致的,而后者则构成了研究型、创新型、复合型法治人才培养的时代背景。

新文科建设最早是由美国希拉姆学院提出的,其初衷是对传统文科进行学科重组、文理交叉,把新技术融入到文科专业以及课程之中。我国 2018 年 8 月提出发展新工科、新医科、新农科、新文科(简称“四新”),2019 年 4 月,教育部、科技部等 13 个部门联合召开“六卓越一拔尖”计划 2.0 启动大会,大力推进“四新”建设。

2020 年 11 月，教育部新文科建设工作组在山东大学召开新文科建设工作会议，发布《新文科建设宣言》，由此正式启动了新文科建设。在此次会议上，时任教育部高教司副司长吴岩的主旨报告指出：新文科就是文科教育的创新发展，目标是培养知中国、爱中国、堪当民族复兴大任的新时代文科人才，培育新时代社会科学家，构建哲学社会科学中国学派，创造光耀时代、光耀世界的中华文化，既要传承传统，遵循文科教育和人才培养基本规律，传承中华优秀传统文化，又要推进融合创新，包括文科与现代信息技术、与其他学科、与相近专业集群的交叉融合，新文科建设的三个基本抓手是专业优化、课程提质、模式创新。[①] 概言之，"新文科是在人工智能、区块链、大数据和物联网等为代表的新一轮科技革命和产业革命快速发展视阈下，对传统文科在核心理念和发展模式上进行质的总结和概括"，[②]显著特征是文科与理工科的交叉融合、与实践场景的深度融合。

对于法学教育特别是研究生教育而言，在新文科建设背景下，不仅因大数据、人工智能、区块链等现代信息技术的蓬勃兴起，使法学的应用场景不再局限于传统领域，而是需要紧跟信息技术的更新升级，而且使法学教育的方法和手段从传统走向现代，这种挑战是其他文科专业所共有的。除此之外，法学教育还面临着中国特色社会主义进入新时代、贯彻新发展理念、构建新发展格局以及在世界发生"百年未有之大变局"、构建人类命运共同体的全新挑战，这就要求我国法学教育向"新法学"转变。具体而言，法学教育和法学研究的根本任务转向"为建设社会主义现代化强国、实现中华民族伟大复兴立言、立论、立功"，与此相对应的是，法学学科体系的转型升级，包括"大力推进法治理论与实践的研究，创建'法治学'学科，弥补现有学科体系的不足"，"加强国际法治研究，科学划分国内部门法学与国际法学的学科范围和层级，将国际法学提升为一级学科"，"适应完善中国特色社会主义法治体系的需要，加快国内部门法学充实完善、转型升级"以及"适应科技革命对于未来法治的影响以及法学与其他学科交叉融合，加快发展法学理论学科和新兴交叉学科"等。[③] 由此可见，一方面，基于新文科建设的交叉融合，新法科、新法学的学科体系是重构性的，是在传统法学的基础上，顺应"法律之治"向

---

① 吴岩：《积势蓄势谋势 识变应变求变——全面推进新文科建设》，载《新文科教育研究》2021 年第 1 期。

② 李海良：《新文科发展之路：传承、融通与嬗变》，载《北京教育（高教）》2021 年第 5 期。

③ 杨宗科：《论"新法学"的建设理路》，载《法学》2020 年第 7 期。

"良法善治"转变的要求,从国内法治和国际法治两个维度中建构应用于法治实践的法学学科,这就意味着法学教育的知识体系和内容将会发生重构性"扩容",集中地体现在重点领域立法以及相应的法学理论与实践研究,以此作为法学学科知识体系的重要内容。另一方面,这种转型升级乃至全新变革,同时也意味着法学教育和知识学习是研究性的,因为这些新的变革所扩展的新领域、创新的新理论、产出的新知识、带来的新实践,对于包括法学专业教师在内都是全新的,"学习""研究"将是未来法学教育的关键词,特别是对于法学研究生教育而言更是如此。因为法学研究生教育已经不再是如同本科生教育的基本知识和方法传授,而是对新问题的研究式学习,以此培养学生的研究能力,而"新法学"所带来的此种转变,不仅为法学研究生教育带来了新的契机,而且是时代赋予的新使命。如果不能时刻跟踪法学理论与法治实践的前沿动态,以最新的文献资料作为教学内容,以当下及未来法治改革与实践的重点难点问题作为研究对象,法学教育必然是滞后于现实需求的,也必将无益于中国式法治现代化。此为新时代法学教育特别是研究生教育首当其冲应当实现的转变。

为此,《关于加强新时代法学教育和法学理论研究的意见》明确提出:"适应法治建设新要求,加强立法学、文化法学、教育法学、国家安全法学、区际法学等学科建设,加快发展社会治理法学、科技法学、数字法学、气候法学、海洋法学等新兴学科。坚持依法治国和依规治党有机统一,加强纪检监察学、党内法规学学科建设。推进法学和经济学、社会学、政治学、心理学、统计学、管理学、人类学、网络工程以及自然科学等学科交叉融合发展,培养高质量复合型法治人才。"从表述来看,这些新兴的法学学科已无法被传统的法学二级学科所涵盖,而是法学与全面依法治国实践的重点领域所融合的产物,是法学与其他学科交叉融合的结果。特别是新兴法学学科或者研究方向的确立,将使法学研究生教育的"专业性"更强,无论是以法学一级学科还是以二级学科招生,研究生所研究的"问题意识"将与法治实践的结合更为密切,尤其是受制于传统法学学科的思维定式,这些曾被边缘化的法学研究方向将会显性化并成为热点,由此带来法学研究生教育更加聚焦法治实践,更有利于培养服务于具体领域的高层次专业人才。这也要求新时代法学教育特别是研究生教育应当迈向更加精细化、专业化的研究型教育。

三、现代科技深度应用法治实践

全面依法治国实践为法学教育和法治人才培养确定了基本方向,全面依法治国需要什么样的法治人才，高校法学教育就应当培养什么样的法治人才。习近平总书记反复强调：“全面依法治国是国家治理的一场深刻革命”，特别是2020年突发的席卷全球的新冠疫情，对国家治理乃至全球治理带来前所未有的巨大挑战，使人工智能、大数据、区块链等现代科技的应用更为广泛、与人们的生活更加密切，建构和推进了与现实社会并行的网络虚拟空间，而且使其对人们生活的影响愈加明显。在此背景下，新兴领域、重点领域、涉外领域面临的法学知识滞后、立法滞后、法治实践滞后的危机也摆在了眼前，涉及国家安全、生物安全、公共卫生、科技创新、生态保护、风险防范、社会治理等领域的法律问题，因现代科技的深度应用更加凸显。这些问题，在很大程度上暴露出法学供给、法学教育是滞后于法治实践需求的。出现此问题的主要原因在于固守于“传统”的思维、学科和知识，受制于学科分野，人们往往倾向于“主流”，在法学教育领域则是建立在法学本科教育核心课程、二级学科等这些达成共识的、已经成熟的划分领域，法学研究生教育更是以二级学科作为招生录取和研究生培养的基准，最为典型的是研究生学位论文选题必须是属于二级学科的范畴，否则将会面临研究问题不属于该学科的质疑甚至答辩无法通过。尽管一些研究生导师致力于全面依法治国实践的新领域、新问题开展研究，也倡导和带领研究生开展相应的研究，但由于属于“非主流”，仍然面临着上述困境。可喜的是，中央出台的《关于加强新时代法学教育和法学理论研究的意见》，作为“新时代背景下全面擘画我国法学教育和法学理论研究未来发展蓝图的一份纲领性文件，是把法学教育和法学理论研究工作上升为党和国家意志的标志性文件，是实现第二个百年奋斗目标、为推进法治中国建设提供有力人才保障和理论支撑的根本遵循和行动指南”，对于“我们平时所谓相对传统和稳定的法学知识体，提出要‘更新学科内涵，更好融入全面依法治国实践’。这个要求对我们在积极主动发展新兴学科、交叉学科条件背景下如何对待传统法学学科指明了方向”。[①] 具体则是要求法学教育应当立足于全面依法治国实践，研究法治实践的现实问题，为法治实践培养高层次、创新型、应用型法治人才。

这种变革，也是新技术引领下的必然要求。2023年3月召开的第十四届全国人民代表大会第一次会议审议通过的《关于国务院机构改革方案的说明》，组建国

---

① 王健：《指导新时代中国法学教育发展的纲领性文件——〈关于加强新时代法学教育和法学理论研究的意见〉初读体会》，载爱思想网，http://www.aisixiang.com/data/141269.html，2023年3月8日访问。

家数据局，将中央网信办承担的研究拟定数字中国建设方案、协调推动公共服务和社会治理信息化、协调促进智慧城市建设、协调国家重要信息资源开发利用与共享、推动信息资源跨行业跨部门互联互通等职责，国家发改委承担的统筹推进数字经济发展、组织实施国家大数据战略、推进数字要素基础制度建设、推进数字基础设施布局建设等职责划入国家数据局。数字革命带来的信息化、智能化，同样引起法治领域的深刻变革。以人民法院司法为例，我国持续推进法院信息化建设，现已进入4.0阶段，“紧跟数字时代步伐，形成了全业务网上办理、全流程依法公开、全方位智能服务的智慧法院信息系统，开创了中国特色、世界领先的互联网司法新模式”，①集中体现在以下几个方面：一是现代信息技术与司法的深度融合，催生了适应数字时代的诉讼规则。最高人民法院相继出台了《关于规范和加强人工智能司法应用的意见》《关于加强区块链司法应用的意见》等，明确了人工智能、区块链等深度应用于司法的基本原则、应用范围和保障机制等。目前，最高人民法院已建成“人民法院司法区块链统一平台”，累计存证24亿余条，形成了新技术辅助案件审理的全球领先经验。二是新技术应用解决了诉讼的时空限制，而新冠疫情加速了跨域立案、在线诉讼的实践应用，有力地促进了司法运行的便捷化、高效化。此为人民群众最能真切感受到的现代信息技术带来的司法变化。目前，全国法院实现了在线诉讼、手机立案、跨域立案的100%全覆盖，而且在全球率先实现跨境立案，涉及当事人遍布世界30多个国家和地区，极大地方便了当事人诉讼。三是顺应数字经济的发展趋势，在司法裁判中确立了关于数字经济的司法解释和实体规则。数字经济生态治理涌现出大量的新类型案件，需要总结提炼裁判规则，建立网络消费、信息侵权、人脸识别等适用于互联网的实体裁判规则，确保新技术、新产业、新业态、新模式的法治化，为此，最高人民法院出台了相应的司法解释，保障数字经济依法健康有序发展。

现代信息技术在法治实践中的广泛深度应用，要求高校培养更多的适应现代信息技术发展的“法律+科技”的复合型、创新型、应用型法治人才。为此，一些高校在交叉学科领域开展了探索，如浙江大学推进“人工智能与法学”“人工智能法务”等交叉学科，成立数字法治研究院、互联网法律研究中心等，开展“大数据+法

---

① 王婧、哈建伟：《持续打造互联网司法“中国模式”积极应对未来新挑战》，载法治网2022年8月31日。

学”“人工智能＋法学”等研究；中国科学技术大学分为“通识教育”与“人才培养与学科建设”两部分，后者又分为人文（包括科技文明、应用文科、文化传承）、金管（包括金融、管理）、公共事务（包括公共政策、法律产权、社会治理）等三部分，拟成立各类平台，促进技术与社科的融合，以实现人才培养与法治实践的对接。对于法学研究生教育而言，也需要坚持复合型、创新型、应用型导向，致力于为数字经济时代法治发展培养高层次的“德法兼修”卓越法治人才。这与研究生教育的“研究性”并不相悖。正如前文所述，现代科技应用于法治实践产生的全新领域，为法学理论研究和法治实践创新带来了新的机遇，需要立足于生动的法治实践，开展创新性研究。近年来，以实践、实证、实验为研究方法的“中国法治实践学派”，以中国法治实践为研究对象，立足中国、注重现实、强调实践，也有一些学者坚持法学研究的中国意识、中国立场、中国实践，注重法学与其他学科、与社会治理的交叉融合，产出高质量应用性研究成果，为法治建设提供学理支撑和实践依据。这种研究思路和方法，体现了学术研究的“中国式”精神和品格，而现代科技与法治实践的深度融合，更需在法学教育特别是研究生教育中培养更多的具有中国法治自主意识的卓越人才。

四、结语

法学研究生教育作为更高层级的教育，是培养高层次“德法兼修”的复合型、创新型、应用型法治人才的重要阵地。在全面推进依法治国、推进中国式法治现代化的背景下，法学研究生教育的显著特征是立足中国，开展具有自主品格的中国法治理论与实践的研究性教育，而新文科背景下法学与其他学科的交叉融合以及现代信息技术广泛应用于法治实践的现实，要求法学研究生培养应当注重价值、知识、思维、能力的多元融合，以此培养善于研究中国法治问题的高层次法治人才。

第二节　德法兼修法学高层次人才培养的层级目标

法学研究生教育同样需要坚持价值塑造、知识传授和能力培养的有机统一，相对于本科教育的知识、价值、能力、行动的“四层级”目标，法学研究生人才培养坚持德法相融、德法兼修、知行合一，更应侧重于“研究性”而非普及性，更应注重思维和方法训练而非一般知识学习，包括自主探索意识、批判分析思维和独立研究方法等的全方位训练，因而有别于本科教育。具体而言，身处技术大变革的时代，对于已经具备基本法律知识的研究生而言，在价值层级，应当更注重价值理性与技术理性的辩证统一，坚持合规律性与合目的性的互促；在知识层级，更应注重法治与全面治国实践的融合，在法治实践的具体领域中研究新问题、提出新观点、形成新认知；在能力层级，则应立足全面依法治国和法治中国建设，坚持“从中国实践中来、到中国实践中去”，注重研究能力与应用能力的培养，善于研究中国法治实践的现实问题，在工作岗位上能够开展研究性实践，不断推进中国式法治现代化的创新发展，坚持法治思维至上，主动、自觉地把法治应用于治理实践，为推进中国式现代化贡献法治力量。

一、价值层级：价值理性与技术理性的统一

“价值”作为哲学范畴具有最高的普遍性和概括性，因语境不同其含义也有所差异。就人才培养而言，价值更多的是指价值观，是人们基于真善美对于事物作出的判断。从人类理性的角度，价值理性与技术理性存在对立统一，甚至在某种程度上存在分裂与冲突。特别是在技术高速发展的时代，人们往往沉浸于技术带来的便利而忽视了其潜在的价值冲突甚至伦理危机，由此造成“技术至上”的思维和认知，而忽略了“技术之于人”的目的性以及法律、道德、伦理等人类社会普遍面临的价值问题。正如有学者指出的：“可怕的并不在于人的这种现实有限理性，而在于人的认识往往有一种情感上的偏颇：当发明了一项重大新技术时，往往会沉浸于对认识、改造自然能力的自我欣赏之中，更多地看到的是其可能的积极面，而其消极面可能成为盲区。因而依据于一个有限认识而作出的重大技术应用选择，其内在潜藏着巨大的风险性。”①因此，对于已经历了本科教育、具有较为扎实的法学专业基础的研究生而言，在面对新技术新产业新业态新模式下的法律问题，既要充分认识到现代技术对法律秩序的解构与重建，积极主动地“拥抱技术”，又要时刻警惕技术理性所潜藏的价值难题，以价值理性引领技术理性，最终实现“科学提高了生命的道德价值，因而它促进了对真理的爱，以及敬重——对真理之爱表

① 高兆明：《论人类基因组工程技术应用的道德风险》，载《东南大学学报》2001 年第 1 期。

现在一种持续不断地努力之中，即努力要达到对我们周围的心与物的世界更确切的认识，至于促进了敬重之情，乃是因为认识的每一进展，都使我们面对了我们自己存在之神秘”。① 概言之，价值理性作为对人自身的关切和探寻，旨在促进人的全面自由发展，而技术理性只有服膺于这一根本目的，才能以最高的道德理想实现最终价值依归。

对于新时代“德法兼修”的高层次法学研究生培养而言，基于价值理性与技术理性的辩证关系，需要从以下几个方面加强价值引领和价值塑造，以此实现二者的有机统一。一方面，把“为谁培养人”作为落实立德树人根本任务的重心，特别是以习近平法治思想和党的二十大精神为指导，引导和教育新时代法学专业研究生（包括法学硕士和法律硕士）深刻认识中国式法治现代化与全面依法治国伟大征程中如何立足于中国法治实践，开展创新性研究，自觉地坚持党的领导、人民当家作主、依法治国有机统一，努力成长为堪当中华民族伟大复兴历史重任的德法兼修法治人才。就此而言，法治人才培养的德法兼修，最根本的是增强对中国特色社会主义法治的信仰和认同，特别是在多元价值、研究批判中能够明辨是非、去伪存真，在知识学习、学术研究和法治实践中形成中国特色社会主义法治作为人类法治文明的新形态，深刻认识到其超越了西方法治，以全过程人民民主和共同富裕为目标。高层次法治人才培养必须且必然放置在建设中国特色社会主义现代化强国、实现中华民族伟大复兴的历史征程中，这对于研究生教育而言，需要充分阐释和领悟其中的学理逻辑、历史逻辑和实践逻辑，让研究生在理论研究中成长为促进中国式法治现代化的德法兼修法治人才。另一方面，积极主动地学习现代信息技术，洞察技术理性与价值理性的复杂关系，在法学理论研究和法治实践中恪守价值理性。现代信息技术日新月异，信息化、智能化、自动化的技术红利，改变着人们的生活方式，甚至出现“技术主导”的趋势，技术可否主宰世界，表面上是技术手段发挥着作用，而内在的是一系列异常复杂的算法运行的结果，体现的是人类思维的逻辑，但它超越了个人思维，甚至会出现技术失控。对于法学研究生而言，除了少数的跨专业或者具有工科背景的法律（非法学）专业学位研究生外，大多数在本科阶段学习的是法律专业，而在高中则是文科，这导致法学研究生

---

① 刘大椿：《在真与善之间——科技时代的伦理问题与道德抉择》，中国社会科学出版社 2000 年版，第 159 页。

对技术存在天然的陌生甚至畏惧，缺乏工科思维，对人工智能、区块链、大数据等缺乏必要的基础知识，而数字经济、网络治理等则更是面临的盲区，运用传统的法律知识和思维方式很难对科技赋能的现实生活作出精准判断，更遑论对技术理性与价值理性的辩证分析。鉴于此，法学研究生教育更需要在传统二级学科的基础上，结合办学特色，探索与理工科的交叉融合，建立“法学+科技”的交叉学科或研究方向，弥补学生进行价值判断所缺乏的基本知识。

总之，基于研究生群体的复杂性，大多数经历了本科教育或者具有一定的阅历，对社会问题的理解比本科生更为深刻，形成了自己的认知和看法，同时又处于技术赋能的新时代，存在对现代信息技术与法律、与法治深度融合的认识不充分甚至面临着知识缺陷或壁垒，这对新时代“德法兼修”高层次研究生的价值塑造带来新的挑战，需要以“研究性”作为教育教学的核心，让研究生在充分、自由、深入、全面的探究中，纠正认知偏差，在知识重构中正确认识价值理性与技术理性的辩证关系，牢固树立正确的价值观。

二、知识层级：法治知识与多元领域的融合

从法学教育与法律职业的衔接来讲，传统法学教育着眼于培养法官、检察官、律师等法律职业者，法科生所谓“正统”的职业选择是法院、检察院、律师事务所，这与这些职业与法律的关联度最高有关。全面依法治国需要大批德才兼备的高素质法治工作队伍，而法治工作队伍分布在立法、执法、司法、守法等各个环节，体现在社会各个领域，法官、检察官、律师等只是主要围绕司法这个环节，法学本科建立的“1+10+X”课程体系，尽管各个高校可结合实际设立若干个特色课程模块，以此实现差异化、特色化教育，但总体来讲以“1+10”作为核心课程，就法学教育而言体现了通识教育的特征，即让所有法学生都掌握基本的课程知识，这无可厚非，而且对于9类法律职业实行全国统一的法律职业资格考试，建立法律职业共同体，有利于形成共同的法律知识、法律思维和法律职业伦理。但是，现在面临的问题是法学教育与法治实践存在一定背离，主要体现在两个方面：一是就部门法而言，我国早在2011年已建成了以宪法为统帅、以宪法相关法、民商法、行政法、经济法、社会法、刑法、诉讼与非诉讼程序法等多个法律部门的法律为主干，由法律、行政法规、地方性法规与自治条例、单行条例等三个层次的法律规范构成的中国特色社会主义法律体系，为全面依法治国提供了基本法律规范依据。但如前

文所述，涉及国家安全、生物安全、信息安全等重点领域立法供给不充分甚至存在立法空白，而一些领域的立法无法被传统法律部门所涵盖，导致法学教育存在知识供给的不足。二是就法律规范的学习而言，据统计，我国现行有效的宪法法律有 252 部，行政法规及文件有 674 部，部委规章及文件有 3928 部，地方性法规规章有 22123 部，共计达到 26977 部，法学教育以部门法为基础，而部门法的理论学习中所涵盖的是法律规范仅仅涉及若干个最基础的法律，而且无法涵盖现行有效的所有法律，更遑论行政法规、部委规章以及地方性法规规章。就有限的学时以及法学理论知识学习而言，全部覆盖这些法律规范是不现实的，也是无必要的，因为法学教育并非等同于法律规范学习，而主要是对于法学理论、法学原理等学习、领悟和应用，而且法律规范的立改废释是常态，只有掌握了基本的法学理论知识，才能得心应手地应对法律规范的变化。但从法治实践的角度来讲，近 2.7 万部法律规范在其效力范围内都发挥着作用，是规范和解决现实问题的法律依据，有必要对贯穿于部门法学习过程中的基本法律规范外的其他法律规范有所了解。传统法学教育存在的这两个方面问题集中为一点，就是法学教育的知识供给与法治实践缺乏充分的衔接，导致法治实践具体领域的法学理论供给以及法律知识学习存在不够精细化甚至空白的现象。按照《关于加强新时代法学教育和法学理论研究的意见》的要求，各个高校法学本科教育力争在差异化发展中关照到法治实践的具体领域，但毕竟本科教育具有“通识性”，不能为了追求“专”而忽视以“1 + 10”为核心课程的各个部门法学习。

法学研究生教育则有所不同，除了法律（非法学）专业学位研究生以及跨专业考取法学研究生的考生外，大多数都经历了法学本科的“通识教育”，且法律（非法学）以及跨考的考生也自学了基本法律知识，在此基础上的研究生教育则偏向于“专”，是对具体研究方向的研究性学习。因而，就知识层级来讲，法学研究生教育应当着重弥补本科教育存在的以上两个方面的缺陷，围绕法治实践的具体领域开展深入研究，在指导研究生自主获取知识的同时进行知识生产和知识创新。某种意义上，这些本应由高校法学院系承担的专业性、领域性法律知识生产与供给工作，却被法院、检察院、律师事务所等法治实务部门所承担，或者说法治实务部门不再停留于对法律适用的分析，而且开展研究性工作，在“精”与“专”的道路上走在了高校法学院系前面。比如，《民法典》出台后，人民法院出版社出版的系列丛书，不仅仅是对法条如何适用的解析，而且对民法理论进行了精到的解析。再如，律师事务所按照业务领域对律师擅长的业务进行细分，建立建设工程、股权、知识产权、刑诉、非诉等不同的律师团队，一些律师事务所也经常针对具体领域推出一些专业化的书籍。当然，法治实务部门所开展的研究性工作，大多是以法律规范的系统理解、准确适用为导向，涉及的理论问题也是围绕法律规范的准确理解而展开，这与高校开展的法学理论研究存在差异。但对法学研究生教育的启示在于：应当立足于"精"与"专"，把法学知识创新作为研究生教育的重要使命，指导研究生结合全面依法治国实践，围绕中国式法治现代化的重点领域、具体领域确定研究方向、拟定研究题目，开展开拓性学习、创新性研究。具体而言，在部门法领域，改革开放四十多年来，我国学习借鉴域外法治，结合我国实际，已经形成了比较成熟的部门法，也具备了基本理论支撑，但在中国式现代化进程中构建自主的法学理论体系仍在路上，法学研究生教育需要以习近平法治思想为指导，以全面依法治国和中国式现代化实践为场景，在已有的部门法体系内探寻建立充分体现中国法治话语的法学理论，在新兴学科、交叉学科领域促进法学与其他学科领域的深度融合，建立适用于具体学科领域的法治理论。在法律规范层级上，需要以宪法和基本法律规范为统领，研究适用于具体行业、具体领域的多层级法律规范体系，特别是针对数字经济等新业态新模式，探讨宪法、行政法、民商法、刑法、程序法等多个部门法的融通应用，由此建立在具体领域跨越部门法壁垒的法治专业人才。在此过程中，也需进一步了解该具体领域的背景性知识。基于法学研究生教育在知识层级的目标，对于研究生课程体系、教材体系以及师资队伍建设提出了更高的要求，概言之，就是知识的研究性学习与创新性生产。

三、能力层级：研究能力与应用能力的互促

研究生教育分为硕士研究生和博士研究生两个层次，据统计，2022 年硕士研究生招生人数约为 110.7 万，博士研究生招生人数约为 13.5 万（包括在职博士生），可见绝大部分硕士研究生毕业后选择了就业，即知识的实践应用。因此，研究生的能力培养重点是研究能力，同时也包括应用高层次知识解决现实问题的能力。对于法学研究生教育而言，既要培养其发现问题、研究问题、解决问题的研究能力，也要培养其运用法律知识分析社会现象、解决现实问题的实践应用能力，实现两种能力的互相促进。特别是全面推进依法治国面临着历久弥新的重大理论和实践前沿问题，自觉开展学术研究、贡献学术力量，既是法学学者承担的时代使

命，也是法学研究生教育的重要机遇。《关于加强新时代法学教育和法学理论研究的意见》提出：“深刻把握新时代法学理论研究的政治性，自觉围绕建设中国特色社会主义法治体系、建设社会主义法治国家，全面推进国家各方面工作法治化等重大理论和实践问题开展研究”，“紧紧围绕新时代全面依法治国实践，切实加强扎根中国文化、立足中国国情、解决中国问题的法学理论研究，总结提炼中国特色社会主义法治具有主体性、原创性、标识性的概念、观点、理论，把论文写在祖国的大地上，不做西方理论的‘搬运工’，构建中国自主的法学知识体系”，“围绕法治建设重大规划、重点改革、重要举措等，开展前瞻性、针对性、储备性法律政策研究，充分运用法治力量服务中国式现代化”等。作为中央专门针对新时代法学教育和法学理论研究的纲领性文件，对强化法学基础理论和全面依法治国实践的研究，突出体现了“中国自主性”，旨在为中国式法治现代化提供学理支持和实践支撑。因此，新时代法学研究生教育对研究生的能力培养，应当紧扣全面依法治国对高层次法治人才的能力需求，着力培养植根于中国法治实践场景、运用中国法治话语、服务中国法治建设的综合能力。

就法学研究生的研究能力和应用能力而言，二者具有统一性。一方面，无论是对法学基础理论还是全面依法治国实践的研究，根本上都在于解决全面依法治国的重大理论和实践问题，不断推进中国式法治现代化，为推进中国式现代化、建设社会主义现代化强国、实现中华民族伟大复兴提供强有力的法治支撑，由此界定了研究对象和研究内容具有鲜明的实践性。这就决定了无论是在研究生教育阶段还是走上工作岗位，对法治问题的研究始终以中国法治实践为中心，研究能力的培养体现为对全面依法治国进程中重大理论和实践问题的把握。另一方面，法学作为一门实践性很强的学科，正如前文所述，对于中国法治的研究，无论是产出原创性理论成果还是应用成果，都必然应用于指导全面依法治国实践，服务于中国式法治现代化，法学研究生教育所研究的“问题”来源于实践、成果应用于实践，在有限的研究生教育阶段所培养的能力将展现在法治实践中，因此二者是互促的。相较于法学本科教育而言，尽管其也强调学生的研究能力和应用能力培养，但这种研究能力是初步的，主要体现为运用法律知识对社会现象的分析，而研究生的研究能力则是全方位的、自主性的；就应用能力而言，法学本科生重点在于法律知识的应用，属于知识输出，而研究生是建立在对未知领域深入研究基础上解决全面依法治国实践的重大现实问题，而非仅仅是对现有法律规范的应用。

具体而言,法学研究生教育需要重点培养以下研究能力和应用能力。一是培养问题意识。研究生教育不同于专门的学术研究,仍是在知识学习中不断深化和拓展研究,但这种学习不仅仅是学、也不仅仅是知,而是探究式、批判式的学习,在研读文献资料、开展实证调查的过程中,逐渐形成并牢固树立问题意识,以此作为学术研究的起点。“法学研究的问题意识,主要体现为法学理论对于法治实践的敏感度以及涵摄力”,“一定意义上,问题意识是法学理论(或法学研究)与法治实践之间的主要媒介”。① 培养法学研究生的问题意识,就是要在理论研究中充分关照全面依法治国实践,对实践中反映的理论问题具有一定的敏锐性,进而找到理论研究的方向、切入点乃至具体题目,由此产出的理论成果能够指导实践、解决实践难题。当然,是否具有问题意识,也是评判理论研究是否具有价值的关键。二是掌握科学的研究方法。学术研究是一项创新性工作,开展学术研究首先要掌握科学的研究方法,对于法学研究而言,主要包括文献分析法、规范分析法、实证分析法等,因研究对象及研究内容而异。新时代推进全面依法治国,开展法治中国研究,除了传统的法学研究方法外,需要更多地关注法治实践前沿动态,通过实证调研,掌握充分的第一手资料数据,对法治问题展开定量分析,为有关部门出台法律法规、制定政策、科学决策提供数据支撑。就研究过程而言,研究生开展自主研究,按照“提出问题、分析问题、解决问题”的一般研究思路,从理论假设到求证论证,包括从研究方案制定到实施的全过程,都需要经过科学的学术训练,掌握科学的研究方法,内化为自主研究的能力。三是培养研究性思维与写作能力。文章的体裁不同,写作思维和风格也各不相同。比如,学术论文、研究报告、理论文章等都属于学术研究成果,但由于各自的受众不同,写作风格也存在明显差别。对于法学研究生来说,需要着力培养思辨的研究性思维,特别是对理论问题的分析论证,强化研究的说理过程,增强研究的学理性。也就是说,对于围绕法治实践所形成的“问题”进行理论分析,不能停留于社会现象本身,而是运用法学理论进行阐释、论证、分析,形成逻辑思辨的结论。此外,尽管曾经出现取消本科生学位论文等观点,但不可回避的是,学生的写作能力并不尽如人意。对于法学研究生而言,作为文科生,更需要开展有针对性的写作能力训练。事实上,一篇学术论文的写作,从构思、布局、题目拟定到整个文稿,不仅是学术观点的表达,而且是作者思维

① 顾培东:《法学研究中问题意识的问题化思考》,载《探索与争鸣》2017 年第 4 期。

过程的文字呈现,在写作过程中会使自己的思路更为清晰、观点更为成熟。高质量的研究成果,往往是思路清晰、逻辑严密、表述流畅、文字干净的学术作品,而达致这种效果,除了应当具备文字基本功外,更重要的是写作训练。因此,对于法学研究生而言,勤于写作是培养研究能力的重要方面。以上结合研究生教育特点,分析应当培养法学研究生的基本能力,但并不局限于此。概言之,法学研究生应当培养和训练的是以“研究”为核心的综合能力。

四、结语

研究生教育作为更高层级的教育,相较于本科教育具有自身的特点,集中体现在“研究性”。因此,对于研究生的价值塑造、知识学习和能力培养,应当把“研究”贯穿于全过程。古罗马法学家盖尤斯认为,法学是关于正义与非正义的科学,价值判断始终贯穿于法学研究和法律规范之中,同时也是一门实践性很强的科学,对于法学研究生教育,需要立足于全面依法治国对高层次法治人才的需求,紧紧围绕中国式法治现代化的重大理论与实践问题,着眼于建构中国自主的法学知识体系,从价值、知识、能力三个层级对研究生进行全方位塑造,培养在立法、执法、司法等法治各个环节具有高超研究能力和实践应用能力的高层次、复合型、创新型法治人才。

第三节　德法兼修法学高层次人才培养的进路探索

在以中国式法治现代化推进和保障中国式现代化、建设社会主义现代化强国、实现中华民族伟大复兴的征程中,立足于新文科建设,顺应现代科技与法治深度融合、不断创新发展的趋势,华北电力大学法政系在抓好本科教育作为大学的“根”和“本”、办好法学国家一流本科专业的同时,把法学研究生教育作为“德法兼修”高层次法治人才培养的重心,围绕法学研究生培养在价值、知识、能力三个层级的目标,注重立足中国、强化特色、交叉融合、研用一体,创新研究生教育教学理念和思路,探索建立与政法类院校、综合类院校差异化的、具有华电特色的法学研究生教育模式和体系。

一、德育为首:明大德立足中国铸魂

相比本科生,研究生经历了本科教育甚至很多研究生具有一定工作经历,阅历更为丰富,认识也更为成熟,对事物的认知形成了比较稳定的价值判断。研究生心智的此种特征,一方面有利于对其进行价值塑造,特别是在研究性的学习过程中,对法治的体悟更为深切,更易产生价值共鸣、思想共振;另一方面也因其形成了比较稳定的认知,世界观、人生观、价值观已不再处于塑造期,而是与个人的职业发展、个性需求等密切相关,这种交织导致对研究生的价值塑造更为艰难,特别是对于已形成的固有认知的改变,实际上是发生认知冲突的过程,基于路径依赖,认知矫正面临着重重困难。由于法学本身是关于正义与非正义的学科,价值贯穿于法学和法治实践的全过程,这更凸显了法学研究生教育坚持德育为首、德法兼修的重要性。为此,华北电力大学法政系在法学研究生教育中始终坚持"立足中国",强化研究生培养的"中国意识",引导和教育研究生树立远大理想信念,成长为"明大德"的高层次法治人才。

华北电力大学2006年获批诉讼法学二级学科硕士学位授予权,2012年获批法学一级学科授予权,现有诉讼法学河北省唯一重点学科、法学硕士和法律硕士(法学、非法学)学位授予权以及校级"德法兼修"研究生课程思政教学研究示范中心等。自开展法学研究生教育以来,始终坚持"立足中国",在研究生知识学习以及指导、带领开展学术研究、法治实践过程中,强化研究生的国情社情民情以及中华传统优秀文化的深刻领悟,以此增强研究生对中国特色社会主义的道路自信、理论自信、制度自信、文化自信,强化研究生投身中国法治实践的历史使命和责任担当。特别是引导研究生走出对西方法治的迷思,增强对法治共同价值的理解,以及着眼于中国法治的自主性,把法治与中华传统优秀文化的紧密结合,与党领导的全面依法治国基本方略紧密结合,与中国法治的现实场景紧密结合,把"培养什么人、怎样培养人、为谁培养人"贯穿于法学研究生教育教学的全过程。

这种探索肇始于21世纪初期笔者对多元化纠纷解决机制以及司法制度改革的研究,由此建立了以此为特色的诉讼法学,且以笔者的研究成果为基础,获批诉讼法学河北省唯一重点学科。当时,以人民调解、行政调解、诉讼调解为重点,构建"三位一体"大调解体系,建立多元化纠纷解决机制,在学界存在很大分歧,甚至一些法学知名学者认为是法治的"倒退"。尽管国外把调解誉为"东方经验",但受到西方法治的影响,学界主流对多元机制不认可,国内开展多元化纠纷解决机制的学者凤毛麟角,而法治实践中却面临着不断激增的纠纷解决压力,对社会和谐稳定带来潜在威胁和现实冲击。在此背景下,笔者申报获批最高人民法院重大司法改革项目"建立健全多元化纠纷解决机制",在全国范围内开展问卷调查,为最高人民法院在全国推行建立多元化纠纷解决机制提供第一手数据支持。因无经验,为做好课题研究,笔者自掏腰包、带领课题组开展了三次问卷调查,调研范围遍及全国32个省、自治区、直辖市,涉及万余名基层民众和百余家人民法院等专业机构。最高人民法院主要领导看到笔者呈送的研究报告后,不由惊叹:"没想到一个工科院校能把法学课题做得如此出色!"还在肯定性批示中要求最高人民法院司改办全体同志学习参阅,并向华北电力大学学习借鉴调查研究的方法。此研究成果被最高人民法院出台多元化纠纷解决机制的司法文件采纳,推动了重大司法改革的实施。在此过程中,笔者备受鼓舞,也坚定了"立足中国"研究的强烈信心。作为华北电力大学指导第一个法学硕士研究生的导师,笔者带领的研究生以"多元化纠纷解决机制"作为研究方向,让研究生接触、领悟和研究法治中国的前沿问题。在今天看来,习近平总书记反复强调的"坚持把非诉讼机制挺在前面"、坚持和发展新时代"枫桥经验"、诉源治理等话语已司空见惯,但在当时可谓是"非主流"且饱受争议,而将此与研究生培养相结合、作为研究生研究方向,更是需要极大的勇气。好在前几届研究生在参与实证调研和学术研究过程中,实实在在地感受了立足中国、开展前沿研究的"获得感"。比如,"司法确认"在当时还是一个新名词时,笔者所指导的研究生对其原理和机制已有充分的了解。通过这种培养方式,不仅使法学研究生在学术研究上具有前沿性和前瞻性,而且在此过程中本身是对其德育的塑造,并且形成了传承。对于法学研究生的德育理念,所谓"明大德"首先是而且根本是"立足中国",这正是坚持立德树人、落实"培养什么人、怎样培养人、为谁培养人"的应有之义,也是"中国式现代化"的必然要求,是华北电力大学法政系法学研究生铸魂的根本。

传承此理念,时至今日,法学研究生"立足中国"铸魂、强化"德法兼修",已从理论知识学习、学术研究拓展至实习实践,建立了立体化的"厚德育"体系。其核心是在建构中国自主的法学知识体系背景下,引导和教育法学研究生通过知识探索和法治实践,深刻理解习近平新时代中国特色社会主义思想和习近平法治思想,特别是习近平法治思想立足新时代的历史方位、基本国情和国际环境,立时代之潮头、发时代之先声，科学回答了新时代中国法治建设走什么路、向哪里走、实现什么目标以及怎么实现目标等根本性问题，其蕴含的深刻理论逻辑、深厚历史逻辑、深切实践逻辑，自觉地把习近平法治思想与中国式现代化相结合，成长为推进中国式法治现代化的高层次法治人才。

二、强化特色：研究生教育差异发展

研究生教育与学科建设发展是密不可分的。作为能源电力行业特色鲜明的理工科高校，华北电力大学法学学科专业建设和人才培养面临着“同质化”竞争的短板，特别是与国内知名政法类院校相比存在明显差距。为此，早在2006年教育部开展本科教学评估时，笔者新任教学主任，就提出了“入主流、强特色、小而精”的发展思路，法政系同步要把发展重心转向科学研究和学科建设，以此提升办学知名度和影响力。经过22年的发展，华北电力大学的法学教育在发挥学校能源电力行业特色方面已有充分积累，笔者认为，未来发展应当重点在“行业特色＋主流特色”方面打造“两个特色”，探索形成与政法类院校、综合类院校差异化的错位发展模式和路径。中共中央办公厅、国务院办公厅印发的《关于加强新时代法学教育和法学理论研究的意见》明确要求：“加快‘双一流’建设，鼓励法学院校突出特色，形成差异化发展格局”，并提出“适应法治建设新要求，加强立法学、文化法学、教育法学、国家安全法学、区际法学等学科建设，加快发展社会治理法学、科技法学、数字法学、气候法学、海洋法学等新兴学科”。这不仅为华北电力大学法政系法学研究生教育强化“两个特色”提供了基本依据，而且华电法学在社会治理等领域具有良好的研究基础，为强化“主流特色”提供了新的契机。

华北电力大学法学学科专业建设和人才培养强化“两个特色”的实践探索，根本原因在于华北电力大学作为行业特色鲜明高校的能源电力学科优势，以及华电法学在法学学科中获得认可、占有一席之地的内在需求，而直接原因则是笔者负责申报法学国家级一流本科专业时的深切感触，即“强特色”仅仅限于学校自身的特色是不够的，还要在“主流学科”中形成特色，要把“行业特色＋主流特色”紧密结合，以此打造既发挥能源电力行业优势、服务学校“双一流”建设和行业法治人才需求的法学，又在法学学科中与政法类院校、综合类院校差异化的“特色法学”。鉴于此，华北电力大学法政系在强化“两个特色”建设和发展法学学科的过程中，以此为导向促进法学研究生教育的差异化发展。

具体而言，一方面，发挥学校的能源电力学科优势，继续强化法学研究生教育的“行业特色”，为能源电力行业培养高层次法治人才。比如，法学学术型研究生培养方案中专门设立了“环境与资源保护法”“国际能源法”等方向，开设了“中国能源法”“国际能源法”“外国能源法”“能源监管法专题”“电力法”“环境法总论”“环境司法专题”“国际环境法”“比较环境法”等具有“行业特色”的法学研究生课程，法律硕士（法学、非法学）都开设了“环境资源法”课程，在“碳达峰·碳中和”国家战略背景下培养服务能源电力和“双碳”目标的法治人才。另一方面，着力在“主流法学”领域进一步强化“主流特色”、建设“特色法学”。如前文所述，笔者带领团队从多元化纠纷解决机制切入，在法学领域进一步拓展至“社会矛盾化解”，并立足于人民法院司法制度改革实践，经过十多年的长期探索和积累，在司法制度研究方面已形成特色，以此奠定了诉讼法学的河北省唯一重点学科。近年来，将法治与社会治理相结合，开展国家治理、社会治理、基层治理、市域治理等的法治化与法治保障研究，笔者相继获批国家社科基金项目《新时代法治型国家治理研究》以及中国法学会重点课题等，2022 年又负责申报并获批河北省高等学校人文社会科学重点研究基地“华北电力大学区域法治与司法治理研究中心”（华北电力大学唯一的省部级人文社科重点基地）、河北省哲学社会科学研究基地“中国式法治现代化与社会治理研究基地”，这些学术积累以及省级社科平台，为开展社会治理法学奠定了基础。此外，旨在发挥华北电力大学的计算机、数学、机械、环工等学科优势，近年来在数字法学、科技法学等方面也在积极寻求突破。这些思路在法学学科建设和研究生教育中初步得到探索，但应用还有待深化，在“特色法学”方面还有待进一步凝练，以此打造和形成特色鲜明的新兴法学学科。就法学研究教育而言，目前的探索是在社会治理法学、数字法学、科技法学等领域，带领研究生开展学术研究，指导研究生以此作为选题方向，针对这些新兴领域的法治热点难点问题开展研究，并鼓励研究生跨学科选修课程，以此作为法学与其他学科交叉研究的知识基础。《关于加强新时代法学教育和法学理论研究的意见》进一步明确了法学院校差异化发展以及建立新兴学科的背景下，华北电力大学法政系将立足于现有研究基础和实践探索，以建设新兴学科为牵引，在“主流特色”方面努力取得新突破，以此形成具有行业和主流“两个特色”的法学研究生教育。

三、交叉融合：高层次人才复合培养

新时代全面推进依法治国需要在法治具体领域具有法学专业知识的法治人

才，这就要求包括研究生教育在内的法学教育与其他学科的交叉融合，打造“新法科”“新法学”，促进法学学科转型升级，培养服务于具体领域具体行业的“德法兼修”卓越法治人才，而法学研究生教育更是需要在复合型、创新型法治人才培养上创新机制、构建模式，以此满足全面依法治国对高层次法治人才的需求。基于此，华北电力大学法政系立足于现有的法学、公共管理、社会工作三个专业学科，发挥学校在能源电力、计算机、数学、机械、环工等工科学科优势，与社会治理、大数据、人工智能等相结合，促进学科交叉融合，培养“法学+”的高层次复合型法治人才。

具体而言，与强化“两个特色”相适应，华北电力大学法政系法学研究生的复合型主要从以下三个方面展开：一是与能源电力等工科学科交叉融合，培养“法学+能源电力”的复合型人才。在“碳达峰·碳中和”国家战略背景下，2021年，中共中央、国务院发布了《关于完整准确全面贯彻新发展理念做好碳达峰碳中和工作的意见》，提出“健全法律法规标准和统计监测体系”，包括全面清理现行法律法规中与“碳达峰、碳中和”工作不相适应的内容，加强法律法规间的衔接协调，研究制定碳中和专项法律，抓紧修订节约能源法、电力法、煤炭法、可再生能源法、循环经济促进法等，增强相关法律法规的针对性和有效性，以及加快完善地区、行业、企业、产品等碳排放核查核算报告标准，建立统一规范的碳核算体系，制定重点行业和产品温室气体排放标准，完善低碳产品标准标识制度等。对于高校而言，培养符合“双碳”目标的高层次人才，除了新能源电力系统的技术人才外，还需要培养大批精通法律、管理的高层次人才。一方面，运用复合型知识参与建立健全“双碳”法律法规和政策体系，为国家、区域和行业制度建设提供智力支持；另一方面，在能源电力行业实施“双碳”有关规范，促进能源电力行业按照国家统一部署达成“双碳”目标。这就要求法学人才培养需要紧扣“双碳”目标，促进学科交叉融合，培养复合型、应用型、创新型的高层次人才。这与“新文科”建设的核心理念“学科交叉融合”具有高度的契合性。目前，围绕“双碳”与法治，主持河道管理立法项目，承担国网公司等课题，指导研究生研究“双碳”法律规范体系等，已发表了学术论文等成果。接下来将指导和带领研究生以当前新型电力系统构建过程中遇到的现实问题为导向，开展新型电力系统法律保障等相关研究，让研究生在相关知识学习和学术研究中熟悉了解能源电力行业的具体法律问题。二是立足于现代科技与法治实践的深度如何应用，开展大数据、人工智能、区块链等现代科技的法律应用研究，培养“法学+科技”的复合型法治人才。目前已开设了本科生“数据法学”“人工智能与法律”等课程模块，对于研究生教育而言，将立足于新文科建设，组织召开全校的新文科建设会议，与华北电力大学的计算机、数学等学科专业交叉融合，聘请这些院系的教师与法学专业教师共同开设相关课程，开展复合型人才培养。三是立足中国，与国家治理、社会治理等特色研究相结合，以“法治型国家治理”“中国式法治现代化与社会治理”等为研究方向，指导和带领研究生结合法治实践的具体问题开展学术研究，培养在法治重点领域以及立法、执法、司法等各个环节具有宽口径、强专业的复合型法治人才。

除了交叉融合的复合型课程建设和课堂教学外，法政系充分利用现有的学术品牌、实习实践基地等，邀请国内知名专家学者以及实务部门业务专家进校开展“法政讲堂”“创新 & 前沿”论坛等学术报告，支持研究生“走出去”参加学术交流，拓展“双碳”目标与新文科建设“文理交叉融合”的学术视野，提升研究生学术素养。此外，与能源电力企业以及法治实务部门合作，开展专业实习和认知实习，让学生了解“双碳”目标下能源电力企业以及新能源行业的发展，了解智慧法院建设等人工智能与司法深度融合的实践应用，增强研究生的理论认知和体验感知，提升“法律 + 能源电力”“法律 + 科技”的复合型法治人才培养质量。

四、研用一体：法学研究生能力锤炼

如前文所述，研究生教育作为更高层次的教育，重点是在研究性学习和学术研究过程中培养学生的研究能力，包括研究意识、研究思维和研究方法等，同时在研究过程中也需要立足于实践应用，培养研究生在法治场景中研究问题、分析问题、解决问题的应用能力。为此，华北电力大学法政系在法学研究生培养中坚持“研用一体”，目前主要从学术研究、学科竞赛、法治实践等方面，加强对研究生能力和素养的全方位锤炼。

以学术研究为重点促进研用一体，培养法学研究生的研究和应用能力。学术研究是培养、锻炼和提升研究生的研究能力和应用能力的主渠道，法学专业在指导研究生学习和学术研究过程中坚持“研用一体”。一方面，带领研究生参加课题资料整理、实地调研、问卷调查、深度访谈等相关研究工作，通过亲身参与学术研究的全过程，培养学生立足于中国、根植于中国法治实践，挖掘和凝练“研究问题”的意识、思维、方法和能力，培养研究生“提出问题—分析问题—解决问题”的能力，锻炼学生对文献分析法、实证分析法、综合分析法等研究方法的综合运用，通过对研究成果与法治实践的对比分析，增强切实解决具体领域法治问题的综合能力。另一方面，指导研究生紧密结合京津冀协同发展国家重大战略、雄安新区建设“千年大计、国家大事”，以区域法治和社会治理的重大问题作为研究方向，按照“小切口解决大问题”的原则，指导研究生确定具体题目，开展学术论文和学位论文的写作，通过独立开展学术研究，不断训练研究能力和写作能力。通过这两个方面的持续训练，使法学研究生能够多频次、全过程参与学术研究，了解和熟悉如何开展学术研究，包括对一些细节的掌握，全方位锻炼研究能力。

以学科竞赛为载体促进研用一体，培养法学研究生的研究和应用能力。学科竞赛是锻炼研究生研究能力的重要载体。目前，法学专业研究生可以参加的学科竞赛主要包括“挑战杯”全国大学生课外学术科技作品竞赛、“互联网＋”大学生创新创业大赛、河北省大学生“调研河北”社会调查活动大赛、习近平新时代中国特色社会主义思想冀青工作调研大赛等，这些大赛都是旨在选取社会热点问题开展社会调查，运用专业知识分析和解决现实问题。法学专业以这些学科竞赛为依托，指导研究生以中国法治建设的热点难点问题作为选题，开展问卷调查、实地考察等，获取第一手数据资料，全面了解当前发展现状，针对存在问题提出解决对策建议。近年来，法学专业教师指导研究生在学科竞赛中屡获省级特等奖等。为了更好地促进学科竞赛与专业相结合，法政系鼓励专业教师根据所主持的课题项目，确定具有调研价值的选题，指导研究生尽可能地立足专业开展社会调查，将学科竞赛与学术研究融合在一起，力争做到专、精、准，在培养研究生综合能力的同时，强化调研成果的实用价值。

以法治实践为场景促进研用一体，培养法学研究生的研究和应用能力。法治实践是研究生运用法律知识创新性地解决现实问题的重要场景，也是研究生亲自参与、亲历感知法治、强化理想信念、增强责任担当、锤炼法治品格的重要途径。为此，法政系立足于专业，组织研究生开展法治实践，包括在法治实务部门进行常驻式专业实习以及面向社会开展法治志愿服务等。在法院、检察院等法治实务部门进行专业实习前，根据研究生的研究方向和专业旨趣，与实务部门充分沟通，尽可能以当前司法制度改革的重点问题以及最高人民法院、最高人民检察院推行的试点改革等作为主要领域，安排研究生在审判执行、司法管理、司法研究等岗位进行轮训实习，有针对性地参加具有理论争点和实践分歧的典型案件审理，并结合各级实务部门确定的年度研究课题等，开展研究性实习实践，按照实证类研究成果的格式要求撰写实习研究报告。在面向社会开展法治志愿服务前，坚持“问题意识”导向，针对志愿服务所要达到的目的以及服务对象、范围等进行精细设计，制定有别于本科生法治志愿服务的方案，重点通过志愿服务的切身体验，挖掘某个领域、某个区域在法治建设中存在的困境和不足，并提出相应的解决对策。鉴于研究生通过法治实习实践所凝练的研究问题，不仅具有现实应用价值，而且通过亲身经历和切身体会具有比较充分的感性认知，鼓励和支持研究生以此作为硕士学位论文的选题，进一步研读文献资料，开展深化研究。

五、结语

与本科教育属于基础教育不同的是，研究生教育属于研究性的，无论是德育还是专业教育都需要立足于研究生教育的自身特点。华北电力大学法政系探索“德法兼修”法学研究生高层次人才培养模式，从宏观层面以强化“行业特色 + 专业特色”为发展路径，通过新文科引领下的文理交叉融合打造“新法科”“新法学”，以此建立课程体系、强化课堂教学，构建包括学术报告、专业实习、法治志愿服务等在内的多元人才培养体系。在教育教学全过程，坚持“研用一体”的理念，通过组织和指导研究生开展学术研究、参加学科竞赛以及法治实习实践，不断强化研究能力和应用能力，锤炼“德法兼修”综合素养。目前，法学研究生培养模式和体系尚不成熟，未来将重点在强化“两个特色”、促进交叉融合等方面力争取得突破，不断提升法学研究生培养质量，为推进中国式法治现代化培养高层次法治人才。

第六章　新时代德法兼修卓越法治人才培养模式的域外经验

现代法学教育起源于西方国家,近代以来,西方发达国家大多建立起相对完善的法学教育体制。研究域外卓越法治人才培养模式,可以为我国新时代德法兼修卓越法治人才培养提供有益的借鉴和参考,从而为全面依法治国提供人才保障。通过对英美法系和大陆法系国家的法学教育进行分析,一方面,可以从它们的数次改革历史中总结规律,这些规律无疑是我国卓越法治人才培养的重要参考因素;另一方面,两大法系有着不同的法律传统,即使是在其法系内部,由于历史文化、国情社情和体制机制的不同,各国之间的法学教育制度也存在较大的差异,对各国法学教育差异进行总结,结合我国本土的法治实践,有利于我国探索出具有中国特色的卓越法治人才培养模式。

第一节　英美法系国家法治人才培养模式

英美法系,是以英国从 11 世纪起的普通法为基础,逐渐形成的一种独特的法律制度,产生于英国,后扩大到美国、加拿大、澳大利亚等地。由于受到经验主义和实用主义哲学的影响,英美法系的法学教育定位在法律职业能力的培养,强调学生依照法律价值观对案件进行个性化的审判,侧重法律职业素质和职业伦理的养成。概言之,英美法系国家将法学教育定位于法律职业教育,主要培养学生从事法律实务的能力,其代表性国家有英国、美国。

一、英国

在某种意义上,一个国家法学教育的发展史就是一个国家法律命运的变迁史，同时也折射出该国政治制度的演变。① 英国作为英美法系的代表国家，其法学教育在漫长的历史中经过了百余年的改革，形成了独特的法律制度和极具特色的法律人才培养模式。英国的法律人才培养模式不仅为本国输送了一大批优秀的法律人才，其经验也为美国等其他国家借鉴吸收，为人类法学教育的发展作出了重要贡献。

（一）英国法学教育改革的演进历程

自中世纪以来，欧洲大陆纷纷以罗马法为重点，建立了以大学为主体的学院式法学教育。但英国却另辟蹊径，凭法律职业阶级的兴起建立了注重法律职业人员实务培养的法学教育制度——从学徒制到律师公会制。17 世纪后法学教育陷入重重困境，律师公会和大学法学院的教育质量逐渐下降，英国以此开展了一系列的改革，使其法学教育逐渐走向现代化道路。20 世纪后期英国又进行了以《奥姆罗德报告》为代表的改革，确立起大学在法学教育中的主导地位。至此，英国法学教育从早期的重实践轻理论，形成如今的实践与学术相结合的法律人才培养模式。

1. 学徒制法律职业教育的传统

1066 年诺曼征服后，古罗马法文稿于意大利被发现，研究古罗马法的热潮席卷欧洲，使曾经辉煌的罗马法在西欧大陆得以复兴。但此时的英国并没有同其他国家一样陷入罗马法复兴的浪潮中，而是将侵略者法律和当地法律不断融合，形成自己独特的普通法传统和司法制度，成功抵挡住了侵蚀。由于普通法的出现，英国的法学教育也走上了不同于西欧大陆的独特道路——学徒制。

与欧陆国家因大学法学教育的发展导致法律专家的社会地位提高，从而催生了法律职业形成和发展的模式不同，英国反因法律职业阶层的兴起产生了英国学徒制法学教育。英王亨利二世对当时的司法制度进行改革，其改革内容之一是设立了专职的司法机构。这使纠纷的解决更加高效，也开启了司法和行政的分离，行政官员逐渐退出司法实务的工作，专业的法官开始专职司法受理案件，英国开始走向现代法治，法官职业逐步实现了专业化，产生了英国法律职业阶层。这一阶层的出现需要法学教育，促使英国建立了学徒式的法学教育模式。

---

① 参见曾长秋、王明：《中美法学教育之比较》，载《现代大学教育》2002 年第 5 期。

大约在1280年,法律学徒这一群体开始出现。当时的教育设施缺乏,英国又是不成文法国家,没有可以自学的法典书籍,学徒们唯一可以获得法学教育的途径只有跟着开业律师做辅助性工作,通过日常点滴地对法律实务的处理从而积累经验、提高能力。所以学徒能否在较短时间内学习到真的本领关键看带他的开业律师,很多开业律师只是将学徒视作廉价的劳动力,而没有真正地对学徒进行教导,遇到一个好的师傅对于学徒而言至关重要。在学徒时期,这些有志于法律职业的青年主要通过旁听法庭庭审,观察律师的辩论和法官的审理来加深对法律的理解与运用,在给开业律师做副手时,从如何询问当事人、调查取证、文书写作、辩论技巧等一步步学习如何成为一名合格的律师。法律职业阶层作为新兴阶层,其自身的专业性及高门槛使其垄断了审判诉讼。

法律从业者往往拥有高薪和优越的社会地位,这也逐渐吸引更多的年轻人涌进法律职业领域,特别是中小贵族及富人的子弟。这些年轻人为学习法律知识,自发地集中在威斯敏斯特区(英国三大中央法庭所在地)附近。在其寄居的旅馆内,周边一些学徒们一起集资邀请出庭律师来讲课和辅导,在当时出现了无数个这样的学校,律师公会在此基础逐渐发展起来。

14世纪后,有四所律师公会在众多的律师公会中脱颖而出,形成了至今依然存在的四大律师学院①和九所依附于这四大律师公会的初级律师公会②。学徒们需要在初级律师公会学习文书起草等法律基本功,经过几年学习后可以转入律师学院学习。律师公会委员会一般由资深律师组成,其授课时间一般为3~4周,利用主管委员的休庭期为学生们授课。律师们授课的方式一般也很固定,以"诵读"的方式为学生们详细地讲解法律法规的内容、经典案例的剖析以及律师的从业经验。学生除在课堂学习理论上的知识外,还会亲身前往真实的法庭之中观察法官对案件的审理以及律师在法庭上的辩论技巧,这种近距离地直面未来的从业环

---

① 四大律师学院:林肯学院(Lincoln's Inn)、格雷学院(Gray's Inn)、中殿学院(The Middle Temple)以及内殿学院(The Inner Temple)。

② 这些初级律师会馆包括附属于内殿学院的克莱门特会馆(Clement's Inn)、克利福德会馆(Clifford's Inn)和利昂会馆(Lyon's Inn),附属于林肯学院的弗尼瓦尔会馆(Furnival's Inn)和泰维斯会馆(Thavice Inn),附属于中殿学院的新会馆(New Inn)和斯特兰德会馆(Strand Inn),附属于格雷学院的伯纳德会馆(Barnard's Inn)和斯坦普尔会馆(Staple Inn)。它们在一定程度上就是律师公会的预备学校和低级法律职业者的培训机构,在此学生以学习司法令状、起草法律文书等为主,经过为期3年的基本程序法知识的学习和实务技能的训练,少数学生会转入律师学院深造,多数学生则或者进入中央法院或政府部门任职,或者直接返乡担任治安法官。

境,能让学生们更清晰地了解自己未来的工作和学习的侧重点。在夏、冬法庭的休庭期,学生无法前往法庭实地观察,其主要的学习方式便转为模拟法庭,通过完成讲师们为其设置的疑难案例来提高实务能力。与大陆法系国家不同,英国特有的法律传统造就其法律教育从始至终都在强调实践、实用。英国学徒制和律师公会制的培养模式,从一开始就奠定了其教育定位于职业教育。

此外,当时的律师公会不仅是作为法律学校负责学生们的法学教育,还是律师团体的自治组织,对成员律师进行管理和职业训诫,有权决定对学生职业资格的授予。公会的管理层由资深律师担任,而代诉律师从各律师公会的管理层中挑选,所以代诉律师是律师中绝对的精英。从代诉律师中遴选法官的制度从这一时期确立,这项制度的确立对英国的法学教育影响极大,其直接打通了律师与法官两种职业之间的壁垒,使律师界和司法界有了交叉点,这有助于对律师和法官的培养形成共同的观念和职业道德,使法律职业共同体的形成有了落地的可能。

2. 早期法学教育大学化的萌芽

11 世纪末,意大利的波伦亚大学首创大学法学教育后,整个西欧便掀起了一股大学法学教育的热潮。这股热潮也波及了英国,13 世纪时英国剑桥大学、牛津大学就相继建立了法律系。[①] 所以在 18 世纪之前,英国的法学教育是学徒制和大学教育并存,以学徒制为主。但英国大学教育和学徒制教育差异极大,大学教育并不像学徒制一样讲授英国的普通法,而是讲授罗马法和教会法。这两个专业的课程是结合在一起的,学生需要交叉听课,获得民法学学士学位需要经过 6 年的专业学习,获得教会法学士学位需要 5 年。16 世纪时,由于英国对海外的扩张,贸易往来日渐频繁,民法的发展受到政府的重视,到中叶时英国政府在牛津和剑桥建立民法专科学院,后逐渐发展成为英国两大民法研究中心。虽然在中世纪英国的罗马法和教会法教育规模并不是很大,但也培育了不少优秀法律人才,为英国的法学教育贡献了力量。总的来说,18 世纪中叶之前的英国法学教育是两线并行的模式,一条是以律师公会为主体的实践性教育,另一条是以大学为主体的理论性教育,两者之间并没有融合,导致英国的实践性教育和理论性教育一直处于分离状态。

---

① 参见[美]哈罗德·J. 伯尔曼:《法律与革命——西方法律传统的形成》,贺卫方等译,中国大百科全书出版社 1993 年版,第 152 页。

3. 近代法学教育大学化的发展

进入 18 世纪之后，英国社会和科学技术都在飞速发展，这也让英国并行的学徒制教育和大学教育双双陷入困顿。由于印刷术的普及，法律文献和案例资料越来越容易获取，这让“通过观察和实践学习”的教学方式逐渐被“自我阅读学习”替代。加上随着帝国的扩张，律师公会的律师绝大多数时间都在忙于法律业务，已无精力顾及学生的教学，学生厌学和师傅厌教的现象在英国逐渐成为普遍现象。律师公会古老辉煌的法学教育逐渐走向暗淡，这所曾经被誉为“第三大学”的律师公会在人声鼎沸之后慢慢消失在历史长河中。对律师公会唏嘘的同时，大学法学院的教育也并不乐观，无论是牛津还是剑桥，这种顶尖的法学院的教育质量都难以保证，甚至出现灾难性的下滑，开设的课程也因为生源问题被迫停课。传统的学徒制教育和大学教育已经不能满足英国法学教育的发展需要，越来越多的人开始呼吁发展新式大学法学教育。其中，布莱克斯通扮演了至关重要的角色，他提出了一套科学的法学教育理论，并指出在法学教育中学术理论的重要性，其后期教育实践活动的成功进行标志着英国法学教育进入了新的时期——以学术培养为目的的法学教育思想诞生。

1846 年英国众议院专门成立了法学教育委员会，对英格兰、爱尔兰和其他主要国家的法学教育现状进行调查。在短短三个月的时间里，法学教育委员会完成了《法学教育报告》，这份报告的出台标志着英国法学教育的第一次重大转型。报告一针见血地指出英国法学教育的失败，其根本原因是未将场所设在大学进行，而是主要在律师公会进行，这造成法学更像是一门技艺的传授，而非是一门古老精深的理论知识，这让学生把关注点放在了细节性的技艺，而不是法学基础理论知识。针对这一弊病，报告吸取德法等大陆国家和美国哈佛大学法学教育的优点，主张大学成为法学教育的新阵地，而律师公会承担大学教育后的职业教育。这种教育模式改变了其对法学教育是一门职业技艺的认知，将法学放在哲学等人文科学的位置，强调法学是一门知识，法学生学习法学首先应该进入大学，接受系统性的法学理论学习，完善其法学基础结构，经过严格的考试后方能取得法学学位，其与哲学学位具有相等的价值。当时，英国这次教育改革也没有完全舍弃律师公会的价值，主张四大律师公会进行重组合并，其职能转变为针对学生职业教育的培训，法学生在完成大学教育后在此接受职业教育。此份报告受到法学教育界的多数肯定，于是以该份报告内容为框架的法律教育改革开始如火如荼地进行,除了四大律师公会因为种种原因没有完成合并外,其他的主张基本全部得以落地。这次改革极大地推动了英国法学教育向大学为主体的法学教育体制的转变,从而实现法学教育理论与实践的耦合。

4. 现代法学教育现代化和体系化的发展

经过上一轮的法学教育改革,大学已经发展成为法学教育的主阵地,英国法学教育也走上了现代化道路。但大学法学教育又走向了另一个极端,成为纯理论的法学教育,和实践训练完全脱离,这同样引起了法学界各方的诟病,新一轮法学教育改革在此背景下暗流涌动。直至 1971 年著名的《奥姆罗德报告》出台,正式吹起新一轮改革的号角。这份报告强调大学法学教育不是单纯的法学理论学习,也不是单纯的职业教育,学术与职业这两者并不是对立的位置,也不是非黑即白的关系,应当将两者充分结合,重点加强法学理论界与实务界的互动,合力培养出卓越的法律人才。其主要思想是大学法学教育应兼顾学术性和职业性,这标志着英国法学教育的第二次重大转型。1996 年,英国大法官法学教育和行为顾问委员会在此基础上针对法学教育作出了更高的培养要求:其认为当前的法学教育侧重理论基础和职业技能,这种专业式的教育模式应当向学术性侧重,即法学教育应当更加注重训练学生独立思考、发现问题的能力,培养法学学生全面综合的学术能力。在这种培养要求下,学术能力的培养摆在了更高的位置,至今英国仍然坚持和完善这项培养方针。

(二)英国现代法律人才培养模式

英国当前的法律人才培养从本科阶段起步,高中毕业经过考试选拔后即可进入本科进行为期三年的法学基础学习。经过本科阶段后,学生根据自己的升学与求职意向,会分为学术和实务两种发展路径。学术发展路径是学生本科毕业获得大学学士学位(LL. B)后,可继续攻读硕士学位。英国的硕士分为法学硕士(M. Ph. L)和法律硕士(LL. M.),M. Ph. L 是纯粹的学术型学位,培养目标是学术研究型人才,学制为两年;LL. M. 是并非纯粹的学术型学位,其培养目标是提升本科生某方面的实际技能。因为培养目标的不同,两者的毕业要求也存在差异,一般 M. Ph. L 要求撰写论文并且通过答辩,而 LL. M. 一般并没有此种要求。但无论是 M. Ph. L 还是 LL. M. ,学生取得学位后均可以继续攻读博士学位(Ph. D)。如果学生本科毕业后即想步入社会成为律师,则有实务发展路径。学生取得法学本科学位后，可进入律师公会进行职业学习，由法学教育理事会（Council of Legal Education）和法律协会（Law Society）分别对出庭律师和实务律师进行为其一年的职业培训。在职业培训结束后，学生需要进入律师事务所进行实习，这也是实务型培养模式的最后一个环节，这个环节以古老的学徒制的方式进行，资深律师作为学生的师傅，手把手地传授执业经验，指导徒弟处理实务中的法律问题。在教学方法上，各个大学主要采用案例教学法，通过模拟和问答的形式对案例进行分析，训练学生的思辨能力，同时辅以模拟法庭、诊所法学教育。总的来说，当前英国的法学教育仍然具有重视实践的法律传统，其教育的重点还是培养律师而不是法学家。

一个国家的法律人才培养目标决定了其人才培养模式，其职业化的目标令英国在改革中加强职业教育，同时也突出了基础教育的重要性，已经形成以大学学院为基础，由大学学院和职业组织分工合作的人才培养模式。基础教育由大学承担，主要基于现代社会对法律人才的需求和英国大学自由教育的传统。[①] 英国的大学注重自由教育，认为大学传授的不应当是一种实用的操作技能，而应当是训练人们的智慧，法学教育同样如此。另外，法学的学科特性注定其与现实社会密不可分，法律学生必须具备一定的教育基础，需要进行大量的阅读。因此，在大学学院，老师们主要传授实体法理论、律师的基本技能、处理现实问题的实践课程、对当事人及整个法律体系的职业责任。学生的法律知识不断被提炼、被理论化，为将来的学习和实践打下基础。在大学学院内部，大学负责考试和学位授予，学院在招生、教学、财务等方面独立自治。学生们在大学完成法学基础教育，之后根据自己的职业规划决定发展途径。如果选择实务型道路，则会进入律师公会进行培训，再进入律所进行实习，将大学的法学基础知识与法律职业组织的职业教育结合。在其教育过程中，有观摩庭审、模拟法庭等多种方式，还会邀请权威人士讲学，建立学生法律从业者的角色意识。

英国法学教育将人才培养和输出联系在一起，将大学教育和职业训练通过大学和律所合作的形式紧密结合，最大限度地节约了培养成本。既有大学专业化正规教育作指导，又有社会法律职业组织提供职业训练作辅助，这种理性发展的轨

---

① 韩慧：《英国现代法律教育模式探析》，载《山东师范大学学报（人文社会科学版）》2021 年第 1 期。

道让英国的法律人才培养处于世界领先位置。

(三)英国现代法学教育的课程体系

教育目标的实现需要依托课程体系的设计,英国的法学教育课程包括法律理论知识教育和法律专业技能教育,希望培养精通法律规则、追求社会公平公正基本法治精神的法律人才。因此,整个英国法律课程体系可以分为两部分,基础理论课程和实践技能课程,分别由大学和职业组织承担相应的教学。大学开设的课程均偏向于理论,其目的是让学生系统地掌握法学的基础性知识,特别是 1996 年之后强调培养全面的学术能力,其对基础理论的扎实掌握有了更高的要求。大学开设的课程一般有宪法、罗马法等基础性课程,但并不是一成不变。法学这门学科始终与实务息息相关,随着社会的变迁其法学教育的内容也需要随之不断调整。这反映在英国法学教育上,是其法律职业的专业化导致的法学教育相关能力培养的侧重。如今随着法规的增多,英国法律从业者无法掌握全面的法律知识以应对不同领域的纠纷,这导致专业性的组织出现,在医疗、家事等领域均成立这种专业性组织,律师需要参加考试才能加入组织,法律职业的细分化、专业化的要求也影响着法学教育课程的设计。不少大学为此设置了法学理论、法学方法、比较研究等课程,以培养学生广阔的法学视野和抽象思维能力,以应对将来执业的需要。如英国沃里克大学,它开设了德国法等欧盟国家的法律,以帮助学生拥有广阔的视野和比较研究的能力,法学院还和其他专业院系合作,对学生进行跨专业的教学以拓展其知识的广度。

由于时间和条件的限制,大学主要传授理论教学,学生接受的职业教育并不充分,此后还需进入律师公会进行培训,进入律所进行实习,在这些场所接受的是完整的职业教育,课程以实用性课程为主。比较有特色的是,英国通常会在实习生的第一年进行法律职业道德教育和法律责任教育,他们认为道德教育和责任教育对于法学从业者至关重要,法学生手执正义之剑,必须在其从业的最初就梳理职业责任意识,让法律伦理道德成为其今后法律职业生涯中最朴实的底色。此外,还会开展法律文书写作,传授会见委托人等基础性、细节性的技艺,这一阶段的职业教育是英国法律人才培养不可缺少的一环,只有接受完整职业教育的法学生,才能成为合格的法律从业者。

（四）英国现代法学教育的教学方法

英国现代法学教育的教学方式以讲座为主，以导师辅导为辅，讲座是最传统，也是最重要的教学方式。以利物浦大学为例，其合同法的教学设计是：讲授为 48 学时，导师辅导为 10 学时。① 讲授课上，老师会对课程中某一主题进行深入讲解，如某一重要法律原则，然后引出确定该项原则和拓展该原则适用范围的重要判例，再对判例的事实和判决部分进行分析解释。由此可见，讲座不仅是教授学生在实践中运用法律，更重要的在于培养推理和思考的能力。但是这种教学方式在英国也广受批评，被认为在授课中没有学生参与教学，属于填鸭式的教育。但更多的学者对此方式表示肯定，其认为在法学院学生越来越多的今天，人均教育资源显然会逐渐降低，采取讲授的方式是尽可能以最少的时间传授给更多的学生的最佳方法，并且讲座的目的更多在于启发学生自我思考，鼓励其在课下进一步阅读和学习。

在讲座讲学结束后，还需要进行导师辅导课，讲座教学加导师辅导是英国教学的一大特色。学生会被分为 7 ~ 8 人的小组，参与不同导师的辅导课程，导师辅导课目的是促进和加深学生对于讲座课堂知识的理解，弥补讲座课堂不与学生互动的缺点。在辅导课上，由导师提出讨论的问题，课前发给学生判例法材料或者典型判例，学生认真准备后在课堂上进行讨论。上课时导师引导学生展开讨论、分析，这种讲授方式锻炼了学生思考、表达的能力，也在小组交流过程中培养了学生合作意识，在英国受到法律界和社会其他各界的好评。在一些名校法学院，导师辅导课的使用更为普遍，每位导师辅导的学生通常仅为 2 ~ 4 人。②

二、美国

美国作为世界上的超级大国，其法学教育闻名世界，培养了一大批优秀的人才，在美国 46 位总统中，有 27 位在职业生涯某个时期都从事过法律工作，更有众多的议员、官员、企业家等精英具有法律专业背景。当前美国拥有世界上最优秀的法学院和规模最大的法律人才，其成功的法学教育令许多国家的法学教育改革

---

① 利物浦大学官网，https://www.liverpool.ac.uk/。

② 牛津大学官网，https://www.ox.ac.uk/admissions/undergraduate/courses-listing/law-jurisprudence。

以其为蓝本;分析和学习美国法学教育发展历程和改革成果,对我国当前探究法治人才培养具有积极意义。

(一)美国法学教育改革的演进历程

美国原为英国的殖民地,法律上承继了英国普通法传统,其法学教育制度最开始也沿用英国学徒制的模式。随后,正规的学徒制因美英殖民关系的分离而导致私立法学院出现,美国为了适应本国的国情对法学教育制度作出了数次的改革,从斯托里改革到兰德尔改革再到法律现实主义和批判法学运动的兴起,美国逐步建立起自己独特的法学教育模式。

1. 学徒制法学教育阶段

在北美殖民地初期,以律师为业的拓殖者数量很少,法律职业并不发达。直到 18 世纪后,随着殖民地经济、文化的发展,社会对法律服务的需求不断增多,才逐渐发展起法律行业,出现法律知识的传授活动。当时南方的富家子弟往往会去英国的四大律师公馆中进行学习,而更多的年轻人是在当地开业律师的带领下进行法律训练,接受学徒制的教育,法律学徒们主要是阅读布莱克斯通等权威法学家的著作,在律师事务所干一些日常性工作,协助处理案件。在宣告独立的时候,对律师的训练全部是通过学徒制进行的。直到 1850 年,这都是美国最主要的法学人才培养方式。①

2. 正规法学教育的初创阶段

随着律师业的发展壮大,越来越多的年轻人立志从事法律职业。18 世纪后半期开始,一些律所将培训年轻律师作为律所的业务之一,私人的法律学校开始创立,出现了现代意义上的法学教育。其中,最为典型的私人性质的法律学校当属利兹菲尔德法律学校,它是最早设立的私人法律学校,由塔宾·里弗法官于 1784 年在康涅狄格州创立。这所著名的法律学校,以讲课的方式传授学生法律知识,其上课的讲义是其成功的重要因素之一,它模仿英国法学家布莱克斯通的《英国法释义》体系编写,但结合美国实际情况,在此基础上更多地强调商法的内容。每天授课约为一个半小时,周期为 14 个月。通过讲课进行指导,同时采用模拟法庭进行教学补充,这所法律学校在当时大获成功,其他相似的私人法律学校也在其

---

① 参见[美]伯纳德·施瓦茨:《美国法律史》,王军等译,法律出版社 2007 年版,第 89 页。

他地方开始建立，美国正规法学教育开始萌芽。

在私人法律学校兴起的同时，大学法学教育也开始出现。托马斯·杰斐逊在起草《独立宣言》后，回到了弗吉尼亚，对州内的法制体系进行改革，1779 年在他当选州长时，力促威廉与玛丽学院聘请其老师乔治·韦思作为法律教授开设讲座，这是北美大学第一次设立法学教授的职位。随后哥伦比亚大学（1793 年）、耶鲁大学（1801 年）、哈佛大学（1816 年）也纷纷效仿。但此时的大学法学教育并未获得成功，其对学生的吸引力远远不如利兹菲尔德法律学校等私人学校。其中的一个关键因素在于，大学对法学这门学科的定位错误，将其视为人文通识教育，甚至于绅士教育。实际上法学是一门专业性、实用性很强的学科，定位错误导致学生在法学院学到的法学知识无法应付毕业后的执业要求，更多的学生宁愿去私人法律学校学习实用的知识。

3. 现代法学教育的奠基阶段

1829 年，约瑟夫·斯托里担任哈佛大学"戴恩（Nathan Dane）法律教授"讲座首任教授，这个时期他对哈佛法学院的改革作出了突出贡献，为美国法学院以后的发展奠定了基础。斯托里时任美国联邦最高法院院长，其具有相当的法学造诣，当时享有极高的声誉与地位，在其盛名之下无数的优秀学子蜂拥至哈佛法学院，其学生注册人数一度达到历史最高数——163。斯托里的改革思想是将法学教育与人文教育区分，而在此之前如布莱克斯通等均认为法学乃是人文教育的一部分。斯托里认为法学包含着社会的方方面面，学生在正式学习法学前应当接受过良好的人文教育，才能更好地学习法学知识。法学教育应当定位于本科后的教育，其学习法学期间无须再进行人文教育，只需进行专业的法学教育，这个阶段的教育目标即能够通过律师考试、胜任律师的工作。这种思想实际是受到两种教育思想的影响：一是英国将法学教育视为职业教育的传统；二是以人文教育为先，再进行法学、医学等教育的西方传统。斯托里还写下从宪法到冲突法等广泛领域的法律教科书，这些教科书对美国法学教育的发展至关重要。但斯托里进行改革时，法学院在美国刚刚成立，当时并没有产生多大的影响，直到后期其改革影响才逐步显现。[①] 哈佛法学院的成功也影响了全美各地的大学，19 世纪中期后，私人

---

① 1923 年美国法学院协会规定进入法学院学习必须接受 1 年大学教育，1925 年提高到 2 年，1952 年又提高到 3 年，直到后来要求法学院学生入学前要曾接受过完整的大学教育。

法律学院被大学法学教育取代,彻底退出了历史舞台。

4. 法学教育的定型阶段

1845 年斯托里去世后,哈佛法学院失去了支柱,后继者显然没有斯托里一般超然的地位和声誉,对学生的吸引力骤减,法学院的发展陷入困顿。当时其他的法学院,如耶鲁法学院,因课程设计、教学方式的僵化甚至面临关门的窘境,美国法学教育陷入了停滞期。直到 1870 年克里斯托弗·兰德尔担任哈佛法学院院长后,这段“黑暗年代”终于迎来曙光。兰德尔对哈佛法学院进行了大刀阔斧的改革,在创新教学方法、调整教育标准结构、创办法学期刊等方面,为美国其他法学院提供了改革的标杆,哈佛法学院此次改革获得了巨大的成功,在其影响下美国的大学法学教育模式发生了颠覆性的转变。

在教学方法上,哈佛法学院舍弃了传统的讲授法,引入“判例教学法”(Case Method),学生不再通过阅读论文和判例学习法律,而是通过苏格拉底讨论法(Socraticl Method),由学生与老师针对法官的判决进行对答,以此掌握其中的法学原理与基本原则,在此过程中训练学生“像律师一样思考”的能力。在判例教学法的影响之下,美国法学教育和学术逐渐从实体转向程序,“确保了美国法律采取微观的而非统一的探索方法,以区别于今天的普通法体系”①。当前,这一方式已经成为全美法学院的主要教学方式。在教育标准结构上,承接斯托里改革思想的兰德尔,将法学教育定位于本科后的研究生教育,且令其与人文教育分离,成为完全的职业教育。兰德尔将法学教育水平提高到大学,要求学生在法学院正规学习一系列的必修课并通过考试,学制从原来的 18 个月延长至 2 年,1876 年又延长至 3 年,后 3 年制逐步被美国其他法学院接受。兰德尔极其重视图书馆的建设,“这就好像实验室对于物理学家和化学家、自然历史博物馆对于博物学家、植物园对于植物学家的重要性一样”②。图书馆就像是所有法学生的实验室、植物园,是整个法学院教学活动开展的原点,这种思想也深深影响了全美法学院图书馆的建设,至今仍然是衡量一所法学院发展水平的重要指标之一。此外,兰德尔还扩大

① [美]罗伯特·斯蒂文斯:《法学院:19 世纪 50 年代到 20 世纪 80 年代的美国法学教育》,阎亚林等译,中国政法大学出版社 2003 年版,第 72 页。

② [美]罗伯特·斯蒂文斯:《法学院:19 世纪 50 年代到 20 世纪 80 年代的美国法学教育》,阎亚林等译,中国政法大学出版社 2003 年版,第 69 页。

教师队伍，创办了法学杂志。[①] 兰德尔改革将哈佛法学院成功改造为第一所现代意义的法学院，确立了法学教育发展的标准模式。

5. 当代法学教育的转型

20 世纪二三十年代，现实主义法学在美国兴起，法律现实主义运动对兰德尔革命大肆批判，认为把法律当作一门科学就是一种神话，否定兰德尔将法律作为一门以法律客观性为基础的精确科学的观念。[②] 基于对兰德尔法哲学的批判，法律现实主义运动对改革后的教育体系也进行了猛烈的抨击。代表人物杰罗姆·弗兰克认为将图书馆视作法学教育的中心过于荒谬，法学是一门实践性学科，而当前法学教育与实践脱节，过于学术化。[③] 20 世纪 60 年代，批判主义运动开始兴起，深化了法律现实主义的命题。法律现实主义运动和批判主义运动对现有的美国法学教育体系造成了剧烈冲击，重新抛出"法律是什么"的问题，让法学界、教育界人士共同审视兰德尔改革的法哲学核心，为下一次的转型提供了思想渊源。当前美国的法学教育主要出现两种发展趋势：一种是注重跨学科的交流和整合，让法学院和其他学院一起培养学生，典型有耶鲁大学、哈佛大学的法学院，这导致法律经济学、法律与社会运动等的兴起；另一种则是在教学中注重法律实践的艺术，推进法律诊所教育，典型有杜克大学、宾夕法尼亚大学的法学院。总体而言，当前法学教育虽然受到法律现实主义运动和批判主义运动的影响进行了变革，但所有的变革仍然在原有的框架之内。

（二）美国当代法律人才培养模式

美国的法学教育承继了英国的学徒制，结合本国的法律文化和国情不断发展，取得了巨大的成功，当今的美国无疑拥有世界上极其杰出和优越的法学教育，其成功的重要因素在于精英式、职业化的人才培养以及成熟的市场化运作模式。

---

① 1887 年，哈佛大学法学院的三年级学生自发办起了著名的《哈佛法学评论》(*Harvard Law Review*)，至今每期刊登学生、教授、法官、律师的文章。

② ［美］罗伯特·斯蒂文斯：《法学院：19 世纪 50 年代到 20 世纪 80 年代的美国法学教育》，阎亚林等译，中国政法大学出版社 2003 年版，第 208 页。

③ ［美］罗伯特·斯蒂文斯：《法学院：19 世纪 50 年代到 20 世纪 80 年代的美国法学教育》，阎亚林等译，中国政法大学出版社 2003 年版，第 209 页。

1. 精英化人才培养模式

美国法学教育的基本思路是通过严格的选拔程序筛选出优秀的人才进入法学院学习，高标准的法学院为学生们提供高质量的教学和细致化的培养，精英化是其人才培养模式最显著的特征。

首先是美国法学院资格认证严格，法学院量少质优。① 一所法学院必须完全达到了美国律师协会的等级标准和定期审核，才能获得美国律师协会的认证。其次是学位设置的精英化，其定位于研究生层次的教育，学生进入法学院首先要具备其他专业的学士学位。其法学学位设置有法律博士（J. D.）、法律硕士（LL. M.）、法律博士（S. J. D. /J. S. D.）三种，其中 J. D. 是主干学位，学制为 3 年，类似于中国的法律专业本科。取得 J. D. 学位后就有资格参加律师资格考试，美国律师大多数取得的也是该学位。LL. M. 为期 1 年，但是在美国本土并不很受欢迎，因为 LL. M. 学位过于简单且受用面窄。S. J. D. /J. S. D. 是最高的学术性学位，学制至少 3 年，且需要提交高水平论文。美国法学教育定位于研究生层面，培养对象都是形成了稳定的世界观和思辨能力、具有一项专业特长的大学生，这无疑大幅提高了法学生的整体素质。最后是选拔和培养的精英化。美国法学院的入学考试并不是 GRE，而是 LSAT 的测试系统，这被认为是全美最复杂的选拔性考试。除了要取得优异的 LSAT 考试成绩之外，还需要本科成绩、个人陈述等一系列材料，而准备这些材料通常就需要花费 18 个月。② 世界上每年申请美国法学院的学生成千上万，但录取率较低，平均录取率为 15∶1 左右，这确保了法学院优质的生源。对于这些优秀学子的培养同样采取精英化教学，绝大多数法学院将师生比控制在 1∶10 左右，保证小班上课，课堂上由教师和学生以一问一答的方式完成教学。

2. 职业化人才培养模式

美国法学教育以培养实务型人才为目标，其中法官、律师、检察官是最常见的三种职业。想成为律师、检察官均需要通过律师资格考试，而成为法官则需要从事一定年限的律师或检察官职业，所以其职业培养的目标以律师为起点，其法学

① 根据美国国家教育统计中心的数据，截至 2017～2018 学年，美国共有 4298 所授予学位的高等教育机构，但全美正规法学院的数量仅为 200 多所。

② 参见李响：《美国经验启示下我国法学教育改革的路径探索》，载《学位与研究生教育》2014 年第 7 期。

教育重点强调学生掌握“像律师一样思考”的方法，培养体系以训练专业的职业人才为目标。例如，法律诊所、法律检索和写作等实践课程，都是为了培养学生处理司法实务的职业能力。此外，还注重职业素质的培养，法学院不仅要求学生具备和他人建立正常人际关系的能力，如恰当的倾听、表达、说服的技巧，还要求具备维护社会正义与法律尊严的品格，要求学生能够对律师的言行规范和职业伦理道德有着清晰的认识，能够辨别及避免将来实施违反职业伦理道德的行为，并对职业道德教育的内容进行细分，以促进道德规范的内化。①

3. 市场化人才培养模式

“美国法学教育成功的第一个秘诀在于，法学院从来没有打算成为孤立于社会的象牙塔，而是让自己深度融为市场经济运行流程当中的一个环节，主动迎合社会发展对于法律人才的需要。”②首先，美国法学院资格认证的市场化，控制了法学院和法学毕业生的数量和质量，避免了法律职业市场的供给过度和无序竞争，这也同时保证了这些精英法学毕业生良好的职业前景。其次，美国拥有先进的评价机制，美国律师协会和美国法学院协会每经过一段时间，会对全国的法学院的生源、师资、教育设施、图书资料等方面进行评估，通过这种方式严格控制着法学院的数量及法学人才培养的最低标准，保证法学训练的质量。最后，美国法学院的收费不可谓不高昂，法学生至少需要准备 15 万美元用于读书，这导致绝大部分学生必须依靠助学贷款完成学业，这种市场定价的学费模式，让法学院能够吸引世界上最好的教师，提供最好的教学环境，也让学生在学费压力下更加重视学习。

（三）美国现代法学教育的课程体系

美国法学教育属于研究生层次，在本科层次并没有设置法学专业，因此本科期间通常由法律通识教育对非法学的学生进行法学基础知识与法律常识的授课，以帮助各专业的学生培养出一定的法律思维。这种通识教育通常会被放在人文科学、社会科学乃至更细致的社会技艺学的大类之中，或者是将法律通识教育分散在诸多门类之中，或者在专业课程中将专业知识和法律联系在一起，如环境专

① 美国将法律职业道德教育定位于帮助学生发展道德敏感性、道德推理和判断、道德动机和道德执行力等四个方面的道德心理能力。

② 参见李响：《美国经验启示下我国法学教育改革的路径探索》，载《学位与研究生教育》2014 年第 7 期。

业学生需要接受环境法的课程。

美国的法学教育被认为是专业性而非严格的学术性训练,强调培养学生"像律师一样思考"的能力,因此,美国法学院的课程设置带有明显的职业教育的特色。在美国法学主干学位 J. D. 的课程体系中,必修课程占 1/3,一年级主要开设必修课,让学生学习基础法学知识及实用性课程,有些法学院还会在一年级开设职业道德等课程。美国非常重视法律职业道德教育,这是美国律师协会要求法学院必须开设的课程,法律职业道德教育贯穿美国基础课程、实训课程、法律实践的全过程。在二、三年级,学生主要上选修课程,选修课往往是专业性较强的课程,如公司法、反垄断法,其在美国法学教育中占比很大,且每个学校会根据自己的特点,从不同侧重点在国际法、商法等方面开设多达几十门甚至上百门的课程供学生们选修,而且可以跨院系选课,这极大激励了学生们的积极性,让其能在"厚基础"之上拓宽专业口径,利于专业人才的培养。总体而言,重实践、轻理论是美国法学院课程设置的突出特点。根据美国律师协会的要求①,各法学院均为学生开设了严格的法律写作课程,并对学生与委托人交流、收集证据、谈判和辩论等能力进行指导,法律写作课和职业道德课是法学院仅有的贯穿三年教学的课程。

(四)美国现代法学教育的教学方法

美国法学教育重在培养法律职业人才,美国法学院的老师喜欢对学生们强调,"我们不是在教你们法律知识,而是训练你们像律师一样思考的能力",因此其教学方法也适应了实用性的需要。在法学课堂上以案例教学法为主,讲授为辅。学生在课前需要阅读大量的有关案例,老师采取苏格拉底式教学法对学生进行提问,师生之间互相问答、互相辩论,在讨论中引导学生总结法律原则和适用规律,培养学生对案例的分析和理解能力。在此之中会辅之各种法律专业技能训练。这种教学方式十分灵活,有助于学生法律思维的训练,但长久以来也被人诟病不断。例如,过于关注判例而忽略了逐年增多的制定法,学生对案例的学习难以建立其完整庞大的法学知识体系,问答式的方式耗时太多加重课下负担,课上咄咄逼人的问答易加重学生的心理压力②……基于上述诟病之处,也由于制定法的逐

---

① 美国律师协会的报告指出,除了具备分析法律问题和进行法律调研的能力外,一个合格的律师必须具备有效地进行写作、口头表述、搜集事实材料、与当事人进行交谈、提供咨询和谈判的能力。

② 参见聂鑫:《美国法学教育模式利弊检讨》,载《环球法律评论》2011 年第 3 期。

年增多、法学理论的发展，讲授法也逐渐被法学院重视。老师会以课堂讲授的方式教授制定法和一些法律原理与原则，将案例与原理结合进行讲解，使学生兼顾理论与实践，但案例教学法仍然是美国法学院的基本教学法。

法律诊所教育是美国法学院重要的实践教学方式之一，法律现实主义者认为案例教学法脱离实际，法学生应该像医学生一样需要获得临床经验，这也是学生投身社会的重要方式。法律诊所教育主要以三种形式开展：模拟训练课程（simulation - based courses）、校内诊所（in - house clinics）以及校外指导实习（externship）。模拟训练课程一般是针对模拟的场景和案件，由学生对不同的模拟场景进行处理；校内诊所和校外指导实习都是让学生参与真实的案件中，校内诊所由老师指导，校外指导实习由律所律师指导，由学生亲自办案或者辅助律师或者法官处理案件。同时，法律道德在“水门事件”后受到社会各界的重视，而法律诊所被认为是法学院加强职业道德的最好方法。

除了案例教学法和法律诊所教育，模拟法庭也是美国重要的教学方式之一。总体而言，案例教学法让学生们学习“像律师一样思考”的能力，模拟法庭让学生模拟演习，而法律诊所让学生真实地接触案件，美国就是在这些注重实用性的教学中培养学生的法律职业技能。

三、其他英美法系国家

作为英美法系的代表性国家，英、美法学教育的历史演进是一个不断在历史的经验中思考总结的过程，在经验反省的基础上进行改革和创新，以新旧制度融合的方式取得法学教育的成功。英美法系其他国家大多借鉴了两国的法律人才培养经验，探索出了适合本国国情的法律人才培养模式。

（一）加拿大

加拿大曾是英属殖民地，其法学教育也深受英国学徒制影响，直到 20 世纪 50 年代开始，才逐渐从学徒制转为美国式的大学法学教育。加拿大法学教育是作为本科后的职业教育，法学院入学门槛很高，要求综合考察申请者的 LSAT 成绩、大学学业成绩和个人陈述，每年大约有 2000 位申请者竞争 195 个学习岗位。加拿大的法学第一学位设置是法学学士（LL. B. ），学制为 3 年，与美国的 J. D. 相同，现在加拿大法学院为了回应学生的诉求，大多数已经将 LL. B. 改名为 J. D. 。另外两种学位是法学硕士(LL. M.)和法学博士(Ph. D)。教学方式以案例教学和研讨教学为主,同时重视执业培训,在加拿大大多数法学院,学生首先需要参加持续6~12个月的学徒式培训,然后完成持续6周~6个月的教学转型期,以训练学生的司法实务技能。

(二)澳大利亚

澳大利亚早期继承英国的学徒制教育模式,后为了适应本国国情和发展,在培养目标、课程设计、教学方式等方面进行了数次改革,形成了自己独特的法学教育模式。其学位设置灵活,以法学学士(LL. B.)为起点,LL. B. 根据入学情况的不同又细分为四种类型。[①] 其中攻读双LL. B. 的法科学生占到澳大利亚法科学生的80%以上,通过这种五年制的双学位制度,能将法学背景与其他专业背景相结合,培养出复合型法律人才。研究生层次上设置了法学博士(J. D.)、法学硕士(LL. M.)和法学硕士(MLS)。总体而言,学位设置灵活、实用,有助于法学院根据不同类型学生因材施教,也有助于学生根据自身情况选择攻读的学位。

(三)新加坡

新加坡法学院最突出的特点是其国际性,学生和老师都来自世界各地,各种学术思想在这里激烈碰撞,其法学教育质量堪称一流。在课程设置上,新加坡法学院为学生提供了广泛的选修课范围,从国际公法到知识产权,其选修课内容的广度和深度足以满足学生的需求。

新加坡法学院致力打造各地法学知识交融、互相批判的活力社区,让学生处于批判性思考的氛围之中,在自由教育的理念下培养学生创造力和批判思维。此外,其学位设置也具有一定特色,有普通学士、荣誉学士、硕士、哲学博士和专业博士五种,呈现出多样和渐进的特点。[②] 这种长期性渐进性的设置旨在培养见多识

---

① 单LL. B. 由高中毕业生毕业后直接进入大学攻读LL. B.;后LL. B. 由已经获得学士学位的学生继续攻读LL. B.;双LL. B. 由高中生升到大学读法学,学校要求其在法律之外再学习一门本科学位的LL. B.;荣誉LL. B指所有课程成绩在70分以上且选修“研究性论文写作”的LL. B.,依据成绩还能再细分为一级和二级荣誉LL. B.,均可免读硕士直接申请读博。

② 普通学士毕业后学习1年可取得荣誉学士学位,本科后攻读1~3年的研究生可获得硕士学位,之后从事研究2~5年顺利毕业可获得哲学博士学位,获取该学位5年以上并有公开出版的著作,才可获得专业博士学位,如法学博士。

广、能言善辩、具有批判性思维和学习能力的人。为了达到这一目标，其课程设置也十分科学，试图达到实用性与学术性的健康平衡，既培养学生的学术理论能力，也强调实践能力，既注重本国判例法的学习，也强调与他国的比较研究，既满足学科专业所需的专业化，又满足大学教育的更广泛的期望。

第二节　大陆法系国家法治人才培养模式

大陆法系，是以罗马法为基础而发展起来的法律的总称。其分布广泛，以法、德为代表，以欧洲大陆为中心，遍布全世界各个国家，如日本、比利时等。大陆法系将法学教育定位于法律学术教育，强调法学教育的重点是学术研究，而非职业能力的培养，其教育设想是为未来从事法学理论研究、立法和司法的法律工作者提供基础理论的教学，将职业训练交由社会完成。因此，其法学教育主要培养学生对抽象的概念和原理的学习，同时兼顾比较研究，以便学生对于法学体系有系统性了解。大陆法系法律人才培养代表性的国家有德国、日本。

一、德国

德国是大陆法系的一面旗帜，其法律文化及法律体系带有鲜明的民族特性，以缜密的法律逻辑、精确的概念用语、崇尚思辨的理性思维立于世界之林，其法学教育以学科体系完整、学生理论基础扎实在世界范围内享有盛誉。通过几百年的努力，德国的扎实、理性和科学的法律人才培养模式，为其培育了无数杰出的法学家和法律人，对我国当前探究法律人才培养具有重要意义。

（一）德国法学教育改革的演进历程

德国法学教育历史悠久，当前的学位设置体系可以上溯至波伦亚法律学院。在其漫长的法制发展过程中，法学教育也经历了多次改革，从注释法学到实务教育，形成了当前以培养学生法律思维和方法、建立扎实的理论基础为目标的人才培养模式。

1. 传统的法学教育培养理念

德国近代法律体系以查士丁尼的《学说汇纂》为基础，经过诸多法学家如胡果、萨维尼、温德海得的发展创造而建立。这套庞杂精细的法律体系以缜密的逻辑推理和精确的法律术语而闻名世界，所以其法学教育对学生逻辑思维和基础理论的培养格外重视。此外，德国学术界和实务界人士来往密切，法官在判决时常常会征询法学家的意见，甚至相当数量的法官自己就是法学院的教授，故德国的判决书往往旁征博引、说理严密，带有极强的学术气息。相应法学院的任务之一即对学生的这些能力进行培养，要求学生掌握理论和实践结合的技艺，这种以培养法官为目标的教育模式一直是德国法学教育的传统。

以法官为培养目标，所以德国在法律教学中更注重学生裁判思维的训练，强调理论知识的讲授，如精确的法学概念、原则、规则、背后的理论等，擅长运用法教义学和案例分析带领学生深入学习某一内容，让学生能够掌握理解法律条文、正确使用法律法规的能力。这种教育模式为德国培养出大量基础理论扎实、专业知识精通的优秀法官，德国的司法判决也获得了极高的声誉与信任。但这种单一制的人才培养模式也受到司法实务界的质疑与抨击。有人指出，法学教育的目标不应当单单为了培养法官，不应只关注“司法”的训练，应该加强实践训练。此外，课程设置已不能适应经济全球化时代下国际型法律人才的需求。特别是在博洛尼亚计划公布后①，德国法学教育亟须应对新形势进行改革。

2. 法学教育的改革发展

20 世纪末，越来越多的人开始指责德国以培养法官为目标的法学教育，这种以学术培养为主的模式在德国法学界引发了激烈的讨论。德国律师协会认为，法学教育以法官为培养目标，但实际上 80% 的法学生走上律师的岗位，显然当前的教育缺乏对律师相关技能和素质的培养。对以法官还是以律师为培养目标的问题一直争论不休，直到 2002 年 3 月 21 日，德国联议会审议通过新的联邦法律《法学教育改革法》，改革思路才正式确立。

首先，《法学教育改革法》改变了以法官为单一培养目标的教育模式，强调了对律师相关能力的培养，其课程设计不再仅围绕“司法审判”为核心，还增加了与律师实务相关的课程来训练学生诸如与委托人会谈、调查、辩论等实践所必备的技能，注重学生的理论知识与实践运用的结合，以培养具备全方面能力的法律人

---

① 1999 年 6 月 19 日，29 个欧洲国家的教育部长在意大利博洛尼亚签署了高等教育改革计划“博洛尼亚进程”（Bologna Prozess），目标在于整合欧洲国家的高等教育资源，互通教育体系，尤其是在高校推进“学士—硕士”大学学制（Bachelor – Master – Struktur）和统一大学毕业资格。

为目标。其次,针对欧洲一体化和经济全球化的趋势,德国改革开始注重对国际型法律人才的培养,其在课程设计上增加了欧洲法、哲学、历史等必修课程,选修课增加学生国际法相关的法学课程、其他跨学科的课程,并且要求学生完成足够的法律外语课程,以培养知识学科复合型的国际法律人才,以面对日益凸显的法律国家化的挑战。此外,该法还对第一次司法考试的形式作出调整。① 法学培养目标的改革不仅体现在单单一部法律之中,更体现并落实在各种改革措施中,如在课程设置上增加了合同起草等律师实务能力的训练,在教学方式上引入了英美法系的模拟法庭、诊所教育等教学模式,以迎合培养目标的变化。

(二)德国现代法律人才培养模式

德国对于法律人才的培养采取的是"双轨制",即学生首先在大学接受基础教育,后进入实务部门接受见习教育,由学术与职业两个阶段构成。在这期间,司法考试起到了指挥棒的功能,在学生学习规划上发挥的作用举足轻重。根据德国《法官法》第5条的规定,要获得法官资格,首先要在大学完成基础教育后参加第一次国家考试,通过考试后才可进入见习阶段,完成职业预备服务后参加第二次国家考试,通过后方能取得法官资格。法官资格是德国法学职业的起点,要成为检察官、律师和高级公务员也必须首先取得法官资格。因此,法学生极其重视这两次国家考试,这种前期学术培养与后期职业培训结合,并把资格考试融入人才培养过程中的体制,构成了德国特有的法律人才培养模式。

1. 阶段一:大学基础教育阶段及第一次国家考试

德国的法学院对于学生采取"宽进严出"的招生模式,对于高中生入学的要求宽松,无须经过入学考试,各大学法律系直接招收高中毕业生。德国《法官法》规定在大学的学习时间为3年半,但实际上大多数学生需要花费5年左右的时间。大学毕业要求通过第一次国家考试,通过考试满足毕业标准后可取得相当于我国硕士研究生层次 Diplom 学位。学生在大学期间的基础教育又分为基础和重点两个部分:基础阶段一般为4个学期,学生在此间主要学习法学的主干课程以打下最基本的理论基础;重点阶段一般为5个学期以上,学生会根据自己的研究兴趣

① 《法学教育改革法》调整了第一次国家司法考试的形式,司法考试由大学考试的选修课程和国家考试的必须课程两部分组成,其中,大学考试占比30%,国家考试占比70%。

决定自己的重点研究方向，根据研究方向选择必修课和选修课。在最后两个学期，学生一般都已全部完成要求的课程，开始全力准备毕业考试，也是第一次国家考试。① 考试包含笔试（权重占70%）和口试（权重占30%），笔试主要考察民法、刑法、诉讼法和公法等课程的基础知识，通过笔试方可参加口试，口试主要考察学生的应变、口头表达等能力。考生只有两次参加考试的机会，如果第二次没有通过将不能再参加考试。

2. 阶段二：见习阶段及第二次国家考试

通过第一次国家考试后（考试过关率约为2/3），即完成了大学阶段的基础教育，这也意味着取得了从事法律职业的资格。法学生们还需要完成为期2年的见习服务，在见习期间，学生以准法律人的身份在法院、律所等司法实务单位进行实习，在这些单位里由法官、检察官、律师指导学生处理法律实务案件，训练法律实务技能，掌握法律工作方法。德国《法官法》对实习单位作出了细致的要求，分为必选单位和自选单位，②以确保学生必须在与法学相关的单位积累有效的法律实践经验，经历多种不同的实务岗位为将来从事法律职业打下职业教育基础。经过见习阶段后，法学生可以申请第二次国家考试，这场考试相比之前的国家考试难度要低很多，及格率平均为90%，主要考核学生实习期间是否达到了实习目的，测试学生在实习单位学到的法律实践技能。考试形式包括笔试和口试，考试内容有必修科目和自己选择的重点科目。③ 这次考试被认为是法律从业者的任用考试，通过后意味着见习阶段以及法律学习阶段的结束，学生有资格申请从事检察官、

① 德国的司法考试分为两次国家考试，都是由各州组织，考试的时间、内容也都是由各州自行规定。第一次国家考试由该大学所在州的法官、高级行政官员、大学教师主持和参加，报名条件要求必须修完7个学期的法学专业课程，这也意味着只有法学专业学生才能报考。第一次国家考试也是法学生的毕业考试，由两个部分组成：州举办的国家统一必修课目考核（Staatliche Pflichtfachpruefung），占总成绩的70%；由大学组织的重点研究方向考试（Universitaeren Schwerpunktbereichspruefung），占总成绩的30%，对两次考试的综合成绩合格者授予学位证书。

② 德国《法官法》第5条b规定，实习单位包括必选和自选两类。必选单位有法院的民事审判庭、刑事审判庭或检察官办公室、行政部门和律师事务所。自选单位则由实习生在法律规定的30个实习单位范围内自主选择，通常有联邦或州立法机构、财政法院、行政法院、劳动法院或社会法院、公证处，企业，国际、国家间或外国培训机构或外国律师事务所等实习单位。

③ 德国巴伐利亚州《教育与考试规则》第44条规定，第二次国家考试的范围由必修科目和由申请者自己选择的重点科目组成。必修科目包括：（1）第一次国家考试所规定的必修课程，并涉及在实际培训中被补充的相关知识；（2）民法和劳动法方面，包括亲属法、继承法、民事诉讼法、强制执行法、自愿管辖和劳动法院诉讼程序；（3）刑事诉讼法；（4）公法方面。重点科目包括证券法、社会法、破产法、国际私法等。

法官、行政人员、大学教授及律师等工作。虽然考试通过率较高，但也只有两次考试机会。德国高校的法学院没有像其他学院一样引入博洛尼亚计划，在其学位设置中并没有学士和硕士。一般而言，法学生通过第一次国家考试便取得相当于硕士的学位，可申请攻读博士，虽然实际上大多数人不会在此时选择读博。在德国"双轨制"的法学教育下，大学法学院传授学生扎实的理论功底，实务部门传授学生有效的实践技能，法学院和实务部门的共同培养模式，具有自己鲜明的特色，也从中培养出无数名优秀的法律人才。

（三）德国现代法学教育的课程体系

德国的法学教育以培养通才为目标，学生在法学院需要接受全面的法学教育，注重基础理论的掌握和学术能力的培养。其整个课程体系主要围绕着专业知识、实践技能和外语知识三方面组成。其中，专业知识由国家考试进行考核，后两者由各校自行考核。

1. 专业知识课程

专业知识课程在德国分为基础学习、专业学习、重点领域学习及复习四个阶段。基础学习开设在前 2 个学期，开设的课程均为法学基础理论课程。① 通过这个阶段的学习，能让学生大致掌握法学是什么样的一门学科，国家组织机构和权利义务等基本的概念。其中的民法、刑法皆与生活息息相关，能让学生保持对法学的兴趣及尽快地入门。第 3 ~ 4 学期是专业学习阶段，这两学期开设的课程往往是某一部门法当中某一具体的内容②，能让学生对如民法、刑法等基础法律的分则内容进行专业性学习。从第 5 学期开始，大部分的课程内容会以选修课的形式供学生选择，学生根据自己的学术兴趣自由选择课程，进行重点领域的研究。这

---

① 第 1 ~ 2 学期是入门基础学习阶段，主要开设民法Ⅰ、刑法Ⅰ（刑法总则、分则Ⅰ）、公法Ⅰ（国家组织法和基本权利）和法律基础（包括罗马法史、德国法史、法哲学、法社会学等）等必修课程。

② 在第一阶段的基础上，开设民法Ⅱ（物权法、婚姻家庭法、民事诉讼法），民法Ⅲ（债法、商法、劳动法、公司法），刑法Ⅱ（刑法分则Ⅱ、刑事诉讼法），公法Ⅱ（行政法、行政诉讼法、国家责任法），公法Ⅲ（欧盟法）等课程。

部分的成绩和第一次国家考试息息相关，占到其中 30% 的分值，由高校自主考核。① 各大学在重点领域的数量、类型、评价体系的设计都不同，因此反对者认为这种设置不利于德国法学教育的素质发展和影响了考试结果的可比性，但也有支持者认为这种设置有利于各高校发展自己的优势学科。大学法学教育的最后一个阶段为复习阶段，在这期间学校一般不再开设新的课程，主要为学生提供针对国家考试的训练。

2. 实践技能课程

修改后的德国《法官法》规定了在专业阶段中，各个义务站点实习的期限要求②，明显突出了实践技能的训练，特别是针对律师职业相关的实践技能，体现了此前"法官型"培养目标向"全面型"培养目标的转变。在大学课程设置上，新增法律咨询等实践课程，注重提高学生对于会见委托人、纠纷调停、谈判辩论等实践技能，此外还极大提高了与实践课程相关的选修课的比重，让学生能够通过各种大量的选修课程加强法学相关技能的培训。

3. 外语知识课程

德国在法学教育改革后，极其重视国际型人才的培养以应对经济全球化的趋势，在德国《法官法》中对学生的外语作出了要求③，学生必须接受某一外语讲授的法学相关课程。这体现在课程设置中是相关课程的国际化趋势，比较典型的有慕尼黑大学。④ 还有的大学是鼓励学生参加国际交流项目，学生在国外高校的课程成绩可以直接视作毕业成绩，如柏林洪堡大学。

① 每个学校提供给学生选择的重点领域有很大区别，以慕尼黑大学法学院为例，重点领域课程有十个方向：(1)法学基础（如法律史）；(2)刑法、刑事辩护与预防；(3)竞争法、知识产权和媒体法；(4)企业法Ⅰ：公司法、资本市场法和破产法；(5)企业法Ⅱ：劳动法与社会法；(6)企业法Ⅲ：国内、国际和欧洲税法；(7)国际、欧洲与外国私法和程序法；(8)德国和欧洲经济公法；(9)欧洲公法与国际公法；(10)医药法。各法院还可以根据师资和发展需要自由调整重点领域的内容和数量，如医药法就是慕尼黑大学 2015 年修订《考试与学习条例》新增的重点领域。

② 德国《法官法》规定："义务站点的培训至少为期 3 个月，在律师事务所的义务站点培训至少为期 9 个月。"

③ 德国《法官法》第 5a 条第 2 款规定了外语和外国法课程的要求。学生须参加以外语授课的法学课程或以法律知识为主要内容的外语课程，并取得合格的成绩。

④ 以慕尼黑大学法学院为例，学生可以选择的专业外语课程包括法律英语、法律法语、法律意大利语、法律西班牙语、法律葡萄牙语和法律俄语。

（四）德国现代法学教育的教学方式

德国各大学的教育方式基本相同，主要有讲授课（Vor - lesung）、练习课（Uebungen）、研讨课（Seminar）和小型讨论课（Arbeits Gemeinschaft，AG）四种形式。其中，讲授课是最常见也是最重要的方式，其他课程均是以它为基础进行。

讲授课，即大课讲授的方式，通常在能够容纳数百人的阶级教室进行，老师和学生之间少有对话和讨论。讲授课重视知识的系统性和学术性，旨在向学生教授法学基础概念和规则原理。一门讲授课的成功与老师的学术声望、个人风度和讲课技巧密切相关。在开课前，授课老师往往会给学生列出书单，让学生阅读最好的教科书来开展学习。德国法学教授对教科书非常重视，编写一本权威的教科书是很多教授终其一生的追求。

练习课是由老师讲授案例、解析案例，以训练学生的法律思维及逻辑推理能力，获得"法律头脑的训练"，这也是学生获取学分的主要课程形式，学生会将大多数精力花在此门课程上。课上一般由高级助教或教授的助手主持，有时还会邀请法官、律师前来指导。老师会让学生根据在讲授课上学到的基本法律原理或原则，对一些错综复杂的疑难案例进行分析，这些案例往往没有正确的答案，由学生自由发挥，学生们表达自己的观点和依据、互相讨论，一起对可能涉及的结论进行论证反推直到得出合理的结论，最后由主持人根据讨论情况总结发言，根据学生的讨论情况给出课程成绩。在练习课外还存在 AG，学生们课上在助教或博士的主持下进行案例分析，有些大学规定参加 AG 并取得成绩是参加练习课的前提条件。

研讨课是以老师引导和学生讨论为主的课程形式，一般面对高年级的学生进行。在课上，老师会针对某一专题引导学生深入研究，老师往往会列出十几个论文题目供同学们选择，让同学们在一段时间内查阅资料，独立完成论文。在课上，由学生逐个汇报自己的完成成果，主要讲述其论文的精髓，其他学生或老师可以对其汇报的内容提问，最后老师根据学生的论文情况及课堂汇报表现给出成绩。德国非常重视这种教学方式，很显然这种训练对于提高学生的独立思考能力和创新能力大有裨益，也能在一定程度上训练学生的学术能力和表达能力，这种研讨课经常会到外地甚至国外进行。

二、日本

明治维新后，日本借鉴德国模式建立了其现代司法制度，法律人才培养也以德国为模板，重视学生学术能力的培养，法学教育高度学理化。20 世纪初，日本又以美国法学院为参照对象，进行法科大学院制度改革。日本是法律移植的大国，其经验对我国正在进行中的新时代德法兼修卓越法治人才培养模式的探索，具有重要的现实意义。

（一）日本法学教育改革的演进历程

1. 法学教育改革的背景

在明治时期，政府为了推行法治建设现代化亟须大量的法律人才，在此期间派出了一批留学生前往欧美学习，一方面建立起以东京大学法学部为代表的官僚法制教育机构，另一方面颁布法规鼓励私人办学，形成了官学和私学共存的法学教育体系。这保证了各种改革措施因有足够的法律人才得以实施，法制现代化也由法学教育面向全社会辐射。随后，日本以德国为模板建立起自己的法律制度。这套制度在“二战”后仍然被保留下来，并且随着“二战”后日本经济的腾飞，法学教育迎来了跨越式的发展。各地大学纷纷开设法学专业，根据 2002 年的统计，在全日本 700 余所大学中有超过 100 所的大学开设法学专业，这个比例已经相当惊人。① 此时的日本法学教育制度采取 4 年制本科教育，其培养模式并不是为了培养法律职业人才，而更多的是传授类似于人文社科一样的通识教育。法学教育高度重视理论，课程主要讲授实体法规则和基础理论，很少有案例分析和课堂互动，这造成教育和司法实务的脱节。再加上日本泡沫经济破灭进入经济停摆期，法学教育大规模扩张造成的弊端也开始逐渐显现，社会各界对其否定的声音越来越多。

（1）法学教育和法律职业教育割裂。日本法学教育采取德国模式，注重基础理论的学习和学术能力的培养，培养的法学生往往理论功底扎实但实践能力匮乏。这导致日本法律市场开放后，在实务领域其本土培养的毕业生与美国法学毕业生相比竞争力明显不足。

---

① ［日］高见泽磨、张丹：《日本法学教育概观》，载《法学教育研究》2011 年第 1 期。

(2)大多数的法学生无法成为"法曹"(法官、检察官或律师)。在日本,法学生想成为"法曹"必须通过司法考试,但日本的司法考试难度极大。"直到20世纪90年代,每年通过司法考试的人数一直限定在500人,通过率仅为3%。"①司法考试与大学学术性的法学教育存在偏差,所以很多学生为了准备司法考试,不得不将精力投入补习班,这令大学法学教育处于可有可无的尴尬境地。这种极低的司法考试通过率对于大学法学院而言,难以维继法学专业对学生的吸引力;对于政府而言,导致司法部门人员力量的严重不足;对于律所而言,年轻律师的匮乏导致日本律所在国际上丧失竞争力,且日本律师与人口比例在发达国家中处于倒数也一直被人诟病。

(3)法律人才培养目标的错位。"二战"后日本经济迅速崛起,繁荣的经济催生了大量法律人才的需求,法学教育迅速扩张乃至出现过度饱和。这导致原先培养精英型法学家的目标,转变为法律普及型教育。大量的法律院校和法学生导致其教育质量无法保证,精英式培养的愿景成为泡影,法学教育沦为仅为法学毕业生培养法律意识和法律思维的普通素质教育。日本采取的教育目标让法学从原本专业性极强的学科成为一种万金油式的学科,致使培养高素质法律人才的愿景落空。

由于上述弊端,日本法律界和教育界逐渐形成共识,日本的法学教育已经无法适应20世纪90年代以来的经济不景气以及经济全球化带来的法律需求,要培养高素质的法律人才,需要一场破除旧有制度,进行创新法学教育结构、教学内容、提升司法考试通过率等方面的教育革命,明治维新后规模最大的法学教育改革应运而生。

2. 法科大学院改革

日本法学界认为当前司法考试通过率过低,是令法学教育发展畸形的重要因素,改革的首要问题就是提高司法考试的通过率。但这一建议首先就遭到了日本律师界的强烈反对,其认为律师人数的大幅增多不利于其行业的发展。日本商界却基于对更有效的法律服务的期待以及面对跨国公司的法律纠纷十分赞成司法制度改革。在1994年经济同友会、1997年经济团体联合会接连发出建议报告后,建立新的法学教育体制最终得到了日本律师协会领导层的支持。

---

① [日]棚濑孝雄、王晓芳:《日本的法学教育及其改革》,载《法律适用》2002年第5期。

1999 年日本国会通过了《建立司法改革审议会法案》，围绕法学教育顶层设计的讨论在全社会开展。保守派认为应当仍以当前的法学教育为基础，在此之上改革法学院的课程体系和教学方式，提高司法考试通过率，以上述措施提高法律从业者人数及质量。激进派认为应当彻底舍弃当前的法学教育体制，完全引入美国法学院教育模式，培养目标向职业化法律人才转变。经过激烈的讨论后，激进派的观点最终被采纳，司法制度改革审议会于 2001 年发布了《司法制度改革审议会意见书》，开始以美国法学院的教育模式建立新型法律人才培养机构——法科大学院，并在意见书中明确了扩大法律职业人数的具体目标。① 2002 年，日本内阁通过了《司法改革推进计划》，并且制定了相关法律，为改革的具体实施铺平了道路②，正式拉开了以法科大学院为核心的法学教育改革的大幕。

一是创设法科大学院。日本对美国法学院的人才培养模式及教学管理全面模仿，希望以此建立起精英式、以职业教育为导向的法律教育模式。法科大学院的定位为研究生层次，只有那些在本科阶段被证明表现出色并怀揣投身法律事业的优秀学子才能进入法科大学院学习，其基本学制为 3 年，法学本科生为 2 年。改革之初，共有 68 所大学（包括国立 20 所、公立 2 所、私立 46 所）获得了办学资格，于 2004 年正式招生。

二是实行新司法考试制度。新司法考试从第一届法科大学院学生毕业时（2006 年）首次开考，只允许法科大学院的毕业生参加。与此同时，旧的司法考试依然存在，一直延续到 2011 年，在新旧考试并行期间，旧的司法考试通过人数逐渐减少。2011 年以后，只存在新司法考试，但一定程度放开了考试资格的限制。③考试内容作出了新的调整，更加注重学生对实体法和程序法的运用。④

三是实行新的司法研修制度。将学生通过司法考试后在司法研修所培训的时间从 18 个月缩短至 12 个月。其中，在司法研究所培训 2 个月，在法院的民事法

---

① 到 2010 年每年通过司法考试的人数达到 3000 人，到 2018 年日本法律职业人数（包括法官、检察官、律师）达到 5000 人。

② 日本国会制定《法科大学院教育和司法考试关系法》和《关于向法科大学院派遣法官、检察官以及其他一般公职的国家公务员法》，为法律职业者在法学院兼职授课打通了法律渠道。

③ 原则上本应该只有法科大学院的毕业生可以参加，但是考虑到因经济或者时间原因无法在法科大学院学习的考生，特增加了预备考试，通过了预备考试也可以参加司法考试。

④ 新司法考试取消了面试，题型由多项选择和论文题组成，多项选择减少了大量似是而非的题目，论文题减少了学术理论的考察，更加注重学生对实体法和程序法的运用。

庭、刑事法庭、检察官事务办事、律师事务所以及自由选择的地方(劳动部门、知识产权部门、破产和家庭部门,或者前面四个必修部门),这5个地方轮流培训2个月。

(二)日本现代法律人才培养模式

为了减小改革带来的震荡,日本当前的法律人才培养模式采取的是双轨制模式,即建立法科大学院的同时,仍然保留改革前本科层次的法学部,双轨制模式下两者培养的人才和教学目标存在较大差距。本科层次的法学部以培养通识人才为目的,要求学生掌握基本的法律法规及法律思维,这种更偏向普通素质教育的模式还经常开设政治学等方向的课程,其毕业生多数都进入行政机关和企业工作,成为法律职业者的比例很低,更多的作用是毕业后流向社会各行各业从而提升全社会法制意识。

法科大学院的法学生则被寄予厚望,研究生层次的法科大学院以培养精英式的职业人才为目的,要求学生谙熟法学知识及司法实务操作,被视为日本未来法官、检察官、律师的摇篮。法科大学院以美国法学院法律博士(J. D.)制度为参考对象,目标是打造日本版的法律博士制度,希望短期内培养出实务能力突出、具有广泛学科背景的专业法律人才,以满足市场上的需求。入学条件上,为培养复合型人才和实施多元化教育,既招收法学专业,也招收其他专业的学生,并且严格限制了法学专业学生的招收比例。[①] 在招生方式上,法科大学院模仿美国法学院采取"严入"的方式,对新生的标准十分严格,希望以此筛选出最优秀的本科生进入法科大学院学习,申请者首先需要通过类似美国LSAT的考试,然后再去应考各个学校主办的入学测评,最后根据考试成绩和参考申请人的背景和本科成绩等综合决定学生的录取。法科大学院以培养"法曹三者"为目的,培养模式带有鲜明的职业化色彩,以法律专业技能训练为导向,和司法考试相连接。司法考试制度给法科大学院也提供了不余遗力的支持,新司法考试不仅在报名条件上只允许法科

---

① 为了极力强调法科大学院应当与法学部脱钩,其要求法学部的毕业生人数占法科大学院的人数比例不得超过70%。

大学院的毕业生报考,且规划通过降低考试难度来大幅度提升司考通过率。①

虽然放宽了法科大学院毕业生在司法考试的难度,在政策上给予法科大学院充分的照顾,但并不意味对其要求的放松。法科大学院从招生选拔到教学管理,细致到班级规模都有极其严格的准入标准,在文部科学省认定的第三方评估中,各地的法科大学院不合格率高达1/3,足以可见其条件的苛刻。② 对于学生的要求同样严格,法科大学院课程丰富,为准备课上讨论发言需要在课下花费大量时间预习课程,其学习压力远远超过法学部。同时学生面对的考核压力倍增,成绩采用更加严格的百分制,设立了严格的留级制度,一旦某一门成绩未达标准则不能晋升或者学习之后的课程。

(三)日本现代法学教育的课程体系与教学方法

1.课程体系

法学部作为日本法学本科层次的教育,学生可选择不同的方向进行学习,在课程选择上有较大的自主权,一般需要修满120～140个学分。各个大学的科目设置虽然存在一定差别,但大致都可分为通识科目、外语科目以及专业科目三类。法学部以通识教育为目的,所以在通识、外语上学分占据近1/3。③ 其中还要求法学生研修理科的相关课程,以丰富学生的知识广度及知识结构。在专业科目上,一般可分为法曹方向、公共法务方向、企业方向三类。法曹方向的学生以成为“法

---

① 新司法考试规定只允许法科大学院的毕业生参加,使法科大学院在司法考试资格上处于垄断地位(2011年设立预备考试打破垄断)。新司法考试降低了考试难度,规划通过率达到50%。2006年5月首次举办的司法考试,共有2091名首批法学院毕业生(均为法学本科且在法科大学院学习2年的毕业生)参加,1009名通过,通过率为48%。2012年参加考试人数为8387人,合格人数为2102人,通过率为25.1%,从2006～2012年平均通过率提升为28.9%,其中,法学专业毕业的法科大学院2年制学生的通过率为36.2%,非法学专业的法科大学院3年制的通过率为17.2%,通过率较改革之前提高不少。

② 文部科学省还专门认定了包括日本律师协会法务研究财团在内的三家第三方评估机构,作为评审机构负责法科大学院的教学评估工作。在2009年年底,66所法科大学院都已经接受了第一轮评估,有22所被查出不合格。

③ 以日本中央大学为例,法律学科的学生若要顺利毕业,至少需取得124个学分。其中,通识科目包括社会、历史、科学与技术、信息与数学、心理与文化、思想与哲学、文学与艺术、身体与健康等类别,学生至少需取得20个学分,而且至少需在身体与健康类别取得4个学分。关于外语科目,学生则至少需在英语和第二外语(德语、法语、汉语、俄语)上分别取得8个学分,共计16个学分。另外,在专业科目上,学生至少需取得80个学分。

曹三者”为职业目标，因此专业课为围绕着司法考试必考的“七法”学习；[①]公共法务方向的学生以成为公务员为职业目标，专业课围绕着宪法等包含在公务员考试中的科目，以及行政学、财政学等科目进行学习；企业方向的学生以公司法务为职业目标，专业课主要围绕着公司法、劳动法等科目学习。必修课以国内法为主，选修课与外国法的比较研究占到相当比例。

法科大学院相比于法学部，总体属于职业教育，不再要求对基本法律理论的掌握，更强调对处理司法实务问题的能力培养，其课程设计目的是建立一座连接教学和实践的桥梁。在课程体系中，实务基础占到较大比例，重点训练学生未来在司法实务中谈判、法庭辩论、会见当事人等实践技能。[②] 根据 2003 年通过的《向法科大学院派遣法官、检察官以及其他一般性国家公务员的法律》，经法科大学院申请，可派遣法官、检察官到法科大学院为学生们授课，这种由一线工作岗位的司法实务人员对学生上课，能让学生更加具体地了解实际中的司法运行情况。日本大多数法科大学院还开设模拟法庭课程、实习课程，课程设置带有鲜明的实践导向。同时，许多法科大学院根据改革委的要求力图形成自己的特色，纷纷开设了自己的特色课程，其中超过一半的法科大学院强调了对国际事务的重视，其他的则针对知识产权、税收、公司法律事务、人权等领域开设特色课程。

2. 教学方法

日本法学部以基础理论教育为主，故其主要的教学方式采取老师讲授为主，即大多数科目由老师给学生上“大课”。老师擅长使用法解释学，即讲解实体法中的具体法律条文及背后的原则规则、制度理论，对有争议的理论还会枚举多种学说的观点以供学生开阔思路。此外，学生还要履修一定数量的演习科目，即研讨课，在演习科目中由学生逐个发言，针对某一课题或者案例汇报自己课下查找、思考的研究成果，在老师引导下，与其他同学或者老师进行提问交流，以让学生们均深入掌握某一专题。演习科目分为导入演习、基础演习和专业演习，均采用不超过 20 个人的小班形式通年授课。

---

① 司法考试由宪法、行政法、民法、商法、民事诉讼法、刑法、刑事诉讼法等七大必考科目和破产法、税法、经济法、知识产权法、劳动法、环境法、国际法等选考科目组成。

② 根据《法科大学院的设立标准》，总共设置了四大类课程，分别为法律主干课程、法律实务基础课程、法学与相邻学科课程以及法律高端课程。其中，法律实务基础课程占较大的比重也最具特色，具体包括法曹职业伦理与道德、法律信息检索、民诉和刑诉实务、司法文书写作、法律谈判、法律诊所、模拟法庭和法律实务实习等。

相比法学部老师单向的知识灌输，法科大学院采取更加灵活的教学方式，强调小班授课并且重视教学中师生的互动。虽然对某些老师来说，师生“互动”仅仅意味着要求学生在被点到时能够背诵正确答案．但是许多其他老师已经开发出了自己的教学风格，他们要求学生自己探索和思考，学生批判性思维的培养得到了相当的重视。同时，为了培养实务型法律职业人才，老师广泛采用如案例教学法等美国法学院的教学方式，以训练学生的法律思维和实践能力。这体现在广泛使用实际案例，结合实践视角讲授理论问题，甚至在一些核心的理论课程中也这样做。法科大学院还开发了大量的实践类课程，要求至少有20%的老师有显著的实践经验，即要求5年以上法律实务工作经历，实践类老师和传统的“研究型老师”会在许多课程上进行合作。此外，日本法科大学院非常重视临床法学教育，过半数的学校都已建立法律诊所，其中有些法律诊所相当活跃。① 相比于法律诊所，校外实习作为临床法学教育形式之一在日本更加普及，大多学校对学生的校外实习实践作出了要求。② 法科大学院对模拟法庭课程也很重视，一些大学还针对课程设计作出了有益尝试。③

（四）日本法学教育改革的现状及问题

日本以法科大学院为核心的法学教育改革，试图全面模仿美国法学院的教育制度，培养出具有广泛学科背景的法律职业人才。从2004年至今已经经过了十几年的实践历程。可令人唏嘘的是，当初改革的目标愿景现在来看几乎都没有实现，当前其法学教育改革已陷入了重重困境，遭遇了种种现实问题。

1. 律师职业共同体的弱化

日本律师群体在这次改革中受到影响最为严重。自2008年以来，也就是首批法科大学院毕业生通过司法考试实习一年半后成为律师的时间点，日本的律师

---

① 早在2009年公布的一份由早稻田大学临床法学教育研究所实施的调查结果显示，当时全国的74个法科大学院中有39个开设了法律诊所，占被调查对象的52.7%，作为临床法学教育最为重要的一种形式，法律诊所现已被越来越多的法科大学院所采用。

② 例如，京都大学法科大学院（3年制）会要求2年级和3年级学生进行80小时的校外实习。

③ 其典型代表是关西学院大学的“模拟法律事务所项目”。该模拟课程的创新之处在于，一方面邀请社区居民参与课程，另一方面将学生分成相互对抗的两组，使其在竞争的环境下为委托人提供法律服务。实践证明，社区居民的参与增加了模拟课程的真实感，而相互对立的两组学生在动态的、充满紧张感的环境中展开竞争，使模拟课程具有了更强的实战色彩。

人数就进入了高速增长阶段。司法考试通过率的提高迎来了大批法律从业者，但这些行业的新生力量并没有像改革前预想的一样，一齐流入"法曹三者"，而是单单涌向了律师行业，法官、检察官的数量并没有激增。结果导致律师行业的正常运转被激增的律师人数打乱，造成律师整体收入的大幅下降及两极分化的加重。①

虽然通过律师数量的激增，加剧律师界的竞争力来提高服务质量，是符合当初司法改革设计的，但现在来看，这种设想完全落空。一方面是律师收入的大幅度下降导致成绩优秀的本科生不将法科大学院作为优先选择，造成优质生源的流失，这与改革中希望吸引最优秀的人才学习法律的设想逐渐偏离。另一方面是改革后，学生在研修所的培训期间由 18 个月缩短至 12 个月，而实际上法科大学院讲授的实务课程与实务工作存在较大差别，无法弥补学生研修时间的减少，这导致律师的素质水平出现大幅下降，通过改革提升律师法律服务质量的设想宣告落空。

2. 生源质量的下降

改革的重要措施就是模仿美国法学院的"严进"招生模式，吸引各个专业中志愿从事法律工作的优秀毕业生学习法律，从而提高法律服务的质量，满足市场对司法服务多元化的需求。但是律师收入的降低和法科大学院难度颇大的招生考试，造成对学生而言选择法科大学院的性价比不高。当律师收入惨淡、法官与检察官招录名额稳定的情况下，日本各高校各专业最优秀的本科生缺少足够的动力选择法科大学院。

3. 提高法学教育质量的目标落空

日本司法部最初设想的是成立 12 ~ 20 所法科大学院，每年招收 3000 名左右的学生，保证法科大学院毕业生的司法考试通过率维持在 70% ~ 80%，目的是让法科大学院的学生不要将学习的重心放在应付司法考试上，而是注重法律职业素质和职业技能的训练与养成，从而培养出高素质的律师和其他法律职业人才。然而，实际政府对办学数量并没有严格控制，其后果是法科大学院巅峰期达到了 74 所，造成司法考试的高通过率难以保证。由于实际的法科大学院学生的司法考试

① 日本律师联合会 2014 年的调查数据表明，2013 年日本律师的平均所得收入与 1999 年日本律师平均所得收入相比，下降达 47%。在收入分配差距方面，通过对律师的收入申告进行统计，可以发现，尽管 2013 年日本律师的收入平均值为 2500 万日元左右，然而其中位数仅仅为 1500 万日元。同时，超过 30% 的律师收入尚不足 1000 万日元，而不到 2000 万日元收入的律师人数则超过总统计人数的 50%。

通过率低，导致学生重新将注意力集中在司法考试的科目上，出现了与改革理念预期相反的结果，法科大学院的教育质量并没有实现改革的预期目标。[①] 从 2007 年开始，法科大革命失败的预兆就已慢慢显现，其招生人数及院校数量均出现大幅减少的趋势。[②] "可以说，现阶段法科大学院的彻底失败在日本学界几乎成了一种共识，以至于一提及此次改革，出现的往往都是'失败''崩溃''大罪''破绽'等词汇。"[③]日本照搬美国的法学教育模式的失败，给我国当前正在进行的法治人才培养模式的探索提供了应引以为戒的教训，引发的现实问题也值得我们进行深入反思。

三、其他大陆法系国家

法治建设在国家的稳步发展中担任着至关重要的角色，而法学教育作为法治国家的奠基石发挥着引领的作用。大陆法系国家成文法的传统让法学教育更加注重理论性、系统性，这在其他大陆法系国家中的法律人才培养模式上也有鲜明的体现。

（一）法国

法国的法学教育以本科为起点，学制为 3 年，硕士为 2 年，博士一般为 3 ~ 5 年。法学教育突出特点是法学院注重学术能力的培养。在本科阶段前两年，学生进行如宪法、法制史等基础课程的学习[④]，从而打下坚实的理论基础，在第三年学生可以根据自己的意愿在"公法"和"私法"中任选其一作为专业方向深入研究。[⑤]硕士学位分为研究型硕士（master recherehe）与专业型硕士（master professionnel）两种：前者侧重理论，为将来培养博士做储备；后者侧重实务，以将来就业为导向。

---

① 参见邹爱华：《日本法学教育和司法考试制度改革效果评介及其启示》，载《法学教育研究》2016 年第 2 期。

② 从 2004 年的 5590 人到 2018 年不到 2000 人；法科大学院数量从 2004 年开始招生的 68 所，到高峰期的 74 所，再到 2018 年的 39 所，有学者推算未来全日本所剩下的法科大学院可能只有 20 所左右。

③ 姚建宗、黄宣植：《日本法科大学院制度的失败与经验》，载《教育科学》2019 年第 6 期。

④ 具体而言，本科一年级新生将会学习法学导论、宪法、法制史导论、法学方法论、家庭法、欧洲法导论以及诉讼与司法制度等基础性法律课程。在二年级时，将会学习刑法、行政法、物权法、债权法、欧盟法等专业课程。

⑤ 值得注意的是，在"公法"和"私法"这二者中任择其一进行研读的学生，都必须选修另一领域的若干课程。

在教学方式上,最重要的方式即为讲授。法国专业课程一般多为大班课,课上老师很少与学生们交流,只有在人数较少的辅导课上,才有直接的沟通。法国是大陆法系的代表性国家,法典是其法学教育中的核心,老师往往会严格遵循法典的结构讲授知识,围绕法律条文讲授法学原理、原则及制度构建。对于判例的讲述,法国的教育同样学术气息浓厚,往往会抽象出案例中的理论规则向同学们讲解,而案例本身从来不是主角,只是帮助同学理解法学理论的辅助,所有关于案例的讨论,最终要概括回归到抽象理论之中。在课程设置上,除了法学相关的课程,法学专业还开设如经济学、历史学等其他社科类必修课程,以丰富学生的知识结构。总体而言,法学高校的法学教育只关注学生基础理论和学术能力的培养,而职业训练交给了专门的国家法官学院和各地区的律师学院。学生在大学法学院取得BAC +4 学历后,可以根据自己的职业规划选择从事学术道路还是职业道路,既可以选择读博,也可以选择前往专门的国家法官学院或各地区的律师学院学习以取得从事法律职业的资格。

(二)俄罗斯

苏联解体是20 世纪末国际社会最重大的政治事件之一,给当时的俄罗斯带来剧烈的社会转型,同时加入博洛尼亚计划及建设法治国家写入宪法等社会历史条件,促使了俄罗斯法学教育进行了一系列的变革。改革大致可以分为三个阶段:第一阶段是20 世纪末至21 世纪初俄罗斯法学教育的初步重建,这一时期的改革带有刚解体后社会转型的迷茫;第二阶段是2003 ~ 2009 年,这一时期俄罗斯加入了博洛尼亚计划,法学教育进入全盘西化;第三阶段是2009 年至今,这是对法学教育出现教学混乱等问题的反省阶段。几次改革令俄罗斯的法学教育发生了深刻变化,其改革内容主要围绕以下几点展开:一在法学教育中开始去意识形态,其课程设置与教学内容已经没有意识形态的相关内容,比如教科书在定义法的概念时排斥法的阶级性特征。二是教育体制市场化,办学的主体不仅是国家,越来越多的是地方机关。社会组织也开始办学,法学院校和自费生的数量都发生快速增长。① 三是学位制改革,俄罗斯加入博洛尼亚进程后实行"学士—硕士"的

① 据俄联邦教育科技部的数据,2004 ~ 2009 年俄罗斯共减少了 1.2 万名法律专业公费生的招收,然而自费生却猛增到 10.2 万人。

双学位制，同时保留了5年制的传统大学学制，呈现出双轨制特点。学位设置有法学学士(4年)、法学硕士(2年)、法律工作专家(5年)、法学研究生[①](3年)，但俄罗斯学生更钟爱的还是传统的5年制的法律工作专家，运行十多年的“学士—硕士”体系并没有得到普及。法律工作专家和法学学士皆属于本科层次，但前者更侧重理论学习，法学学士更多的是基础性培养，法律工作专家毕业后可以硕士研究生或者博士研究生的方式继续学习。四是反思阶段制定了法学教育联邦国家标准，完善教育许可及教育认证，同时减少了法学函授教育，以追求法学教育质量的提升。五是在课程设置上俄罗斯注重职业课程，并且重视通识教育色彩较强的人文和社会——经济课程。[②]

第三节　域外国家法治人才培养经验总结

全面依法治国的根本在于人，新时代全面依法治国各领域全过程的实践推进更是需要德法兼修的法治人才。习近平总书记多次强调法治人才培养的重要性，并提出了明确要求。[③] 2014年《中共中央关于全面推进依法治国若干重大问题的决定》中提出创新法制人才培养机制的要求；2018年《卓法2.0意见》中提出了探索具有中国特色的卓越法治人才培养模式，我国新一轮的法学教育改革正在酝酿之中。从域外国家法学教育改革的历史来看，改革没有一套放之四海而皆准的标准模式，但总结和借鉴各国的法治人才培养经验对我国具有重要意义。通过上述对英美法系和大陆法系代表性国家法学教育模式的考察，我们有必要深思各国在改革中取得的经验和教训，特别是它们在某些制度模式上的共性，能够给我们的改革方向带来一些启迪。

---

① 俄罗斯的研究生(acnuparnypa)相当于中国的博士生。

② 法学学士课程设置要求8370学时，其中理论教学有7830学时，实践教学有540学时。从学时分布来看，人文和社会—经济课程组(1800学时)占整个理论教学学时总数的约22.99%；自然科学课程组(400学时)约占5.1%；一般职业课程组(4664学时)约占59.57%；特别课程组(672学时)约占8.6%；选修课程组(450学时)约占5.7%。由此可见，在整个课程设置中，一般职业课程占据了最重要的分量，人文和社会—经济课程次之。

③ 参见梁平：《新时代“德法兼修”法治人才培养——基于习近平法治思想的时代意蕴》，载《湖北社会科学》2021年第2期。

一、明确法学职业教育的定位

法学既是一门逻辑性很强的社会科学，又是一门实践性很强的应用科学，这决定了法学教育具有内在的双重性。其教育定位是职业教育还是学术教育，其培养目标是高素质的司法实务人才还是高水平的学者型人才，其教学内容是偏重实务中精细的技巧还是学术中扎实的理论功底，在各国历次法学教育改革中都是共同的焦点问题，这也是当前我国法学教育所面临的难题。这些问题的定位直接影响着整个法律人才培养体系，是我国当前探索卓越法治人才培养模式首先应当面对的导向性理念问题，法学教育改革需要理念先行。

（一）英美法系法律职业教育的传统

英美法系国家有着学徒制的法律传统，法律职业教育在英美法系数次改革中始终被保留，从未动摇。法学教育从开始就以培养律师为目标，训练学生"像律师一样思考"的能力，以法律实践的现实需求为依据开展法学教育。无论在英国还是在美国，其后来发展出的苏格拉底教学法、法律诊所教育，均是以培养合格的法律职业者为目标。

在英国，由于时间和条件的限制，学生在大学接受的职业教育十分有限。因此，学生取得法学本科学位后，需要进入律师公会进行职业学习，由法学教育理事会和法律协会分别对出庭律师和实务律师进行为其一年的职业培训。在职业培训结束后，学生还需进入律师事务所进行实习，以古老的学徒制的方式由师傅手把手地指导徒弟处理实务中的法律问题，这种模式以培养实务型人才为导向，将大学教育和职业训练通过大学和律所合作的形式紧密结合。在美国，要想成为律师、检察官均需要通过律师资格考试，而成为法官则需要从事一定年限的律师或检察官，所以其法律职业以律师为起点，其法学教育也当然以培养律师型人才为导向。英国和美国的法学教学均突出了其法律人才培养的职业化特征。

（二）大陆法系法律职业教育的转变

德国从普鲁士时期起，其法学教育一直培养"法官型"人才。法学生通过两次国家考试后才能获得法官资格，而法官资格是从事其他法律职业的前提，因此，德国的法律职业以法官为起点，法学教育以培养法官为目标，注重对学生逻辑思维和基础理论的训练。但这种人才培养模式也开始被越来越多人指责，德国律师协会指出，实践中80%的法学生走上律师的岗位，显然当前的教育缺乏对律师相关技能和素质的培养。2002年《法学教育改革法》在一定程度上吸收了批评的意见，改变了以法官为单一培养目标的教育模式，强调了对律师相关能力的培养，教学内容不再仅围绕“司法审判”为核心，还增加了如与委托人会谈、调查、辩论等与律师实务相关的的技能。但这种改变并没有放弃原先注重理论学习、学术能力培养的模式，只是在此模式之上强调了对律师相关技能的训练，培养目标从“法官型”转变为“全面型”的法律人才。日本在法科大学院改革前，法律教育制度以德国为模板建立，同样非常注重法学理论教育，几乎没有培养学生实务技能和素质的实践类课程。在“法曹”资源极度缺乏且分布不均的局面下，日本法学教育改革以美国法学教育为蓝本，全面模仿美国的法律人才培养模式，建立了本科后以职业教育为导向的人才培养模式。大陆法系国家因其成文法传统，曾经更加注重理论基础教学，但在当今的时代背景下，也逐渐向职业性法学教育进行转变。其转变的模式有的如德国，在保持原有的两阶段制教育体系下进行；也有的如日本，打破原有制度，彻底以美国法学院为蓝本进行。

（三）我国法学教育的目标定位

法学教育的目标定位应当与社会需求相应，当前我国法学毕业生绝大多数都从事法律实务工作，深耕学术的研究人员只占到很少的比例，而一个社会需求最多的也是直接从事法律实务的人，这决定我国法学教育应当以法律职业教育为导向。但这不意味着学术型和通识型人才培养目标被完全抛弃，只是不应成为我国法学教育，特别是成为本科阶段法学教育的主流。理论和实践并不是相互对立的，法学理论建立在实践之上，司法实践以理论为指引，法学教育应当将两者结合。法学是一门实践性很强的学科，法律的生命不在于逻辑而在于经验。任何法学理论一定来源于生活实践，如果能结合实践讲述理论无疑能加深学生对于理论知识的理解。实践类课程，如果以理论知识为支撑进行深入分析，也能提升学生的归纳分析甚至创新能力。① 只有将理论和实践打通，将两者在本国国情下按最

① 参见王晨光：《法学教育改革现状与宏观制度设计——日韩经验教训反思与中国改革刍议》，载《法学》2016年第8期。

合适比例结合才能更有效地开展法学教育。但是法学教育在实际中仍然应当有所偏重，社会对于深耕学术的研究人员的需求是少量的，一部分具有较强研究能力和雄厚法学师资力量的大学偏重理论教育是可取的，但更多的学校应当将教学重点放在实践，将人才培养模式定位在职业教育。

确定上述方向后，另一个问题是我国法律职业教育应当放在本科阶段还是硕士阶段？我国法律教育的现状是，本科生毕业后通过法律职业资格考试，即具有从事法律职业的资格。因此，本科阶段就需要承担一定职业教育的内容。但我国法学专业课目繁多，法学生的课程设置和学习压力已经不小，再兼顾职业教育显然并非易事，其中最主要的限制是学时紧张和对教师实践经验的要求。通过对域外经验的考察，它们大多将法律职业教育放置在本科后的阶段。例如，德国的法学教育分为两个阶段，在经历第一阶段理论学习并通过国家考试顺利毕业后，还需要完成为期 2 年的见习服务，在见习期间，学生以准法律人的身份在法院、律所等司法实务单位进行实习。英国也是在大学完成法学基础教育后，要求学生进入律师公会进行培训，再进入律所进行实习。美国更是直接没有设置本科层次的法学教育，其将本科阶段的教育视为接受了足够的人文教育，在法学院只进行法律职业教育。

习近平总书记强调："法学学科是实践性很强的学科。法学教育要处理好法学知识教学和实践教学的关系。学生要养成良好法学素养，首先要打牢法学基础知识，同时要强化法学实践教学。"[①]因此，我国既要借鉴其他国家经验注重实践教育，还要结合我国实际，在法科生的本科阶段，把理论学习和实践教学相结合、相贯通，在课堂理论学习的同时，与实务部门合作打破高校与公检法司的"壁垒"，强化实务部门的协同育人责任，弥补职业教育存在的不足，实现由高校法学院系承担法学基础教育与研究探索能力培养，法治实务部门承担职业教育与法律应用能力培养的密切结合，由此构建法治人才培养共同体。

二、建立法学教育多元机制

全面依法治国是系统性工程，是国家治理领域一场深刻而广泛的革命，在此宏观背景之下，我国对法律人才的需求是多层次、多元化的。法学教育的根本任

---

① 习近平：《论坚持全面依法治国》，中央文献出版社 2020 年版，第 177 页。

务是为社会培养需要的法律从业者，而我们的社会不仅需要高端的商业法律服务，还需要大量面对基层的大众法律服务；不仅需要处理国内纠纷的法律工作者，也需要处理涉外法律业务的人才；不仅有诉讼方面的需求，也有非诉业务的需求；不仅有公、检、法、律师领域的传统法律需求，也有随着社会发展新生的新型法律需求。概言之，我国当前在全面推进依法治国的战略下法律需求的深度和广度进一步扩展，我国的教育体制也需要作出多层次、多元化的改变。

（一）我国当前法学教育面临的挑战

首先面临着国际化的挑战。当今世界正处于百年未有之大变局中，我国面临的国际形势复杂多变。一方面，我国经济发展态势稳中向好，越来越多的中国企业走向世界，涌入全球化的浪潮。另一方面，以美国为首的西方国家近几年来不断向我国发难，试图遏制中国发展，频频依据美国国内法实施所谓的"长臂管辖"，对我国发起贸易战、科技战。在新冠肺炎疫情全球大流行期间，甚至个别政客和媒体妄图向中国提出索赔。这些挑战、责难往往利用法律规则来给自己的霸权披上合法的外衣，而我们回击法律指责的最佳武器同样是法律。但对于涉外法律方面，我们与国外差距明显①，涉外法律人才培养是我国法律教育中的明显短板，亟须建立起高素质涉外法律服务人才队伍，以面对当今全球化的挑战。其次面临着国内全面依法治国带来的挑战。全面依法治国意味着法律人才培养的多元化和多层次要求，我们当前仍存在不小的差距。我国地区发展不均衡，城乡发展不均衡，导致高素质法律人才绝大多数聚集在一线城市，发达地区与落后地区律师数量差距过大。② 发达地区的法律市场、法律需求远高于落后地区，这导致不同地区法律从业者的收入存在较大差异。③ 现实因素导致法律人才不可避免地向发达地区聚集，与全面依法治国要求的均衡化发展形成不可避免的矛盾。这种不平衡的

---

① 比如，联合国是世界上最大的国际组织，我国作为5个常任理事国之一，但在联合国工作的中国人却不多。再如，我国律师队伍中，有能力办理WTO争端业务的律师寥寥无几。

② 按律师数量计算，排在前5名的北京、广东、山东、上海、江苏平均值为16891.4人；最少的5个省份西藏、青海、海南、宁夏、甘肃的平均值为966人。前者是后者的17.5倍。按每10万人口律师数量计算，排在前5名的北京、上海、天津、广东、重庆平均值为46.7人；最少的5个省份西藏、贵州、江西、甘肃、青海平均值为7人，前者是后者的6.7倍。

③ 按律师人均业务收入计算，排在前5名的北京、上海、浙江、广东、江苏平均值为37.38万元；最少的5个省份河南、黑龙江、西藏、甘肃、内蒙古平均值为1.92万元。

发展亟须构建多层级、多元化的法学教育体系，以满足广泛的法律人才需求。

（二）域外国家的改革经验

对于国际化的挑战，大陆法系和英美法系发达国家的法学教育都十分重视国际型法律人才的培养，将培养国家化的法律人才作为其法律教育的重要发展战略。英国因其地处国际贸易的交界地带，与美国和其他欧盟国家联系密切，其能以绝对优势的条件开展国际法律业务，因此很重视法学教育国际化的发展，在改革中对教育方式适当作出调整，尝试开展赴国外进行实习阶段的学习，为学生提供更多选择，也通过留学让他们具备处理国外和国际业务的实践经验。美国作为教育强国，其法学教育还吸引了大量世界优质生源赴美留学，在这种“走出去，引进来”的过程中，美国法学教育融入更多国外元素。德国法学教育虽然拒绝加入博洛尼亚计划，但在改革后其法学课程中更加重视外语的学习，以及鼓励学生出国留学。日本法科大学院改革的重要因素之一就是为了培养国际化律师人才，以抗衡日本法律市场对外开放后外国律师的竞争。

日本法科大学院失败的经验值得我国关注。日本改革的重要动因之一即为了培养国际化人才以应对全球化趋势，但对国内现实法律需求考虑不足，导致大量法学生毕业后涌向大城市却找不到工作，而农村基层地区法律服务仍然匮乏。日本试图模仿美国法学教育模式，让有法律背景和律师身份的职业者进入国会成为政府官员，或者进入企业成为公司高管，直接参与国际化的进程之中。但美国法学教育模式的背后是其具有一套完整的机制去建立法律人和政府、商界、其他领域的沟通渠道，美国法律人毕业后能够依靠该机制渠道成为各领域的精英。日本模仿美国法学教育的同时是否也能在全社会建立不同领域的沟通渠道？日本的法律文化和传统文化是否能接受法律人当高管？如果单纯模仿美国的法学教育模式，却忽视美国法律人遍布各行各业并能成为各领域的精英的原因；不主动建立相应机制实现各领域的交流沟通，不分析本土的法律文化和传统，就难以避免法学生毕业后无法实现其理想的现象。

对于我国全面依法治国带来的挑战，日本当初也面临着相似的问题。日本法科大学院的教育模式定位在精英教育，大部分的学生从法科大学院毕业后都不会选择去往农村和边远地区，这导致农村和边远地区缺少法官和律师，法律人才高度集中在大城市的现象。这种教育模式培养的学生是不是农村和边远地区需要的法律人才？如果法学教育是精英教育，各院校都千篇一律地将教育目标定位于“高端服务”，是否能够满足基层一般民众的法律需求？这些问题都是域外法律教育改革历程能够带给我们的反思。

（三）推进多层次、多元化的法学教育体制

当前我国法学教育面对国内外两大挑战，可以吸收域外法律人才培养的有益经验，建立起多层次、多元化的法学教育体制。多层次是指建立起不同层次的学位项目，各学校应当根据其师资实力、生源质量、科研能力等多方面考察设置法治需求的学位项目，政府主管部门应当对学位授予权限作严格的审查，避免法学学士、硕士的泛滥。多元化是指建立起特色的培养模式，各学校应当根据其所处的地区、资源特点、学校优势建立起符合社会需求的特色培养模式，如大部分学校应当以培养基层法律从业者为培养方针，制定培养方案和教学内容，少部分存在学校优势、具有一定实力的高校，如对外贸易、外语类等行业大学以培养国际型人才为培养方针。在多层次、多元化的教育体系下，各高校法学院都有自己的主要培养方针和使命，以往单纯按升学率、就业率为标准的评价体系应当重新审视。不同层次和类型法学生都可能在其岗位成为高素质的法律人才，应当在各类型中建立符合其特色的人才评价标准和体系。[①] 此外，我国法律人才大多是处理诉讼业务的律师、法官，而涉外法律人才和基层法律人才明显不足，这应当是我国多元化法律人才培养的重点方向。有必要推动卓越法治人才培养改革，调整现有结构，既要培养传统法律人才，也要培养一批涉外法律人才和大量基层法律人才。各高校应根据自身情况，挖掘适合本校法学教育的特色，建立与之相适应的不同层次和类型的培养项目。

三、创新法学实践教学模式

目前，我国的法学教育虽然总量很大，通过“法考”的人数在逐年增加，但是，能够适应纷繁复杂的司法工作的应用型法律人才还不能满足中国法治建设的需

---

① 参见王晨光：《法学教育改革现状与宏观制度设计——日韩经验教训反思与中国改革刍议》，载《法学》2016 年第 8 期。

要，司法实务部门对高等政法院校的教学质量提出质疑。[①] 大学不可能以培养理论研究人才为目标，将绝大部分学生培养成合格的法官、律师、检察官才更为关键。这要求必须以法律职业为导向，重视实践教学，优化师资队伍，打破法学教育与司法实践、大学法学院与实务部门的隔阂，加强学术界和实务界的良性互动。

（一）域外国家的实践教学模式

法律职业教育的目标决定了法学教育的培养方式，西方发达国家的法学教育无不重视实践教学。在美国，无论是苏格拉底教学法，还是法律诊所教育，都在服务于培养合格职业人才的目标。为了实现这一目标，无论是教学方式、课程设置，还是教学材料的选择，都是以培养学生“像律师一样思考”为指针。比如，美国的法律诊所课程将法律知识、律师职业技巧等相结合开展教学活动，培养学生从律师角度分析问题的能力，培养学生的洞察力、职业技巧和职业道德。英国法学教育发展至今已经逐步形成规范化、专业化的教学体系，在教学领域上，既有大学的学院式教育作指导，又有社会法律机构的职业训练为辅助；在教学形式上，以学院为主导开展的系统性法学教育取代传统的学徒制教学模式成为主要形式；在培养方式上，英国已将大学法学教育和法律人才的培养共同纳入一个理性发展的轨道中。德国的法学教育采取双阶段培养，虽然没有美国职业教育那么彻底，但在为期 2 年的见习服务阶段，也能充分训练学生的法律实务技能，突出法学教育的职业性和实践性特点。综上所述，两大法系虽然人才培养模式不同，但均重视法律职业教育，其途径可总结为两种：一种以美国为代表，采用案例教学法等实践性较强的教学方式；另一种是以德国为代表，先采取理论教学，结束后再完全进入实务部门进行职业训练的双阶段模式。两种模式均对我国的实践教学模式的探索提供了有益经验。

（二）建立科学的实践课程体系，创新教学方式

课程设置应当与其教育目标相匹配，而我国的法学教育主要还是以法学理论学习为主，与实践结合得不够紧密。近年来，司法实务部门越来越重视法官、检察

---

① 参见陈京春：《美国法学教育的变革：从苏格拉底教学法到法律诊所教育——对我国法学实践教学的启示》，载《法学教育研究》2012 年第 1 期。

官、律师的表达能力、写作能力，这对法学教育提出了迫切的现实要求。应当借鉴英美法系国家，在我国课程体系之中增加关于谈判辩论、人际交往和协商、法律文书写作等训练职业能力的相关课程，让学生更多地接触到法律实践工作，训练其实务技能。并且在司法实践过程中注重“德法兼修”的培养目标，加强法律职业道德和社会责任意识的树立，必须在其从业的最初就凸显“德”的要求，让法律伦理道德成为其今后法律职业生涯中最朴实的底色。同时，美国法学院的课程体系设置也值得我们思考。美国一年级法学生所修的专业必修课只有六七门①，其他均为选修课，学生可以根据自己的兴趣和特长进行自由选择，充分体现以素质教育为导向。美国法学教育的观点是，重要的不是知识的传授，而是能力和素质的培养，他们的理念是教会学生“像律师一样思考”的能力，注重学生法律思维和职业素质的养成。我国的课程设置显然与美国大相径庭，法学专业核心课程采取“1 + 10 + X”分类设置模式，这意味着必修课至少在 15 门以上。这种课程设置与我国将法律人才的培养目标默认为法学家，教育理念以知识传授为导向密切相关。但这种大量的必修课课程及学分要求，能在多大程度上培养出学生毕业后走向岗位所需的能力和素质，值得我国法学教育反思。如何使“德法兼修”的法律人才培养模式超脱当前的教育形式，从以知识传授为导向跨越至以素质培养为导向，如何根据社会需要的法律人才的素质与能力要求设置相关的课程体系，是我们改革能否成功的关键。②

建立科学的课程体系后，应当随之创新当前的教学方法。我国法学院一般都是大课讲授，课堂上学生与老师很少互动，往往都是老师一个人侃侃而谈。这种现状早已被人诟病，但是我国法学生规模大，师生比例较高，面对众多的法学生进行教学这无疑是效率最佳的方式。近些年，国内一些高校引入美国著名的案例教学法，效果却并不理想，原因之一是这种教学方式不适合我国法学院的大班制，而且以上诉法院判决为学习素材的模式在我国并不现实，我国的判决书多为证据罗列、说理较少，一部分判决甚至没有法律推理的部分，往往直接援引法条作出判决，这令能够作为教材的判决少之又少。相比之下，我国更应当借鉴德国的法学教育，仍然采取讲授的方式给学生传授基础理论知识，在此基础上采取练习课、研

① 通常必修课有宪法、合同法、财产法、侵权法、民诉法、国际法或比较法、法律写作或模拟法庭。

② 参见王晨光：《法学教育改革现状与宏观制度设计——日韩经验教训反思与中国改革刍议》，载《法学》2016 年第 8 期。

讨课、小型讨论课的方式训练学生法律思维、语言表达及逻辑推理等能力，而不仅仅是当前的讲授。

（三）加强学术界和实务界的良性互动

英国、美国、德国的法学院与司法实务部门联系十分紧密，都是由学校和实务部门一同承担培养法律人才的任务。比如，在英国，律师公会、律师事务所等法律职业机构也承担着学生的职业培训及实习指导的责任，是法学教育整体中必不可少的一环。在德国，学生通过第一次国家考试后，需要以准法律人的身份在法院、律所等司法实务单位完成为期 2 年的见习服务，在这些单位里由法官、检察官、律师指导学生处理法律实务案件，训练法律实务技能，掌握法律工作方法。法学是一门实践性很强的科学，单单由法学院无法完成其实践教学，我国的司法部门、律所应当承担起法学教育的社会责任，院校应当与实务部门联合培养法律人才，将学校教育和职业训练通过学院和法律职业机构合作的形式结合起来。此外，可以立法的形式确立起律师、法官、检察官到法学院作为实践老师为学生授课，高校教师也可前往法院、检察院作为法官、检察官的常态机制，打破学术界和实务界的樊篱，事实上法学作为一门实践性科学，这两者本来就密不可分。

四、重视法学教育关键领域

（一）重视法学意识形态教育

俄罗斯法学教育改革中的显著特点，也是最惨痛的教训是去意识形态，在今天的俄罗斯法学教育中，其课程设置与教学内容已经没有意识形态的相关内容，如教科书在定义法的概念时排斥法的阶级性特征。《俄罗斯联邦宪法》第 13 条第 1 款规定：俄罗斯联邦承认意识形态多元化；第 2 款规定：任何意识形态均不得被规定为国家意识形态或者必须遵循的意识形态。① 这令原来以马列主义为指导思想的教学要求全部被删除。“苏联解体之后，俄罗斯法学教育改革之所以曲折，一个重要原因就是法学教育改革‘去意识形态教育’，这是一个极为深刻的教训。”②

---

① 参见孙谦、韩大元主编：《欧洲十国宪法》，中国检察出版社 2013 年版，第 184 页。

② 於海梅：《俄罗斯联邦高等法学教育改革》，载《哈尔滨工业大学学报（社会科学版）》2018 年第 4 期。

因此，当代中国要特别重视意识形态教育，意识形态工作事关国家的前途命运，在法学领域尤其敏感，要时刻警惕西方司法独立等错误思潮的入侵。全面依法治国首先要坚持党的领导，坚持走中国特色社会主义法治道路。法学教育首先要坚持马克思主义，坚持习近平法治思想，绝不能搞法学意识形态的多元化，更不能去意识形态教育。

（二）重视法律职业道德教育

美国十分重视法律职业道德教育，要求学生能够对律师的言行规范和职业伦理道德有着清晰的认识，能够辨别及避免将来实施违反职业伦理道德的行为，并对职业道德教育的内容进行分类以促进道德规范的内化。美国律师协会要求法学院必须开设法律职业道德方面的课程，在课程中采用渗透性的方法教导学生道德问题。① 美国在法律职业道德教育方面的教材十分丰富，可由老师选取关于法律职业道德的经典案例，带领学生们针对其中复杂的职业道德冲突内容进行讨论，引导学生作出正确的职业道德判断。

长期以来，我国法学教育只注重“法”的培养，重视学生的专业理论知识的掌握，却忽视了“德”的教育，导致培养的某些高素质法律人才出现职业道德、政治素质下滑的现象，造成严重的腐败问题。大学是法律职业道德观念形成的起点，也是塑造的关键时期，应当重视法学教育中“德”的教育，让捍卫社会正义的职业责任感内化为所有法学生的内心信仰。应当将法律职业道德教育定位于专业性教育，而非思想道德教育，将其融入各个专业课程之中。此外，法律道德教育并不是课上枯燥的说理，这也很难起到实际的作用，应当结合实际，创造条件让学生在实践中感知理论，内化素养，增强法律职业伦理。引导学生在面对复杂的职业价值选择时，作出正确的价值判断。

（三）重视法律通识教育

美国法律高度发达，公民法律意识强烈，每个人的生活与法律息息相关，但美国法学教育属于研究生层次，因此，在本科层次开设了法律通识教育，普及学生法

---

① 在2007年发布的卡内基报告中，明确建议法学院在“律师的职业道德教育中应当采用渗透性的教育方法，即在所有法学院课程中引入法律职业道德的知识”。

律知识以及奠定研究生法学教育基础。法律通识教育通常存在三种模式：一是由法学院教师专门开设法律相关的通识课程；二是在有关人文以及社会学科中灌输法律知识；三是非法学院系开设与本学院专业相关的法律课程。根据我国当前的实际情况，第三种模式比较适合我国法律通识教育的开展。在第三种模式之下，于专业课程下开设与之相关的法律通识课程，如环境专业的学生需要接受环境法等课程，国际商务专业的学生需要学习国家经济法则的课程。法律通识教育不仅为非法学专业的学生普及法律知识，培养跨学科的法律思维，还有利于有学法志向的本科生接触一定的法律基础，启发其自主学习。在全面依法治国背景下，法律专业的学生是彰显法治的核心群体，是全面依法治国的主力军，但法学专业毕业且通过"法考"的学生，在依法治国的各个环节属于"少数"，而广大的非法学专业毕业生则占据大多数，法治中国建设进程、质量和水平，很大程度上取决于这些"大多数"。[①] 我国需要加强法律通识教育，对于体量庞大的非法学专业的学生开设法律通识教育，培养非法学专业的学生跨学科的法律思维和法治观念，推进全民守法。

（四）重视"法考"在法学教育的地位

2004 年开始的日本法科大学院改革到今天为止，已经被贴上"失败"的标签，其失败的原因之一即没有处理好法学教育和司法考试之间的关系。日本司法考试的低通过率，导致参加司法考试的人之间竞争激烈，迫使法科大学院和学生为提高考试通过率而以司法考试为中心，以司法考试科目为重点，忽视非司法考试科目。这令新司法考试处于辅助、以法科大学院的教育为重心的设想本末倒置。日本在当前的培养模式之下，学校和学生都将通过司法考试作为最高目标，法科大学院的教育重新沦为了应试教育，司法考试的补习班反而越来越火爆。日本的实践证明，在司法考试具有相当竞争和难度的情况下，其很难不成为法学教育的中心。一是因为通过司法考试是从事法律职业的前提，而司法考试的难度让他们不得不将主要精力放在司法考试涉及的科目，自然会忽视非考试内容以及非重点科目，而且日本司法考试还会有成绩排名，排名决定着未来的就业，这给学生带来

---

① 参见梁平：《新时代"德法兼修"法治人才培养——基于习近平法治思想的时代意蕴》，载《湖北社会科学》2021 年第 2 期。

更大的考试压力；二是司法考试通过率是法科大学院排名的重要依据之一，也是普通学生择校的重要参考，因此学校也不得不以司法考试为中心。我国情况与日本类似，从事大部分法律相关的职业都需要通过“法考”，但我国的考试难度低于日本，考试通过率对学校也影响不大，法学教育并未像日本那样形成以考试为中心的格局。但是到大三下学期开始，很多学生开始以“法考”为中心进行学习，从而忽视课堂中非考试的科目。我国应当重视“法考”在法学教育的地位，必须认识到在实行国家统一的竞争性的“法考”的情况下，法学教育很难脱离应试教育，只有根本改革考试制度，才有可能实现素质教育的改革目标。

第七章　新时代德法兼修卓越法治人才培养的模式建构

新中国成立以来，我国法学教育经历了不同时期，每个时期的人才培养模式存在差异，总体上可分为学习苏联模式、借鉴大陆法系模式与混合模式以及建立中国特色法学教育模式等，新时代德法兼修卓越法治人才培养目标提出以来，需要探索建立适应全面依法治国需要的德法兼修卓越法治人才培养模式。这些不同的模式背后，贯穿的是不同的人才培养理念，形成了不同的人才培养导向。比如，比较典型的是，以美国为代表的英美法系国家以培养律师为核心的法律职业者，因而确立了职业教育模式，注重案例教学，而以德国为代表的大陆法系国家则以为社会培养包括法官、律师、高素质管理人才等在内更为广泛的法律人才为目标，建立的是素质教育模式，注重法律专业素养和人文素养等综合素质。我国新时代德法兼修卓越法治人才培养模式则是以“德”“法”作为两个不可或缺的方面，既注重法学专业能力，又注重政治与道德素养，培养的是在立法、执法、司法、守法等各个环节都德才兼备的高素质人才，因而培养对象以法学专业学生为主体、以其他专业学生为覆盖面，培养过程坚持德法兼修、德法相融，坚持厚德育筑牢法治人才之魂、强专业筑牢法学教育之本、重实践强化法学教育之要、重协同破除培养机制壁垒等，旨在培养造就一大批宪法法律的信仰者、公平正义的捍卫者、法治建设的实践者、法治进程的推动者、法治文明的传承者，为全面依法治国奠定坚实基础。就法治人才培养模式本身而言，基于新时代德法兼修卓越法治人才培养的职业导向、复合导向、特色导向和国际导向，不同高校的法治人才培养定位不同，很难归纳出具体的普适性模式，而是应当以教育教学为中心，建立法治人才培养的“育人共同体”，并按照德法相融的理念建立健全法治人才培养体系以及考核评价机制，以此提升法学教育教学和法治人才培养质量。

第一节 新时代德法兼修卓越法治人才培养多元导向

新时代德法兼修卓越法治人才培养为高校法学教育教学确立了明确的目标即德法兼修,其突出特点是德法相融,把价值塑造、知识传授和能力培养这三个方面贯穿于“德”与“法”的各个环节各个模块,培养以法治工作队伍为核心的法律职业者以及对所有学生开展法治素养教育,因而具有明确的职业导向;同时注重素质教育,旨在培养创新型、复合型、应用型的法治人才。就培养过程而言,需要结合办学定位,注重特色,充分调动各类资源,建构法治人才培养共同体,强化人才培养的协同性。

一、德法兼修卓越法治人才培养的职业导向

从高等教育培养专门性人才的角度来讲,任何专业的人才培养都具有鲜明的职业导向。法学教育是一种专门性教育,培养的是精通法律的专门性人才,也具有鲜明的职业导向。但法律职业导向具有不同的含义,主要原因在于法律职业者的范围不同。比如,美国等英美法系国家主要指的是律师,而德国等大陆法系国家则包括法官、律师以及各类社会管理人才等。我国狭义上的法律职业者包括法官、检察官、律师、公证员等,这些职业是以法律适用为职责,直接运用法律解决矛盾纠纷或确认法律事实,新时代的法律职业者则指的是法治工作队伍,涵盖立法、执法、司法、法学教育、法学研究等各个领域从事法律工作的人员。以通过“法考”作为职业准入门槛,则涵盖 9 类人员,但实际上从事法律工作的人员范围更广。因此,新时代德法兼修卓越法治人才培养具有明确的职业导向性。特别是法院、检察院等不断推进人才队伍的革命化正规化职业化专业化建设,自 2002 年实行统一的“司考”且作为初任法官、检察官的准入资格以来,已经过了 20 年,随着法官、检察官的新老更替,这些人员的专业化职业化程度更高,与高校法学教育的对接关系更为紧密。通过“法考”作为取得法律职业资格的人员范围向行政执法、行政复议拓展,表明法律职业人才的范围从司法向执法拓展,未来也可能向立法领域进一步拓展,以此达到立法、执法、司法等领域的全覆盖。由此可见,德法兼修卓越法治人才培养的职业导向性将会更加凸显,而且覆盖范围将更广。

职业导向要求培养德法兼修的应用型卓越法治人才。应用型法治人才应当具有扎实的法学理论基础、精通法律知识、具有法治思维、能够熟练运用法律分析和解决现实问题。新时代德法兼修的应用型卓越法治人才不仅强调法律应用能力,而且注重德才兼备、以德为先,因而至少具有以下两个层面的要求。一是具备具体领域的法律应用能力。我国建成中国特色社会主义法律体系以来,总体上从"立法时代"进入"法律实施"阶段,但着眼于良法善治的国家法治化治理目标,对立法的质量要求更高,立善治之法、立管用之法,是对各级立法机关的要求,这就意味着立法更为专业化、精细化。对于法治人才培养而言,不仅要学习基本法律知识,即以"1+10+X"的法学专业核心课程为主,培养法治人才之"通才",还要立足于具体的领域,深入了解各个行业的专门性法律法规以及各类制度规范,进一步明确择业的行业目标或专业领域,以便在该行业领域运用法律知识解决具体问题,以法治思维推进行业法治建设。这是新时代全面依法治国赋予卓越法治人才应用能力的新内涵。二是具有过硬的法律职业伦理。这要求在法治实践中坚决做到"五个过硬""四个忠于",善于在法治轨道上综合运用多元规范解决问题。这是卓越法治人才的"德"的方面,是对应用型法治人才的质的要求。法律职业并非纯粹的技术性职业,如果把法律作为一门"技术",缺失政治性、伦理性要求,则会沦为工具,甚至偏离正确方向。中国特色社会主义法治道路的鲜明特色是依法治国与以德治国相结合,这对于应用型卓越法治人才而言,不仅要始终坚持正确的政治立场,具有理想信念、道德情操和责任担当,而且要善于综合运用法律、政策、道德、地方性知识等中国特色社会主义法治体系的多元规范,在法治轨道上、在具体实践中为推进国家治理现代化贡献法治力量。

职业导向要求强化德法兼修卓越法治人才培养的法治实践教育。坚持法律职业导向,提升卓越法治人才的应用能力,需要从课堂走向实践,创造更多的机会,让学生在法治实践中理解专业知识、熟悉法治场景、锤炼法治品格、提升应用能力。这对人才培养提出新的要求:一是人才培养方案中提升实践课程的比重。按照法学专业教指委的要求,法学专业实践课程学分占总学分的比重不低于30%,包括必修课学分和课外实践学分,课程类别包括法学专业类与思政教育类,前者包括司法实务见习、专业实习、法律诊所、法律咨询、专题辩论等,后者包括军事训练、劳动教育、社会调查等。二是推进实习实践的实质化。长期以来,尽管法学专业人才培养方案中规定了实习实践课程(环节),但受制于各种因素,一些高校存在对实习实践不重视、落实不到位、流于形式的现象，新时代德法兼修卓越法治人才培养的基本要求是“重实践”，这就要创造条件，让学生走出校门、走向法治实务部门，参与法治实践活动，在实践中深化专业知识、增强应用能力、锤炼法治品格。三是把德育贯穿于实习实践全过程。德法兼修不仅体现为理论课程教学中开展课程思政，而且要在实习实践环节把德育放在首位、贯彻于全过程，在实践导师的指导下，强化法律职业伦理，筑牢法治人才之魂。

二、德法兼修卓越法治人才培养的复合导向

培养德法兼修复合型卓越法治人才是顺应全面依法治国的现实需要，是法学专业推进新文科建设的必然要求。2011 年，教育部、中央政法委发布的《关于实施卓越法律人才教育培养计划的若干意见》，提出“培养应用型、复合型法律职业人才，是实施卓越法律人才教育培养计划的重点。适应多样化法律职业要求，坚持厚基础、宽口径，强化学生法律职业伦理教育、强化学生法律实务技能培养，提高学生运用法学与其他学科知识方法解决实际法律问题的能力，促进法学教育与法律职业的深度衔接”。因此，复合型卓越法治人才是法学与其他学科的交叉融合，具体包括以下三个层面：

一是素质提升层面，法治人才不仅是职业人才，而且是德智体美劳全面发展的高素质人才，不仅强调法学专业领域的知识，而且需要了解马克思主义与中国特色社会主义、政治学、社会学、哲学等其他学科知识，成为知识面广的“文科人才”。唯此，才能更精准地把握法治的内涵意蕴，更深刻地理解法律的社会条件和具体情境，才能在各行各业的法治实践中具有系统思维，能够综合运用多学科知识审视社会现象、分析社会问题。

二是职业发展层面，由于法治人才分布在立法、执法、司法、企业等各个领域、各个行业，新时代德法兼修卓越法治人才培养，不仅体现在学习法学专业核心课程，而且需要掌握与职业有关的知识。比如执法，不同执法部门的执法业务各不相同，甚至有些执法具有鲜明的行业领域特点，作为执法人员需要了解与该行业领域有关的制度规范。再如企业法务，面对的各类法律问题更为广泛，而且因企业主业差异，具有行业性特点与企业个性化需求，需要掌握一定的管理学、会计学等学科知识，便于更好地开展法律风险内控等工作。

三是时代需求层面，随着大数据、人工智能、区块链等现代信息技术的广泛应

用，新技术新产业新业态新模式不断出现，对法律带来新的时代挑战。一方面，新技术与法律的深度融合，要求法治人才既精通法律又掌握现代技术，唯此才能适应法治建设的需求。21 世纪以来，最高人民法院推进法院信息化建设，在短短的 20 年时间内，从普及计算机实现电子化、建立局域网实现互联互通到智能化，现已进入人民法院信息化 4.0 版，智慧法院、在线诉讼、智能庭审、司法大数据即时集成等，亟须具有一定计算机基础的法治人才，培养法学与技术相融合的复合型人才已是大势所趋。另一方面，新技术新产业新业态新模式对传统法律规范以及法治模式带来新的挑战，需要探索新业态新模式，以此创新法律规则。比如，农业金融、农业保险、平台经济、无人驾驶等，传统的法律规则已难以适应，需要探索建立与之相适应的新的法律制度，这要求法治人才培养充分关照实践和时代发展趋势，培养创新型、引领型的复合型法治人才。

基于新时代德法兼修卓越法治人才培养的复合型导向，在人才培养环节，大多数高校在人才培养方案中进一步扩大学生选课的自由度。一方面，在法学专业课程模块中强化特色，设立更细化的特色课程群；另一方面，设立了若干个通识性课程模块，学生可根据兴趣和实际需求，选择其他院系、其他专业的课程，以此拓展学生知识面。此外，一些高校探索创新复合型法治人才培养模式，大体上可以分为四类：一是探索“书院制”，打通学生的院系划分，不同专业学生的教学、管理等根据书院体制运行，包括法学专业学生亦是如此，通过教学模式和管理体制的融合培养复合型人才。二是通过辅修学位、双学位、第二学位等方式，法学专业学生可自愿选择其他专业，通过学位教育的方式培养复合型人才。三是探索设立交叉融合型的法学专业课程，作为学生必修或选修的课程模块，实现学生知识的复合。比如，开设“数据法学”“人工智能与法律”“技术伦理与法律”等课程，面向法学专业或其他专业学生开设，让学生了解现代信息技术与法律的深度融合的基本知识。四是顺应高考大类招生改革以及新文科建设的要求，从法学教育的对象入手，打通文理科界限，培养具有理工思维、理工专业背景的法治人才。比如，一些高校法学专业本科生录取时，打破仅限于高中文科的限制，接收部分理工科考生；一些高校在大二学生转专业时，打破院系、专业限制，理工科专业可选择转入法学专业；等等。通过多种方式，为学科交叉融合、培养复合型法治人才创造条件。此外，还存在其他形式，比如，以学术研究为依托，法学研究团队与理工科专业共建，吸纳理工科专业学生参与法学研究，培养具有法学思维和相关知识的理工科复合型人才等。由此可见，新时代德法兼修复合型卓越法治人才培养的形式多样，一些高校探索形成了具有特色的培养机制或模式，总体而言，包括法学与其他文科专业之间的交叉融合以及法学与理工科专业的交叉融合。新时代推进新文科建设，建设新法科、新法学，开展复合型法治人才培养，需要进一步打通学科界限，促进法学与理工科的融合，此为未来发展趋势。

三、德法兼修卓越法治人才培养的特色导向

习近平总书记在2016年5月17日召开的哲学社会科学工作座谈会上明确指出：“着力构建中国特色哲学社会科学，在指导思想、学科体系、学术体系、话语体系等方面充分体现中国特色、中国风格、中国气派。”2022年5月，习近平总书记考察中国人民大学时再次强调：“加快构建中国特色哲学社会科学，归根结底是构建中国自主的知识体系。要以中国为观照，以时代为观照，立足中国实际，解决中国问题。”法学学科建设以及德法兼修卓越法治人才培养应当坚持特色，最根本的是体现“中国特色”，即以习近平新时代中国特色社会主义思想和习近平法治思想为指导，以中国法治话语为根本，建立中国特色法学学科体系、法学学术体系、法学教材体系等，为中国特色社会主义法治实践培养德法兼修卓越法治人才。在此基础上，高校坚持特色导向，就是要结合本校办学特色、结合法治建设需求，走出同质化的人才培养模式，以特色化促进法学教育的内涵式发展、提升法治人才培养质量。就法治人才的分类而言，特色化集中体现在三个方面：

一是卓越法治人才培养的行业性特色。新时代中国特色社会主义法治是全领域全过程法治，除了传统的司法外，还包括立法、执法、守法等各个环节，除了党政国家机关外，大部分毕业生的就业岗位是律师事务所、企业等，这与高校自身的办学特色密切相关。我国高校按照学科范围可分为政法类、财经类、理工类、语言类、师范类、农林类、医药类、艺术类、体育类、民族类、综合类等，都有着在国内、行业内具有竞争力的优势学科，除了政法类、综合类院校外，其他类型高校开设的法学专业，往往具有高校特色化办学的烙印。新时代德法兼修卓越法治人才的范围具有广泛性，既包括培养法学专业人才又包括提升其他专业人才的法治素养，高校应当立足于自身的定位以及行业特色，法学专业在培养传统法律职业岗位卓越法治人才的同时（主要是法官、检察官、律师），培养满足行业性需求的法律人才。此外，行业性特色的另一重含义是指法律事务的行业性、专业性，如建设工程、公

司治理、证券、互联网等，不同领域对法治人才的专业素养提出更精细化的要求，可根据师资队伍等情况，设置具有特色的课程模块，培养在专业领域具有扎实知识基础和较高综合素养的人才。

二是卓越法治人才培养的区域性特色。从高校的招生生源来看，除了一些全国性高校面向各个省招生外，地方性高校的绝大多数生源来自本省，高校承担着为地方培养人才的使命。新时代德法兼修卓越法治人才服务与地方法治实践，应当具有区域性特色。主要体现在两个方面：其一，培养特定区域的法治人才。高校所在区域法治人才需求，决定着高校法学院系培养什么样的法治人才。比如，广西师范大学扎根西部基层，提出“专业教育与思政、品行教育相结合，理论学习与实践育人相结合，校内学习与校外实训相结合，教学育人与科研育人相结合，学科建设与高质量党建团建相结合”的“五结合”育人模式，着力为西部地区培养法治人才，其特点是育人环节与西部基层法治实践相契合，大部分法学专业毕业生扎根西部地区，成为基层法律业务骨干。① 其二，培养民族区域的法治人才。民族区域自治制度是我国的基本制度，各个民族具有自身的民族习惯，长期以来形成了具有特色的“习惯法”，这些不违背国家法治的“习惯法”等地方性知识，是地方治理的重要组成部分，民族类高校以及地方性高校的法治人才培养，需要立足于民族区域法治建设需求，把国家法治与民族习惯相结合，为民族区域经济社会发展培养卓越法治人才。从某种意义上来讲，各地的法治建设水平不一，法治发展的任务也各不相同，如“法治河北”“法治湖南”“法治浙江”建设等，都需要立足于地方经济社会发展和产业布局的现状，为优化区域营商环境、促进区域法治政府、法治社会建设培养大批法治人才。

三是卓越法治人才培养的国际性特色。自党的十八大、十九大以来，我国经济社会发展取得了翻天覆地的巨变，在国际社会中的话语权不断提升，以“负责任大国”的担当参与国际事务。习近平总书记提出构建人类命运共同体的倡议，并推动“一带一路”国际合作，需要大批精通国际法律规则和其他国家法治的涉外法治人才。目前，我国涉外法治人才严重缺乏，主要体现在：一方面，在国际组织中具有中国国籍的雇员数量非常少，而法治人才的数量更少，与我国作为世界第二

① 参见王萱：《为法治人才扎根基层厚植沃土——广西师范大学为西部地区培养新时代卓越地方法治人才》，载《中国教育报》2021 年 4 月 27 日，第 11 版。

大经济体的国际地位不匹配，也不利于在国际舞台上传播中国法治声音；另一方面，精通外语、熟练掌握域外国家法律制度的法治人才匮乏，在深入推进“一带一路”等国际合作的过程中，无论是商务谈判、合约签订还是项目推进等，都亟须精通其他国家法律制度的人才，唯此，才能更好地理解各方需求，在法治框架内更公平地确定各方权利义务关系。据统计，我国开设法学专业的院校达到600余所，但专门培养涉外法治人才的院校非常少。为改变此种现状，法律硕士培养中专门设立了“涉外律师”方向，2021年，包括清华大学、北京大学、中国人民大学、武汉大学、中国政法大学、华东政法大学、西南政法大学、中南财经政法大学、西北政法大学、吉林大学、复旦大学、中山大学、对外经济贸易大学、上海政法学院、广东外语外贸大学等首批15所高校招生500人，主要集中在北京、上海、广东等对涉外法治人才需求旺盛的区域以及法学专业强校。显然，这只是起步，主要制约因素在于高校法学院所的师资不足，未来需要立足于国际视野，培养德法兼修的涉外法治人才。

四、德法兼修卓越法治人才培养的协同导向

长期以来，法治人才培养由高校法学院“唱独角戏”，高校也被称为“象牙塔”，由此导致人才素养与社会需求相脱节。对此，社会各界曾发生过争论，高校应当坚持自洽、培养理想化的人才，还是应当顺应社会现实需求、培养适合社会需要的人才，其焦点看似是关于人才培养与社会需求的争论，实则是高校毕业生就业率走低、用人单位对人才培养质量不满等各种现实因素的反映。其实，这种“非此即彼”的观点并不完全成立。一方面，高校的职责在于为国家和社会培养高素质、专门性人才，这就决定了人才培养不能脱离社会需求，甚至某种意义上属于“供需”关系；另一方面，高校承担着文化传承创新的功能，应当培养推动社会发展的有用之才，而不能一味地迁就社会现实，更不能降低人才培养标准。新时代全面推进依法治国，需要培养大批德法兼修卓越法治人才，这就要切实打破高校“唱独角戏”的局面，建立健全人才培养协同机制，充分调动和利用各种资源，服务于卓越法治人才培养的这一“本体”。具体而言，坚持协同导向，主要体现在以下三个层面：

一是主体协同。《卓法2.0意见》提出构建法治人才培养共同体，主要是切实发挥政府部门、法院、检察院、律师事务所、企业等在法治人才培养中的作用。一

方面，为法学专业学生开展实习实践提供充分的条件，确保专业实践落实到位，在实习实践中提升学生的专业素养、职业伦理和应用能力；另一方面，建立师资队伍双向交流机制，选聘法学专业教师在法治实务部门挂职锻炼，吸收法治实务部门专家参与人才培养，实现理论学习与实践前沿的紧密结合。目前，这两个方面的实施还面临着各种现实制约因素，亟待进一步细化相关制度，真正地把法治实务部门作为新时代德法兼修卓越法治人才培养的重要主体，把培养法治人才作为法治实务部门的职责，建立健全高校与法治实务部门之间的协同机制。虽然当前还没有形成充分的共识，但促进高校与法治实务部门协同育人时不我待，高校应通过共建实践教学基地等方式，积极主动寻求合作，为卓越法治人才培养创造有利条件。

二是内容协同。德法兼修卓越法治人才培养要求德法并重、德法相融。坚持协同导向，就是要把“德”与“法”作为法治人才培养不可分割的两个方面，按照“一体两融三元素 N 模块”的人才培养模式，不仅要弥补“厚德育”的短板，更新“强专业”的内容，而且要注重“德”“法”的内容协同。一方面，把德育渗透在法学理论教学和实习实践的全过程，以培养学生的理想信念和爱国情怀为首要，把中国特色社会主义法治理论融入专业课程之中，通过融合式的课程思政，实现法学专业教育的德法兼修。另一方面，“厚德育”要立足于专业，抓住德育与法学专业教育的融合点，把新时代中国特色社会主义、中华优秀传统文化与中国特色社会主义法治相融合，转化为具有时代性的法治话语，增强面向法学专业学生开展德育的针对性和实效性。目前，很多高校探索建立了德法兼修的“N 模块”，由于“法”的方面主要由专业教师负责，而“德”的方面则主要由思政课教师以及学工队伍负责，造成二者之间的区隔，因此需要人才培养的各个主体、各个环节坚持“德法相融”理念，在各类活动中注重对学生德育素养与专业素养的双重培育。

三是资源协同。各个高校的办学定位、资源禀赋以及法学专业发展水平不同，造成法治人才培养条件的差异。新时代德法兼修卓越法治人才培养，需要坚持开放式、共享式的资源利用理念，探索建立资源共享机制，促进教育资源的合理流动，实现资源优势互补。早在 2010 年，中国政法大学、华东政法大学、西南政法大学、中南财经政法大学、西北政法大学共同发起成立全国政法类高校“立格联盟”，此后甘肃政法大学、山东政法学院、上海政法学院、河南财经政法大学加入，现有 9 所政法高校作为成员，每年组织举办一次“立格联盟”高峰论坛，研讨法治人才培养与法学学科发展的有关议题,促进优质资源共享。在信息化时代,为进一步优化资源配置,教育部大力推进“MOOC(慕课)”、在线课程等公开课建设,为各个高校利用顶尖院校知名专家的优质教学资源创造了条件。此外,诸如中国政法大学探索建立跨院校、跨区域的德法兼修卓越法治人才培养模式,为各个高校开放资源、共享资源提供了实践样本。各个高校特别是处于同一区域的高校,需要进一步探索建立资源共享机制,促进校际、区域之间的法治人才培养资源共享。当然,这种共享还包括法治实务部门、企业等,尽可能通过资源共享的方式,弥补理论教学的不足,缩小高校法治人才培养资源的差距。

五、结语

新时代德法兼修卓越法治人才培养坚持职业导向、复合导向、特色导向、协同导向,需要走出职业教育与素质教育、精英教育与大众教育、专业教育与复合教育等二元化理念,牢固树立法学教育旨在培养以法治工作队伍为主体、以全民为覆盖面的法治中国建设者和推动者。这就要求法治人才培养要以德智体美劳全面发展作为目标,打通学科专业壁垒、体制机制壁垒,强化特色、打造品牌,探索构建复合型、应用型、创新型的卓越法治人才培养模式。

第二节 新时代德法兼修卓越法治人才培养关键要素

新时代德法兼修卓越法治人才培养是一个系统性工程。从“德法兼修卓越法治人才”这个本体目标来讲,重点是弥补“厚德育”的短板,在培养环节德法兼修、德法相融,培养具有法律职业能力和法治素养的复合型、应用型、创新型人才。从卓越法治人才培养模式的角度来讲,高校教师在法治人才培养共同体中处于主导地位,需要切实贯彻立德树人根本任务,坚持人才培养根本地位,扭转长期以来“重科研轻教学”“重教书轻育人”“重理论轻实践”等倾向,引导和激励广大教师回归教学,把更多的心思和精力投入法治人才培养上来,打造高水平教学团队,凝聚力量,构建新时代德法兼修卓越法治人才培养的职责共同体、育人共同体、荣誉共同体,并打造具有特色的法治人才培养品牌,实现人才培养各个环节相互依托、相互支撑。就卓越法治人才培养的具体实施而言,需要从内容和形式两个方面入手，坚持“内容为王”的理念，打造融价值、知识、能力于一体的“金课”，同时，善于运用新媒体技术，创新法治人才培养的形式和载体，增强教育教学的生动性和吸引力，提升德法兼修卓越法治人才培养质量。因此，本节以“关键要素”分析德法兼修卓越法治人才培养模式构建的条件，既是表明这些方面在模式构建以及具体实施中具有不可或缺性，又旨在弥补法治人才培养存在的某些短板。只有抓住这些“关键要素”，才能确保人才培养体系和模式的实质化推进，才能达致德法兼修法治人才的培养目标。

一、回归教学：德法兼修卓越法治人才培养前提

高等教育的首要任务是培养具有创新精神和实践能力的高层次专门人才，高校教师的第一身份是“教师”，教师的根本职责是育人。因而，以课堂为阵地，培养德法兼修卓越法治人才是法学专业教师的首要任务。但与中小学教师相比，高校教师还承担着学术研究的职责，而且面临着诸如“非升即走”等职业发展压力，在高等教育评价“指挥棒”的引领下，在较长的时期内，“重科研轻教学”现象比较突出，教师在教学方面的投入不足。主要原因在于：一方面，相对于科研成果的显性化、可量化，教学投入在短期内难以产生明显效果，而且很难确立科学的评价标准，因而被称为“良心活”，导致一些教师在教学方面的投入不够，未真正地重视育人职责，也未将“教书”作为一项光荣的事业。另一方面，从教师聘用合同签订、职称晋升等职业发展的角度来说，取得一定科研成果往往作为主要依据。比如，一些高校引进应届博士毕业生，签订“非升即走”协议，如果在聘期内未晋升职称则面临解聘，而职称晋升又以科研成果为主要条件甚至必备条件，导致青年教师只有把科研放在第一位才能“保住饭碗”。此外，学科评估、专业评估等涉及学科专业发展的各项评估，也把高水平科研成果作为评价学科专业实力的重要依据。因上述各种因素，高校教师普遍存在“重科研轻教学”的倾向，这不利于人才培养，对于法治人才培养而言亦是如此。

为扭转此种局面，一些高校推进教育教学改革，加重人才培养的激励力度。一方面，细化职称分类，比如，将副教授、教授职称分为教学科研型、教学为主型、科研为主型、成果转化型等不同类别，并分别确定不同的评聘条件，对于教学方面突出的教师，可申报教学为主型，既开通了此类教师的晋升渠道，又激励教师综合权衡自己在教学、科研、成果转化等方面的优势，进而选择不同的发展方向，以此

改变部分教师职称晋升无望的消极心态，引导其回归教学，潜心育人；另一方面，改革教师聘期考核、年度考核、绩效奖励等制度，加大教书育人的考核比重，甚至同一等级的教学成果赋分高于科研成果，以此引导教师在教学改革、课程建设、课程思政、教学成果、指导学生等方面加大投入。这种多元化晋升渠道和分类评价机制，对于促进教师回归教学具有积极意义。2020 年 10 月，中共中央、国务院印发了《深化新时代教育评价改革总体方案》，明确提出“完善立德树人体制机制，扭转不科学的教育评价导向，坚决克服唯分数、唯升学、唯文凭、唯论文、唯帽子的顽瘴痼疾”，坚持把立德树人成效作为评价学校的根本标准，坚持把师德师风作为评价教师的第一标准，突出教育教学实绩，推进践行教书育人使命。目前，各个高校都以此为依据，加快推进教育评价改革，修订完善规章制度，落实以教学为中心的理念，夯实以人才培养为中心的根本地位。

对于德法兼修卓越法治人才培养而言，坚持以人为本，落实“四个回归”，把提升德法兼修卓越法治人才培养质量作为首要任务，需要着力从两个方面入手：一是把回归本分作为履行教师职责的根本，牢固树立“教师是第一身份”的理念。这也是教师与科研人员的根本区别。卓越法治人才培养坚持德法兼修、德法相融，对教师的教育伦理和专业素质要求更高，只有热爱教学、倾心教学、研究教学、潜心教书育人，在教学方面加大投入，才能做到寓德于法、法德融通，打造德法相融的“金课”，以此保障卓越法治人才培养质量。二是把回归常识作为扭转学生心态的基石，夯实“学生的本职是学习”的使命感。此处的“学习”是广义的，包括学习理论知识、提升道德素养、增强应用能力等。由于法学专业学生的课时学分相对较多，但课余时间利用不充分，培养德法兼修卓越法治人才需要教师履行育人责任，打造配合课堂教学的“N 模块”，组织学生充分利用闲暇时间，珍惜有限光阴，求真学问、练真本领，不断提升综合素养。这两个方面是相辅相成的，关键在于法学专业教师牢固树立培养德法兼修卓越法治人才的时代使命感，把人才培养作为履行职责的根本、作为个人发展的基础。因而，这也是推进德法兼修卓越法治人才培养模式的首要因素。

二、凝聚力量：德法兼修卓越法治人才培养支撑

人才培养主要是通过课程来实现的，传统的课程承担方式是每个教师独立承担一门或若干门课程，鲜有多个教师共同承担一门课程的情况。自开展课程思政

以来，一些课程探索“专业教师＋思政教师”的多导师授课方式，以此弥补专业教师在思政方面的知识缺陷。这种跨学科、跨专业打造的教学团队，对于提升课程思政质量具有重要意义。但由于目前处于探索阶段，仍存在一些亟待解决的问题。比如，对课程思政的理解不够透彻，未能从专业课程中挖掘思政内容，未能把思政融入专业课程之中，或者课程设计缺乏融通性，针对个别章节内容，由专业教师与思政教师分别讲一段，未能实现思政与专业的深度融合等，这样自然很难达到课程思政的应有效果。尽管如此，这些现象反映出一门课程由一名教师承担存在某些不足，需要打造高水平的教学团队，凝聚力量，分工协作，各自守好“一段渠”，形成人才培养的合力。

对于德法兼修卓越法治人才培养来说更是如此。一方面，在专业课程的理论教学环节，需要把中国特色社会主义理论、习近平新时代中国特色社会主义思想、习近平法治思想、法律职业伦理等融入理论课程，这就不仅要求各门课程的任课教师精通该课程的专业知识，还要深入学习上述课程内容，但从授课的专业性角度来讲，教师不可能非常全面地掌握多个课程的内容，至少无法达到所承担的专业课程的精通程度；另一方面，德法兼修卓越法治人才培养模式是由课程体系、拓展体系、保障体系等共同构成的整体，除了课堂理论教学外，还包括校内为增强学生专业素养、拓展学术视野、培养人文精神等设置的各个模块，以及校外专业实习、法治实践等，这些模块和环节只有按照德法兼修的总体架构，从课程安排、教学设计到具体实施，始终贯穿同一理念、围绕同一目标、坚持同一思路，才能确保各个环节的衔接性以及人才培养模式的一体性。因此，对于新时代德法兼修卓越法治人才培养的模式构建和实施，引导教师真正回归教学只是必要的前提，还需要打通理论课程之间以及理论教学与实习实践等各个模块，这就要改变教师各自上课的传统模式，着力打造专业教师与思政教师、法治实务部门等共同组成的教学共同体。这种共同体是一种组织共同体、职责共同体、育人共同体和荣誉共同体，共同体中的每个成员都肩负着协同育人的责任，都参与育人的各个环节，都把育人作为共同荣誉，以此为培养新时代德法兼修卓越法治人才提供坚实的支撑。

近年来，一些高校在传统的“传帮带”的基础上，围绕德法兼修卓越法治人才培养目标，探索构建教学共同体，实现教师队伍的整合。比如，北京大学法学院通过青年教师沙龙、名师大家沙龙、在线教学沙龙等的形式开展教学研讨交流活动，相互分享教学经验、教学方法和教学心得，共同研讨教学中面临的问题，凝聚智慧形成解决方案，把“教学沙龙”打造成学习经验、交流思想、研究问题的载体。打造教学共同体，除了开展教师之间的交流外，重点在于共同研讨人才培养的实施方案和教学设计，特别是紧扣德法兼修目标，以德法相融为着力点。一方面，把理论教学、校内拓展、校外实习、法治实践等进行一体安排，在课堂理论教学之外，有针对性地开展阅读专业经典、举办学术报告、实习实践等，变分散式教学为合力培养；另一方面，以集体备课的方式对教学内容进行设计，挖掘专业课程的知识点和思政点，在“新时代马工程重点教材”的基础上，针对重点难点知识，选用经典图书和重点文献作为补充，组织学生开展“读书会”等进一步拓展知识面，针对学术前沿动态，邀请专家学者举办学术报告等，不断拓展学术视野，形成递进式、纵深式、前沿式的德法兼修卓越法治人才培养模式。这些环节除了专业教师的密切配合外，还需法治实务部门等其他主体参与其中，围绕同一目标，向学生讲深讲透理论知识，增进学生亲身感知体验，让学生在浓郁的氛围中受到熏陶，将这些理论知识内化为知行合一的法治素养。

三、打造品牌：德法兼修卓越法治人才培养抓手

新时代德法兼修卓越法治人才培养分为课堂教学、素质拓展、实习实践等三个基本环节，每个环节分为若干模块，由此构成环环相扣、有序衔接的人才培养体系。其中，课程教学（包括理论教学和实习实践课程）在法学专业人才培养中已经确定，除此之外，需要高校结合实际，建立补充性的德法兼修育人模块，以此配合课程教学，提升和内化学生法治素养。在这个立体化的法治人才培养体系和模式中，每一个环节都需要坚持精品意识，在人才培养实践中持续推进，打造具有特色的人才培养品牌，并以此为抓手，推动法治人才培养质量不断提升，形成特色化的法治人才培养路径。

就课堂教学而言，重点在于坚持“德法相融”开展课程思政，构建课程思政示范课程群，以此带动形成“门门有思政、课课有特色、人人重育人”的局面，打造德法兼修的课程建设品牌。目前，一些省份开展课程思政教学研究示范中心和课程思政示范课程评选，以此为抓手，推动高校加强课程思政建设，建立包括示范课程等在内的特色品牌。比如，西南政法大学结合学科优势，“形成立足特色、分类推进、示范引领和品牌锤炼‘四位一体’的课程思政建设之路”，“围绕教学管理、教学团队、教学研究、特色项目等要素对法学专业课的课程思政建设质量设置量化

指标，打造凝练德法特色的课程思政品牌”，[①]包括“西政金课堂暨课堂教学创新大赛”、“青年教师教学劳动和技能竞赛”、“精彩一课”教学能力大赛和“柯泰教书育人奖”评选等在内的教学竞赛项目品牌，开展课程思政示范专业、教学名师、示范课程、示范教学团队的建设。由此可见，德法兼修的专业课程品牌建设的首要任务在于提升课程建设能力，突破口是加强专业教师教学能力培养，打造德法相融的高水平教学团队。由于各个学校面临的建设任务不同，课堂教学品牌建设的切入点和抓手也各不相同，西南政法大学以教学竞赛项目为抓手，北京大学则以“教师沙龙”为载体，其最终目的都是建设德法相融的精品课程群，以此发挥课堂教学的“主渠道”作用，实现法治人才培养的德法兼修。华北电力大学法政系则把德育融于人材培养的全过程，推进“德法兼修”的课程思政。2021 年笔者作为负责人，申报获批河北省课程思政教学研究示范中心，是学校获批的首个省部级课程思政示范中心，探索构建“理论·感知·内化”的课程思政“三进阶”模式被《中国教育报》专门采访报道。

就素质拓展和实习实践而言，重点在于把德法兼修育人模式向课堂之外拓展、向实践环节延伸，以特色品牌为抓手，推进人才培养的持续性和精品化。一方面，建立校内素质拓展模块，包括立足专业开展“挑战杯”、“互联网+”、“创青春”以及大学生创新创业等国家级、省部级学科竞赛项目，引导学生开展实证调研活动，了解法治运行的实践状态，培养独立思考、探索研究能力，以及开展经典阅读、学术交流、模拟法庭、专题辩论等提升专业素养的特色品牌活动，拓展学生理论视野和实践能力；另一方面，与法治实务部门合作建立实践教学基地、开展法治实践活动等，以实质化的专业实习实践作为增进感性认知和内化法治素养的重要抓手，让学生在现实的法治场景中锤炼法治品格、提升应用能力。目前，政法类高校以及一些综合性高校具有优越的办学条件和丰富的教学资源，成立了校内法治人才培养的各类实训项目以及学术交流平台，在校外建立了各类实习实践基地，构建了理论与实践、校内与校外、课上与课下等协同运行的法治人才培养机制，而办学资源相对匮乏的高校则受到限制，甚至一些高校仍停留于传统的课堂教学，专业实习的实质化推进也面临诸多现实困境。这种单一化的人才培养模式，凸显出

① 吕亮、程媛媛、杨茜：《“四位一体”打造德法兼修的课程思政》，载《中国教育报》2021 年 4 月 7 日，第 8 版。

学生德育和专业素养提升的短板，亟待坚持协同、共享的原则，创新人才培养思维，开拓人才培养资源，借鉴典型做法，以专业教学团队为主体，探索凝练特色育人项目并持续推进，打造法治人才培养特色品牌，构建集价值引领、知识传授、能力培养于一体，课堂教学、素质拓展、实习实践相衔接的特色化德法兼修卓越法治人才培养模式。

四、内容至上：德法兼修卓越法治人才培养基础

无论是课堂教学、素质拓展还是实习实践，都必须坚持“内容至上”，以内容取胜，把每门课程都打造成德法相融的“金课”，在素质拓展、实习实践的各个模块中都具有鲜明的德法内容，唯此，才能让学生在有所获得、有所悟中增长才干。因此，“内容至上”是德法兼修卓越法治人才培养模式的质的要求，是各个环节能否达到德法兼修目标的基础。具体而言，体现在以下几个方面：

一是内容的知识性。知识传授是人才培养的第一层次，只有获取应有的知识，才能对事务作出科学判断和理性分析。特别是以课堂为主阵地的理论教学，以传播知识作为首要使命，这就要求理论课程的教学内容应当凝结新知识。按照人才培养方案的安排，对于学生而言，每门专业都是新课程，都具有自身的知识体系。德法相融的“新知识”要求主要体现为：一方面，专业知识既要注重传承，更要注重紧跟知识生产的最前沿动态，以最新的知识作为授课内容，这就要求专业教师应当及时更新讲义课件，把学术研究和法治实践的最新成果纳入课程；另一方面，思政知识要注重前沿性和学理性，特别是学生从中学开始就学习思想政治理论知识，接受多年来的持续讲授，其对基本知识已比较熟悉，与之相伴的是“审美疲劳”，如果仍以基本知识作为内容难免引起学生不感兴趣，因此，思政知识应具有进阶性，针对专科高职生、本科生、硕士生、博士生等不同层次的学生，增加理论深度。此外，由于法学专业本身具有意识形态属性，自带思政，实现知识的“德法相融”就是要从专业知识中挖掘思政元素，融思政知识于法学知识，达到二者的有机融合而不是知识的拼接或嫁接。

二是内容的价值性。高校落实立德树人根本任务，把价值引领放在首位。德法兼修卓越法治人才培养的教学内容应当牢固坚持马克思主义根本地位，以中国特色社会主义理论和社会主义核心价值观作为价值涵养，把习近平法治思想贯穿于每门课程以及法治人才培养的各个环节，具体包括教学内容的正确政治方向、

先进道德内涵和法律职业伦理等，概括起来就是坚持中国法治立场、中国法治话语、中国法治道路，体现法治的中国性，走中国式法治现代化新道路。需要指出的是，坚持德法兼修人才培养内容的价值性，既要深刻认识人类法治文明成果的多样性，善于吸收借鉴其他国家的法治文明成果，又要具有应有的鉴别能力，对不同的法学流派、法学观点等，应当深刻分析其理论基础和内在逻辑，避免陷入话语误区。在价值多元、利益多元的时代，法治人才培养更应牢固坚持价值立场，特别是西方法学流派的不同学术观点都具有相应的话语体系，需要教育学生深刻认识其内在的价值支撑，引导学生树立正确的价值评判标准。

三是内容的生动性。自 2018 年以来，教育部对高校教育教学质量提出的要求之一是淘汰“水课”、打造“金课”。此处的“课”泛指法治人才培养的各个模块而不限于人才培养方案中规定的课程。“金课”的基本标准为“有内容、有含金量、学生有获得感”，从学生接受知识、塑造价值的角度来讲，课程内容应当具有生动性和感染力，能够直击学生心灵深处，引发学生的理性思考和情感认同，最终达到学生源于自我认知的感悟而非教师的单向度灌输。对于德法兼修卓越法治人才培养而言，课程内容的生动性主要源于两个方面：一方面是理论课程内容的思辨性。美国大法官霍姆斯曾言，“法律的生命在于经验而非逻辑”，但他并没有全然否定法律的逻辑性，而且从该名言的产生逻辑来看，显然存在法律的生命在于经验还是逻辑的争论。无论是法学理论知识还是法律规范，自身都具有内在的逻辑，需要结合不同的立场、诉求、语境等作出平衡，这就需要运用思辨的思维，把学生引入多元价值的场域中，通过深入剖析得出结论，而不宜采取平铺直叙的方式。另一方面是育人场景的现实性。只有在具体的法治实践场景中才能让学生产生亲身体会，进而在感知中理解和验证理论知识，从内心情感上产生对中国法治成就以及中国式法治现代化新道路的认同和敬仰，这是课堂教学“空对空”的理论思辨所无法实现的。因此，德法兼修卓越法治人才培养模式所包含的实习实践环节，其目的在于增进学生实践体验，也需要对实践内容及其目标、组织形式等进行精心设计，确保实习实践的实质化推进符合“金课”标准。

五、创新方式：德法兼修卓越法治人才培养载体

如何把课程内容通过合适的形式呈现给学生，让学生沉浸于课堂教学之中，使教师与学生共同建构的人才培养场景，从传统的以教师为中心转化为以学生为

中心，从“传授—接收”转变为“引导—自悟”，此为现代教育教学理念和方式的重大转变。这依赖于人才培养方式的创新，同时也是增强教育教学感染力、提升人才培养效果的必然要求。对于法治人才培养而言，对传统的课堂理论教学的方式创新主要体现在两个方面：一是运用案例教学法，实行问题式、启发式教学。教学设计往往以典型案例作为切入点，把教学内容融入案例中，引导学生归纳案例所反映的法律问题，以此作为重点教学内容，进而进行深度的理论讲解，导出法律规范的理论依据，并对现行法律进行分析，最后回归案例，运用所学知识进行分析，以此实现案例教学的闭环。案例教学的优点在于以生动的典型案例激发学生的好奇心和求知欲，然后紧扣案例，启发学生思考。在分析案例的过程中学习理论知识以及如何运用，关键和难点在于对案例教学的精心设计，现实教学中存在的问题是仅仅把案例作为“引子”，嵌入在理论教学的切入环节，缺乏案例与知识学习的融贯性。二是运用法律诊所教学，实行情景式、亲历式教学。法律诊所起源于 20 世纪 70 年代的美国，我国直到 21 世纪初才引进，其是以真实案例作为“教材”，引导学生参与案件的办理过程，以此实现知识传授与能力培养的统一。与案例教学相比，法律诊所把学生引入现实的法治情景中，亲自参与案件的事实认定、争点归纳、证据收集、法律程序、法律适用等全过程。这种情境是现实的，而且具有某种意义上的不确定性，随着法官以及当事人等各个主体的建构而发生变化，它不同于案例教学的情景预设。从本质上来看，诊所式法学教育模式属于法治实践的一种形式，而且由于真实案件的办理具有不可逆性，学生不可能如同医疗诊所的临床实习那样深度参与。尽管如此，这两种比较典型的法学教育方式，解构了传统的理论灌输模式，在 21 世纪初期具有一定的创新性，有效地激发了学生的学习兴趣。

对于新时代德法兼修卓越法治人才培养而言，案例教学法、法律诊所教学等仍是重要的方法或形式。随着现代信息技术的广泛应用，呈现教学内容的方式更加多样化、更具可视性。目前，一些高校按照最高人民法院法庭建设标准，建立了现代化的模拟法庭，可实现与法院庭审的在线对接，成为法治实务部门与高校共享教学资源的重要途径。此外，一些高校建立了专门的法律实训机构，购置先进的硬件设备，在校园内构筑与现实法治场景相同的虚拟仿真实验室，运用理工科仿真实验的方法开展法治人才培养。这些方式创新的共同特点是促进法治人才培养场景的情景化，通过现实场景或虚拟仿真的方式，让学生参与法治实践，特别是在校内模拟法庭实验室可以观看法庭庭审直播，与前往法院观看现场庭审的效果无异，而且具有极大的便利性。随着人民法院信息化4.0的全面建成，司法大数据、智能庭审等现代化的法治场景将会更加先进、更为丰富，这为创新德法兼修卓越法治人才培养方式提供了技术条件。由于人才培养是塑造人、改变人、发展人的过程，作为具有主观能动性的人，是思维、意识、情感、心理等综合作用的结果，而激发内在认知的关键在于亲历场景，因而除了与法治实务部门共建实习实践基地，开展专业实习等活动外，还需要进一步开拓实习实践场景，让学生体验新时代中国的历史巨变，体察国情社情民情，以更高的维度、更广的视野、更深的层次审视法治，增强对中国特色社会主义法治道路、理论、体系的理解。需要指出的是，形式服务于内容，德法兼修卓越法治人才培养的方式创新，旨在增强内容展示的直观性、生动性和感染力，而内容的知识性、价值性和思想性在任何时候都居于至上地位，所谓“内容至上”即是此理，任何过于追求形式而忽视内容的做法都是不可取的，更不应以形式“哗众取宠”，成为包装化的“金课”。

六、结语

新时代德法兼修卓越法治人才培养模式是顺应全面依法治国需要，对传统法学教育模式的改革和创新，源于法治人才培养的“德法”失衡，所折射出的深层问题是人才培养模式存在的短板和不足，体现在师资队伍建设、课程模块设计、课程内容形式等各个方面。探索建立德法兼修卓越法治人才培养模式，头绪复杂、任务繁重，归结起来，就是要以“德法兼修、德法相融”为主线，引导和激励教师真正以法治人才培养为中心，把心思和精力投入法治人才培养上来，打造高水平人才培养团队，打造特色化人才培养品牌，以此为抓手，在法治人才培养的具体实施过程中坚持“内容至上”的原则，创新培养方式，构建包括课堂教学、素质拓展、实习实践等在内的立体化人才培养格局。其中，思政教育、专业学习以及实习实践是德法兼修法治人才培养模式构建的重心，一些高校以此为重点，着力推进法学专业的课程思政建设，完善“1+10+X”的专业课程模块，加大实习实践课程比重，探索建立特色化的法治人才培养模式。

第三节　新时代德法兼修卓越法治人才培养模式塑造

所谓“模式”，是指主体行为的一般方式，具有简单性、稳定性、可重复性等特征,但又由于“模式”含义的多重性,按照不同标准对同一行为可概括出不同模式。高校人才培养一般采取的是以课堂教学为主阵地,以第二课堂、实习实践等为补充的“理论学习+实践锻炼”模式,如果进一步细分,以课程设置为例,则又可概括为“大一通识教育+大二大三专业学习+大四毕业实习与职业选择”模式。对于德法兼修卓越法治人才培养而言,我国政法类、综合类、理工类等不同类型高校分别探索建立了具有一般性或者特色的培养模式,体现了德法兼修卓越法治人才培养的多元导向以及基本要素。这从另一个层面也表明,德法兼修卓越法治人才培养是法学教育教学和人才培养的基本目标,不存在也无必要建立“标准化”的培养模式,而是需要立足于各个高校的法治人才培养定位,坚持“德法相融、德法兼修”的理念,对法治人才培养的各个要素进行整合重塑,以此建立适应国家和社会需要的特色化培养体系和模式,并探索建立“德法兼修”的考核评价体系和保障机制,以此提升法治人才培养的质量和水平。

一、德法兼修卓越法治人才培养的方向定位

从某种意义上讲,德法兼修卓越法治人才培养模式反映的是各个高校坚持德法兼修、培养卓越法治人才的体系化设计以及具体实施的方法和过程,关键在于如何在人才培养的各个环节体现和落实“德法兼修”,以德育引领专业、以专业促进德育,达到法治人才的德才兼备、知行合一。这又取决于法治人才培养的方向定位以及对“德”“法”的不同程度要求。一方面,德育既有共同性标准又有分层性要求,基本的理想信念、政治操守、道德情操等,不仅是对法治人才的共同要求,而且是对所有人的基本要求,而某些特定领域对法治人才的要求可能会更高或者对某个方面要求更为严格。比如,“监察法学”所培养的纪检监察法治人才则对政治性、纪律性的要求高于一般法治人才。另一方面,法学专业教育兼具基础性和特色化双重特征,既要按照法学核心课程“1+10+X”的课程体系设计,开设法学基础课程,让学生学习掌握各个部门法的基本知识,又要注重凝练具有特色的法学教育和确定法治人才培养方向,开展特色化、精细化培养,为特定行业领域培养具有法治思维和法律应用能力的专业人才。因此,新时代德法兼修卓越法治人才培养模式的构建和重塑,首先需要各个高校在“德法兼修”的总体目标之下确定明确的法治人才培养方向和定位。

教育部、中央政法委于2011年12月发布的《关于实施卓越法律人才教育培

养计划的若干意见》提出分类培养卓越法律人才的要求，总体定位是培养应用型复合型法律职业人才，并以培养涉外法律人才作为突破口，把培养西部基层法律人才作为着力点。2012 年 11 月，全国首批卓越法律人才培养基地名单公布，按照“应用复合型基地”“涉外基地”“西部基层基地”的分类，共有 92 个基地（包括 58 个应用复合型基地、22 个涉外基地、12 个西部基层基地），分布在 66 所高校。其中，同时属于三类基地的有 5 所（传统的法学教育“五院”），同时属于“应用复合型 + 涉外基地”的有 15 所，同时属于“应用复合型 + 西部基层基地”的为四川大学 1 所，此外，“应用复合型基地”有 37 所、“涉外基地”有 2 所、“西部基层基地”有 6 所。多年来，大部分高校基本上按照这三种类型探索凝练法治人才培养体系和模式。《卓法 2.0 意见》拓展了法治人才的范围，将法治人才定位为“宪法法律的信仰者、公平正义的捍卫者、法治建设的实践者、法治进程的推动者、法治文明的传承者”，包括法学专业和非法学专业学生在内，都作为立法、执法、司法、普法、守法等法治各个环节的参与者和贡献者，法治人才培养的目标不仅仅是法律职业能力而是法治素养。此外，近年来，不同层次高校转型升级，确立了不同的发展定位，比如，一些本科高校向职业教育转型，一些本科高校则朝着研究型大学发展，在此背景下，新时代法治人才培养的定位以及发展方向将更加聚焦、更具特色，但这并不意味着各个高校只能追求特色，而是呈现出“一般 + 特色”相结合的法治人才培养定位以及模式。

从各个高校的实践探索情况来看，新时代德法兼修卓越法治人才培养的方向定位大体上分为以下类型：一是以培养法官、检察官、律师、法律服务人员等狭义的“法律职业”作为方向，此为传统意义上的法治人才培养，尽管毕业生就业后未必直接从事法律工作，但几乎所有高校都以此作为法学专业教育的方向定位，新时代德法兼修卓越法治人才培养模式重点在于促进德育与法学的深度融合以及提升学生法律职业胜任力，因而以“德育 + 法学 + 实践”作为模式重塑的重心。二是涉外法治人才培养，是以培养精通国际法律规则或其他国家法律并熟练掌握外语的法治人才作为方向，重点是学习和研究国际或其他国家的法律制度，无论是理论学习还是实习实践都需要注重国别性，对具体国家的各个部门法以及法治文化等进行系统学习，参与该国的法律运行流程，因而采取的是“国内学习 + 国外交流”等模式。目前涉外法治人才严重不足，特别是“一带一路”倡议的高质量推进，需要更多熟悉“一带一路”沿线国家法律制度乃至国别文化的法治人才。但许多高校对其他国家的法律制度研究本身就不足，这种以国内学习为主的培养模式很难适应社会对涉外法治人才的需求，未来可考虑从本科生或研究生中选拔人才专门派往国外进行深造，系统研习外国法律制度，接受系统的外国法治实践训练。这不同于自发性的出国留学，而是除了前往英美等发达国家外，重点面向“小语种”国家开展国别法研究和法治人才培养。三是以培养跨学科交叉性或工程、科技等具体领域法治人才作为方向，是以“法律＋工程”“法律＋科技”“法律＋金融”等“法律＋”的方式，开展某个行业领域的专业法治人才培养，采取的是“复合型课程＋跨学科师资＋应用型实践”的培养模式，重点是知识复合、师资复合，难点是跨院系、跨学科、跨专业、跨校际的资源整合，特别是大多数高校采取“双师制”教学方式，由法学专业教师与其他学科专业教师共同授课，未来需要建立完全意义上的既精通法律又精通其他学科知识的“复合型”教师，唯此，才能实现思维方式、知识结构、研究方法等的跨学科交叉融合。总之，各个高校对法治人才培养的方向定位不同，建构的培养模式的侧重点也各不相同。

二、德法兼修卓越法治人才培养的体系重塑

新时代德法兼修卓越法治人才培养模式是由人才培养的各个要素、环节、资源等共同构成的体系，是立足于高校办学特色、对有关因素进行整合而成的有机统一体，蕴含着一以贯之的理念和举措。比如，中国政法大学的“四型四跨”模式，是以培养复合型、应用型、创新型、国际型的“四型”法治人才为目标，为此建立了“跨学科专业、跨理论实践、跨学院学校、跨国家地区”的“四跨”培养模式，其中“复合型”必然要求跨学科专业、跨学院学校，而“国际型”则需要跨国家地区进行联合培养。由此可见，法治人才培养目标决定了培养模式，而中国政法大学作为国内顶尖的政法类高校，具有培养“四型”法治人才以及“四跨”协同育人的资源和优势。北京大学则建立了“金课建设＋法学阶梯讲座＋第二课堂＋教师沙龙＋论坛研修”的立体化人才培养机制，从打造“金课”、拓展素质、培养师资团队等方面进行建构，重点在于打造德法兼修的法治人才培养品牌，以此为载体对学生进行全方位塑造。其中，每个品牌都紧扣“德法兼修”目标，都以其所具有的深厚沉淀、资源禀赋、育人能力作为基础。对于其他高校而言，尽管法学教育的目标定位、培养层次、办学条件等存在差异，也未必需要探索建立具有特色的法治人才培养模式，但仍需围绕德法兼修卓越法治人才培养的职业性、复合型、特色化、国际

化等导向,从教材、课程、课堂、课外、实践等各个环节,构建德法相融、德法兼修的法治人才培养体系。

构建和重塑德法兼修卓越法治人才培养体系,重点需要抓住以下三个环节:一是课堂教学的“金课”化。打造“金课”,坚守课堂教学“主阵地”,发挥课程育人“主渠道”作用,提升课堂教学质量,是德法兼修卓越法治人才培养的根本保障。首先,需要建立科学合理的课程体系,特别是在“1 + 10 + X”的法学专业核心课程基础上,围绕法学教育和法治人才培养的方向定位,开设具有特色的课程群组,建立“基础课程 + 特色课程”模块,使学生的课程的选择既具多元性又具适切性,确保法治人才培养具有明确的职业导向。其次,吸收法治中国建设最新理论和实践成果,以及新技术新产业新业态新模式对法治以及法律规则的新要求,打造具有时代前沿性的精品教材。目前,对于法学核心课程,基本上都编写了“马工程”教材,以此确保知识内容的科学性,但对于跨学科交叉复合型课程或者特色课程以及研究生教育的课件讲义,鼓励任课教师自编教材讲义,增强授课内容的前沿性和实用性。最后,打造“金课”的关键是对课堂教学进行精心设计,注重讲授内容的思想性、价值性和知识性,以及讲授方法的启发性、互动性和感染力,让学生在课堂学习中不仅获得理论知识,而且能够启迪思想、触动灵魂、激发创新。二是课外拓展的丰富化。大学课程安排相对比较宽松,学生拥有大量的课余时间,目的在于让学生在课外自主学习,拓展知识面和学习深度。很多自控力强的学生,能够充分利用好闲暇时间,但仍存在部分学生沉迷游戏、虚度光阴的问题。为此,需要建立素质拓展的课外模块,组织和带领学生阅读经典文献、开展学术交流等,以此作为课堂教学的必要补充。三是实习实践的实质化。实习实践是增强学生感性认知、强化法律应用能力的重要途径,各个高校都不同程度地开设了庭审见习、毕业实习等实践课程(环节),按照法学教指委的要求,实践课程(环节)的学分占比不得低于30%,为提升法律职业胜任力、培养应用型法治人才提供了课程保障。但目前各个高校的实习实践水平参差不齐,存在实习时间短、流于形式等问题,一方面需要进一步开展常态化、常驻式、集中化实习,让学生能够更长时间地参与法治实践中,了解法治场景,获得体验感知,锻炼法治能力;另一方面需要开拓实习实践阵地,除了法院、检察院、律师事务所外,有必要与立法、执法等部门合作,弥补立法、执法领域实习实践存在的短板,为法治实践的各个领域培育应用型人才。总之,新时代德法兼修卓越法治人才培养体系是以“课堂教学 + 课外拓展 + 实习实践”作为基本框架，以法治人才培养定位为指引，对教育教学各个环节各个要素进行整合而构建的立体化多元体系，是法治人才培养模式的具体化，只有把培养体系的各个环节落实到位，才能真正实现立德树人、德法兼修。

三、德法兼修卓越法治人才培养的评价机制

人才培养质量是高等教育的生命线，德法兼修卓越法治人才培养需要确立明确标准，加强考核评价，建强法学教育质量文化。《卓法 2.0 意见》提出，“制定法学专业认证三级标准和认证办法……以专业认证为抓手，明确质量目标，细化质量标准，强化过程监控和质量评价，切实推动法学教育内涵式发展和法治人才培养能力稳步提升”。具体而言，主要包括四个层面的考核评价：

一是法学专业三级认证评价。专业三级认证是教育部对高校本科专业举办条件、办学能力和办学水平的综合质量检测认证。以师范类专业为例，2017 年 10 月，教育部发布了《普通高等学校师范类专业认证实施办法（暂行）》，提出以“学生中心、产出导向、持续改进”作为基本理念，建立统一的三级检测认证体系。其中，第一级是对办学基本要求的检测，重点检测是否具备基本办学条件、基本管理水平和基本质量保障体系，此为最低层级的认证；第二级是专业教学质量合格标准认证，是以教师专业标准和课程标准为引领，基本要求是按照《普通高等学校本科专业类教学质量国家标准》达到合格；第三级专业教学质量卓越标准认证，旨在以评促强，打造一流质量标杆。德法兼修卓越法治人才培养的考核评价，首先是对高校法学专业教育质量的检测认证，在确保“三基本”、达到合格的基础上追求卓越，以卓越的法学专业教育质量保障卓越法治人才培养。法学专业三级认证应当按照《普通高等学校第三级本科专业认证标准》，从培养目标、毕业要求、课程体系、师资队伍、支持条件、质量保障、学生发展、特色项目（自选）等方面，建立以德法兼修卓越法治人才培养为目标的三级认证指标体系，促进法学专业建设以法治人才培养为中心，不断提升专业教育质量。

二是德法兼修卓越法治人才培养体系设计评价。法治人才培养体系以人才培养方案为中心，是对课程体系、教材体系、理论教学、素养拓展、实习实践等的体系化安排，其评价的观测点主要包括：首先，体系设计理念的评价，即是否坚持以及如何体现“德法兼修”，重点是在法学专业教育中如何把“以德为先”放在首位，实现德法相融，以此弥补德育不足的短板以及“德”“法”相割裂的问题，主要是对

课程思政的教学设计以及实施过程的评价。其次，体系设计的科学性评价，即是否与法治人才培养的方向定位相契合、能否实现人才培养的德法兼修，重点是对法治人才培养体系与培养目标的匹配度、达成度进行评价。最后，体系设计的完整性评价，即是否覆盖德法兼修人才培养的各个环节、每个环节是否都以“德法兼修、德法相融”理念作为指导，是否存在“德”与“法”不协调、相割裂甚至缺位的问题。

三是德法兼修卓越法治人才培养体系实施评价。培养体系是德法兼修卓越法治人才培养的“顶层设计”，关键在于培养体系的全面、有效实施，因而需要对实施过程进行全方位的动态评价。评价的观测点在于：一方面，是否建立了德法兼修卓越法治人才培养模块，每个模块的目标是否明确、能否承载起人才培养的功能，其目的在于促进法治人才培养从理念走向现实，并建立相应的实施载体和抓手。另一方面，各个模块运行情况的过程性评价，重点评价是否落地实施以及实施过程的规范性、完整性和适应性。过程评价使法治人才培养体系在实践中实质性推进，以此促进体系设计向体系实施的转化，避免卓越法治人才培养体系停留于纸面或流于形式。

四是德法兼修卓越法治人才培养效果评价。无论是法治人才培养体系还是培养模式，最终体现为育人效果。目前，已形成了普遍适用的一些指标，如毕业生深造率、就业率、“法考”通过率等，通过这些数据反映法治人才与社会需求的匹配度以及学生的职业意愿、职业能力等。在此基础上，可对学生保研考研的录取院校、毕业生就业的单位、毕业生在工作岗位上的职业胜任力与晋升发展等进一步评价。从评价内容来看，对学生的法学专业能力可通过各类客观数据予以反映，而德育评价由于存在标准的模糊性以及个体主观性等，往往很难作出客观评价，而且只有在具体行动中才能逐渐表现出德育水准，因而，对“德法兼修”的德育评价，重点需要从知识储备、价值判断力以及外部评价等方面进行综合认定。

综上所述，建立健全科学合理的评价机制，是建构和塑造德法兼修卓越法治人才培养体系和模式的重要保障，其根本目的在于提升法学教育教学质量和法治人才培养质量。尽管各个高校立足于自身定位、学科优势和办学特色，结合德法兼修卓越法治人才培养的各个因素，可建立不同的人才培养模式，包括通用模式和特色模式，但任何模式都需以学生为中心、以质量为根本，把立德树人、德法兼修转化为法治人才培养的成效，并把育人成效作为法学教育教学的根本出发点和最终落脚点，此为德法兼修卓越法治人才培养模式塑造的根本目的。

四、结语

从国内政法类、综合类、理工类高校对德法兼修卓越法治人才培养模式的实践探索以及域外法治人才培养模式建设来看，尽管不存在“放之四海而皆准”的普适性模式，但仍可提炼出法治人才培养模式建构和塑造的共性要素。比如，就法治人才定位而言，可分为复合型人才、应用型人才、创新型人才、国际型人才等；就法治人才培养的基本要素而言，包括以人才培养方案为中心，由课程体系、教材体系、理论教学、课外拓展、实习实践、师资队伍等组成的要素集合。德法兼修卓越法治人才培养模式就是由理念、要素、机制等组合而成的有机整体。“培养什么样的法治人才”的方向定位决定了法治人才培养模式，反过来，法治人才培养模式又影响着人才培养质量和成效。目前，一些高校探索建立了具有特色的可借鉴的模式，随着人工智能、大数据、区块链、工程技术等高新技术的发展，法律规则将进一步变革，法律将从价值判断、价值衡量迈向“法律＋科技”的深度融合，这就需要更多的复合型应用型创新型法治人才，这种跨学科交叉性的法治人才培养需求，也将进一步促进法治人才培养模式的精细化、特色化建构。

后　　记

2017年5月，习近平总书记在中国政法大学考察首次提出培养"德法兼修"高素质法律人才的目标。这进一步坚定了笔者从教30多年来在课程教学和法学人才培养中一直坚持专业教育与德育相融合的思路和信心，并践行习近平总书记重要讲话精神，于2018年获批河北省高等教育教学改革研究项目"新时代'德法兼修'高素质法律人才培养模式研究"（项目编号:2018GJJG415），进一步深化法学教育教学改革，探索构建适应全面依法治国需要的德法兼修卓越法治人才培养体系和模式。2021年，笔者作为负责人申报获批河北省高等学校人文社会科学重点研究基地"华北电力大学区域法治与司法治理研究中心"，新时代德法兼修卓越法治人才培养是重点研究基地的重要内容。本书是笔者从教以来对法学专业人才培养如何践行"德法相融"理念的系统化和理论化成果，特别是"德法兼修"目标提出以来，致力于法治人才培养体系和模式建构，在省级教学改革项目研究和省级重点基地建设过程中进一步理论凝练和实践探索的阶段性成果。

新时代德法兼修卓越法治人才培养是法学教育教学落实立德树人根本任务的必然要求，坚持"德法兼修"的核心理念应当是"德法相融"，即在提升学生专业素养的同时注重思想政治、道德品质、人文素养的全面塑造。笔者早年讲授"法律基础"公共课教学时，曾于1995年在《中国电力教育》发表论文《"两课"改革中如何强化法律基础课思想政治教育功能》，提出深入挖掘教材内容，对学生进行法律与政治观教育、法律与人生价值观教育、法律与道德观教育、法律与法制观念教育等全方位的思想政治教育，注重联系思想实际、联系生活实际、联系专业实际，增强对学生思想政治教育的深度和感染力，并通过旁听法庭审判、举办法律知识竞赛与文艺演出、参观访问、组织模拟法庭等生动直观的教育形式，加强学生的自我教育。此后举办法学专业、开展法学教育的20多年来，笔者延续此种思路，在专业实习实践中注重强化法律职业伦理，秉承法治良知与公平正义，开展法治服务锤炼仁心大爱和法治担当。自2017年以来，笔者立足于习近平总书记提出的“德法兼修”目标，开展法学教育教学改革，探索建立了“一体两融三元素N模块”的法治人才培养体系和模式，创立“理论—感知—内化”的“三进阶”育人机制，把价值塑造、知识传授、能力培养贯穿于育人全过程。在此基础上，针对法学专业硕士研究生教育的自身特点，以“高质量法学研究生教育、高素质法治人才培养”（即“双高”）为立足点，以“创新型、应用型、复合型”（即“三型”）为人才培养目标，笔者进一步探索和深化“三融合三协同三进阶”机制和模式，即深化德与法、理论与实践、法学与其他学科的“三融合”，深化高校与法治工作部门、研究能力培养与法治实践应用、法学知识与具体领域知识的“三协同”，深化理论知识学习、实践感知体验、法治素养内化的“三进阶”，即法学研究生培养的“双高三型‘三个三’模式”。

在德法兼修卓越法治人才培养模式探索的过程中，笔者对国内政法类、综合类、理工类等不同类型院校改革经验进行了考察，梳理分析了域外国家法治人才培养经验，着力构建包括课堂理论教学、校内德法素养提升、校外实习实践等在内的立体化人才培养格局。这是一项系统性的工作，校外实习实践得到了最高人民法院以及河北省各级政法委、法院、检察院、司法局等实务部门的倾力协助，特色品牌活动的开展得到法学专业教师的积极参与，本书的顺利完成也得到陈焘老师、刘宇晖老师、潘帅博士等帮助，在此一并表示最诚挚的谢意！

本书完成之际，回望三十余载从教之路，从教初期萌生“德法相融”的想法，到持续践行并形成比较体系化的思路和模式，华北电力大学法政系“德法兼修”卓越法治人才培养结出累累硕果，本书已然是笔者育人的心路感悟以及身体力行的凝结，也将成为自我激励再奋进的新起点。

新时代德法兼修卓越法治人才培养具有多元性，各个高校在实践探索中将会形成更加成熟、更具特色的培养体系和模式。本书的出版，旨在抛砖引玉，尚存在不完善之处，期望得到专家学者的批评指正。

梁　平

2023年9月